U0114516

◆儒學革命論◆

後新儒家哲學的問題向度

林安梧　著

臺灣學士書局印行

序　言

「儒學革命」這聽起來有些駭人聽聞，但卻不是現在才開始的，當代新儒學面對「意義的危機」，在本世紀初即已展開第一波的儒學革命。他面對徹底的反傳統主義，而高舉新傳統主義的大旗，上溯於宋明心性之學，而正視其實存處境，並融攝西方近現代哲學思潮，而開啓一道德主體主義的儒學體系，其代表人物有熊十力、唐君毅、牟宗三、徐復觀諸位先生。但做爲儒學發展的一環，當代新儒學仍有其缺失，就如我於一九九四年《後新儒家哲學論綱》所指出的：

> 往昔，儒家實踐論的缺失在於這實踐是境界的，是宗法的，是親情的，是血緣的，是咒術的，是專制的，這些一直都掛搭結合在一起，分不清楚；這樣的實踐概念是將對象、實在及感性做一境界性的把握，而沒有提到一自爲主體的對象化情況下來理解。換言之，對象只是境界主體所觀照下的對象，實在只是境界主體所觀照下的實在，而感性只是此渾淪而境界化之感性，不是可以擘分開來的起點。
> 後新儒家的實踐概念是要去開啓一個新的「如」這樣的實踐概念。這是以其自爲主體的對象化活動做爲其啓點的，是以感性的擘分爲始點的，是以整個生活世界爲場域的，是以歷史社會總體爲依歸的。

一九九五年牟宗三先生四月離開了塵世，象徵著第一波儒學革命的完成，儒學歷史亦因之轉進到「後牟宗三時代」，第二波的儒學革命正式登場，標識著「後新儒學」時代的來臨。在悼念牟先生的紀念文字裡，我提到：

> 牟先生完成了「形而上保存」的偉大志業，爲當代新儒學立了理論的宏規盛業，但此宏規盛業只是爲了華夏留「種子」而已；新一輩之志業自不能走此形而上保存之路，亦不能只迷於此宏規盛業之爲美，而是要拿這些「種子」種在泥土裡，讓它好好生長。新一輩果述志繼事者，當面對的是「歷史社會總體之挑戰」，面對台灣海峽兩岸貧瘠而衰頹的文化土壤，如何深耕易耨，發榮滋長，此實爲吾人所終身宜戮力者也。

牟先生離世已逾三年，這三年來，我繼續思考著以上諸問題，並時時刻刻的回到近十餘年來我最爲關心的哲學論題——「人存在的異化及其復歸之可能」，展開經典的講習、理解、詮釋，面對實存的生命境域、思索整個存在的歷史社會總體，展開深度的批判，並冀求理論建構之可能。現今結集這本《「儒學革命論」——後新儒家哲學的問題向度》，可以說是我對於當代新儒學繼志述事、創造轉化的一步；若合著以前的學問發展，亦可以視做繼《王船山人性史哲學之研究》、《存有、意識與實踐：熊十力體用哲學之詮釋與重建》、《中國近現代思想觀念史論》、《當代新儒家哲學史論》諸書之後，進一步的發展。

《王船山人性史哲學之研究》可以說陶鑄了一人性史哲學的解

釋學向度，使我的思考深入到「人性」與「歷史社會總體」的深層辯證之中。《存有、意識與實踐：熊十力體用哲學之詮釋與重建》則拓深開啓了一本體實踐學與本體解釋學的思考，再濟之以多年來所關心的黑格爾的精神現象學，及當代的現象學、解釋學、批判理論等等，逐漸陶養出自家對於思想觀念史的洞察力。《中國近現代思想觀念史論》、《當代新儒家哲學史論》這兩本書可以說是依循以上所述的方法學，所展開的鍛鍊。

又因爲我所關注的哲學論題是「人存在的異化及其復歸之可能」，就傳統儒道佛文化的深入爬梳、詮釋，隨順其緣，寫成了《中國宗教與意義治療》一書，意圖提出中國文化傳統所可能的治療學思維。又因爲深覺人性與歷史社會總體有其密切的辯證關連，深覺儒學要有一新的開啓，必當深入此中做一詮釋、批判，因之趁一九九三～一九九四年赴美訪學之便完成了《儒學與中國傳統社會的哲學省察》一書。基於以上縷述的這些探索與研究，逐漸陶成了一「後新儒家哲學的問題向度」，目前這《儒學革命論：後新儒家哲學的問題向度》一書，孕育而生，自是順勢而成理。

本書計有「本論」四篇、「評論」三篇、「廣論」三篇、「衍論」兩篇，及「附錄」《自立晚報》〈哲學革命〉系列相關文章及對談。

〈第一章、「當代新儒學」及其相關問題之理解與反省〉，原乃一九九三年底寫給《鵝湖》諸君的八封信件，時正客居美國威斯康辛麥迪遜校區訪問研究，遠去故國，對比而觀，格外有感。後經修整發表於《鵝湖》第十九卷第七期（一九九四年一月），此文著筆與平日之論文稍有所異，其問題感則特深，蓋從實存的感知到概

念的架構乃一連續，而非斷裂故也。筆者首先論及「知識分子的株連及當代新儒家的自我定位」、再論及於「內在心性修養、道德實踐、社會實踐」，並及於「時代的業惑及其消解之可能」。再者，筆者省察了「由「傳統」走向「現代化」的迷思」，進而指出「僞啓蒙的迷思」及其轉進之可能。還有對於牟先生所題「良知的自我坎陷」做一創造性之詮釋與批評。最後，筆者強調儒學之爲儒學當重視「生活世界」與「主體際性」。

〈第二章、牟宗三先生之後：「護教的新儒學」與「批判的新儒學」〉，曾在一九九六年十二月，由中央研究院中國文哲研究所、中央大學、東方人文基金會等於台北所舉辦的「第四屆當代新儒學國際會議」上宣讀。本章旨在經由「護教的」與「批判的」做一顯題式的對比，指出前者是以康德爲對比及融通之主要資源，而後者則以王船山兩端而一致的哲學思考做爲模型，並注重西方歷史哲學、社會哲學乃至現象學、解釋學之發展，回溯當代新儒學之起源，重新詮釋熊十力，對牟先生則採取一既批判又繼承的方式。再者，筆者對比的對「理」、「心」、「氣」，「主體性」、「生活世界」，「心性修養」、「社會實踐」，「本質主義」、「唯名論」，「傳統」、「現代」等相關問題，做一概括輪廓式的描繪。最後，則指出「後新儒學」薪盡火傳的往前邁進。

〈第三章、咒術、專制、良知與解咒──對「台灣當代新儒學」的批判與前瞻：對於《後新儒家哲學論綱》的詮解〉曾於「第一屆台灣儒學國際學術研討會」(1997年4月，成功大學中國文學研究所，台灣、台南)、國際中國哲學會一九九七年學術年會(1997年7月，韓國東國大學、漢城)上宣讀，並略加修訂，刊於《鵝湖》第廿三卷第四期

（1997年10月，台北）。本文旨在經由《後新儒家哲學論綱》的詮解，對四九年以後於台灣發榮滋長的「台灣當代新儒學」，展開批判與前瞻。首先筆者指出往昔，儒家實踐論的缺失在於這實踐是境界的，是宗法的，是親情的，是血緣的，是咒術的，是專制的，這些一直都掛搭結合在一起，分不清楚。再者，筆者指出實踐概念之爲實踐概念應當是以其自爲主體的對象化活動所置成之對象，而使此對象如其對象，使此實在如其實在，進而以感性的透入爲起點，而展開一實踐之歷程，故對象如其對象，實在如其實在。後新儒家的實踐概念是要去開啓一個新的「如」這樣的實踐概念。這是以其自爲主體的對象化活動做爲其啓點的，是以感性的擘分爲始點的，是以整個生活世界爲場域的，是以歷史社會總體爲依歸的。這麼說來，後新儒家的人文性是一徹底的人文性，是解咒了的人文性，而不同於往前的儒學仍然是一咒術中的人文性。這旨在強調須經由一物質性的、主體對象化的，實存的、主體的把握，因而這必然要開啓一後新儒學的哲學人類學式的嶄新理解。總而言之，老儒家的實踐立足點是血緣的、宗法的社會，是專制的、咒術的社會；新儒家的實踐立足點是市民的、契約的社會，是現代的、開放的社會；後新儒家的實踐立足點是自由的、人類的社會，是後現代的、社會的人類。

　　〈第四章、台灣哲學的貧困及其再生之可能——對於《台灣、中國：邁向世界史》論綱「貳」、「參」的再解釋〉，曾於一九九八年五月間在東吳大學哲學系所舉辦的「哲學與人文精神學術研討會」上宣讀。本章旨在經由《台灣、中國：邁向世界史》論綱的第二節與第三節提出再解釋，點出台灣哲學的貧困，並求其再生之可

能。首先，筆者指出台灣目前處在雙重的「主奴意識」的困境下，一是「外力型的主奴意識」，另者是「內力型的主奴意識」。筆者以爲破除這雙重主奴意識背後所含新、舊交雜的父權意識，並正視母體意識的顛覆性，才可能眞切面對台灣哲學的貧困。作者進而指出在世界史的氣運行程中，臺灣正走在關鍵點上，它具有這個可能性，它將囊括東方「連續」（Continuity）之路，與西方「斷裂（Discontinuity）之路，它正可視爲此二者之中介點。此正如同一個橋樑的拱心石。再者，作者以爲台灣哲學要克服其貧困，當在於重視自家的文化傳統，並吸收西方文化傳統，進而養成一文化存有論之深睿思考，更指向後資本主義化、後現代種種之批判，而此之所以可能則是因爲這是來自於深睿的東方文化傳統，一個對於言說懂得割捨及揚棄而代之以非言說方式的傳統。

〈第五章、「黨國儒學」的一個側面思考——以《科學的學庸》爲核心的理解與檢討〉，本文曾於「第二屆「當前台灣社會與文化變遷」學術研討會」（1997年3月，中央大學通識教育中心，台灣中壢）會議上宣讀，後稍事修改，刊於《鵝湖》廿三卷十一期（一九九八年五月）。本文旨在對於「黨國儒學」做一側面思考，其反省的主要對象是蔣介石所著《科學的學庸》一書，特別深入其〈大學之道〉（上、下）兩篇文章，做哲學反思。由蔣氏對於《大學》的詮釋中，闡析其黨國儒學的特色，指出蔣氏將革命意志與權力灌注到《大學》之中，使得《大學》成爲一國民革命化的《大學》。如此一來，革命意志的鍛鍊與心性的修養也就關聯成一不可分的整體。再者，針對蔣氏所謂的「科學」做出闡析，點示出此乃「格義翻譯下的大逆轉」，將西方的科學用中國的「格致」一辭去取代，進而以中國

《大學》中的「格物致知」活動去說其爲「科學」。之後，筆者回溯中國近現代以來「科學主義」的發展，並對比的指出蔣氏更以黨政軍的力量建構另一漫天蓋地的「主義科學」，而此「主義科學」正是「科學主義」的奇詭變奏。最後，筆者更而指出「帝皇專制」與「黨國威權」造成的「倫理中心主義」將形瓦解，而讓我們有機會重新去理解這「倫理中心主義」所含帶的是些什麼樣的成分，它與「專制」、「咒術」乃至儒學所強調的「良知」有何關係，這將是值得我們更進一步去瞭解與注意的。

〈第六章、「儒家型馬克思主義」的一個可能——革命的實踐·社會的批判與道德的省察〉本文原屬一九八三年之少作，因種種機緣，遲至一九九六年始發表於《鵝湖》第廿一卷第八期。一九八三，我當時正值廿六之齡，詩興易感而多憂，氣魄宏廓而疏略，學問功力未成，但卻亦可見此中自有所見在，這些見地又與後來之發展密切結合在一起。本文旨在經由對「正統馬克思主義、社會批判理論及當代新儒家哲學」全面而概括的反省與考察，指出「革命的實踐」與「社會的批判」必須植根於「道德的省察」，這樣的革命與這樣的批判才不會泛濫無所歸趨；而中國儒家傳統所強調的「道德省察」亦必須接受馬克思主義哲學的考驗，才能免於內省式的道德自我鍛鍊，而眞正勇敢地向豐富多姿的政治、社會、經濟等實際層面開放。再者，筆者分述「馬克思主義式的革命實踐」、「法蘭克福學派的社會批判」、「中國儒家傳統的道德省察」，經由理解、詮釋、批判，並試圖將三者融鑄爲一體，，以做爲整個中國未來所要追求的目標，並由此去構想一「儒家型馬克思主義」的可能。

〈第七章、「革命」的孔子——熊十力儒學中的「孔子原型」〉，原在「中國近代文學與思想學術研討會」（1997年3月，中央大學中文系所，台灣中壢）會議上宣讀。此文乃繼余多年來的熊十力研究，承體大用，由其對內聖之學的探索，轉而爲外王學的研究，重點則在闡述其「革命」的孔子形象。本章乃經由熊十力儒學的曠觀，並落實於其經學脈絡中來審視；特別環繞其晚年所著《原儒》一書，加以考察。首先以繫年及總體的理解，闡明「經學系列」與「哲學系列」在熊氏學問中的關係。再者，對於熊氏所謂的「原儒」究何所指，其意義結構爲何，做一概括的詮釋；指出其所謂的「原」並非一「事實眞相」之原，而是一「理想價值」之原。熊氏以孔子「五十以學易」、「五十而知天命」以爲斷，而區分「小康之儒」與「大道之儒」，這可以說是其體驗的洞見所在。緊接著，在隨文點示中，指出其「革命的儒學」之提出，本根據於中國文化長久以來的「隱匿性傳統」，當然，熊氏雖承繼於此，但卻有一新的開展與創造，又與此傳統有所區別。最後，則闡明「革命的孔子」之形象到底爲何，其思想與意義又何在，並指出此與「六經注我」方法論及韋伯「理想類型」的方法論有何異同，並預示此方法論之限制。

〈第八章、《論語》與廿一世紀的人類文明——交談、啓示與文明治療〉，本文原於一九九六年二月廿八日即席講於華山講堂課上，後經許霖元君紀錄成稿，再經由賴錫三君增刪補註完成。最後經筆者重新修訂完稿。本文初無綱要，亦不必有一系統，但卻自有其系統，蓋思之既久，自然神至，悠然而成者也。此文後來於一九九七年六月在新加坡國立大學、國際儒學聯合會所舉辦的「儒學與

世界文明國際學術會議」上宣讀。隨後杭州吳光教授邀約刊於《浙江社會科學學報》（一九九八年第二期，浙江）。本文旨在豁顯《論語》一書的根本智慧，並對比點出她與廿一世紀人類文明的關聯。首先經由「交談性經典」與「啓示性經典」的對比，指出《論語》一書之爲一「交談的哲學」、「場所的哲學」，重視的是人之做爲一「活生生的實存而有」這樣的存在。再者，經由宗教社會學的考察，對於現代「合理化」社會的心靈機制和危機，做出解析與闡釋；指出在「人」與「上帝」的巨大張力下，如何的開啓一工具性理性的合理性，並進而試圖去宰控世界，終而墮入「異化」的境域之中。再者，點示出所謂的「新世紀運動」如何面對「異化」的問題，是如何的由人之「實存的有限性」進而深透到一「實存的奧秘性」之中，並進而瞻望廿一世紀未來的嶄新可能性。其次，再回顧《論語》及其所展示的「生活世界」，並指出其獨特的「孝道宗教觀」。最後，則以台灣海峽兩岸之中國文化傳統爲核心，而論東亞在邁向世界史過程中所可能的自覺。

　　〈第九章、走向生活世界的儒學——儒學、《論語》與交談〉，曾在一九九七年三月間，由東海大學所舉辦的《中國文化與通識教育學術研討會》上宣讀，後修訂刊於《通識教育季刊》第四卷第三期（1997年9月，台灣新竹）。本文旨在傳述筆者十七年來閱讀、講習《論語》的心得，首先對於「儒學擴大化」做一反省，並對經典特性展開釐清，闡明「交談、傾聽」與「辯論、言說」的異同，指出閱讀《論語》，重要的是要深切而妥貼的體會，以「交談」的方式來閱讀《論語》，萬不可從「辯論」的觀點來看《論語》。進一步，吾人指出「經典之爲一生活世界」乃是一「天地人交與爲參贊的場

域」，而此即是一切存有學、知識學、實踐學的基礎，實乃中國哲
學最爲重視、最爲首出的智慧，亦是一切「圓教」之可能基礎。其
次，則究「言」、「形」、「象」、「意」、「道」五者逐層，揭
示一經典之詮釋方法論，以爲此五者有其互動之交談與相會，彼既
有平面的互動，復有縱面的昇進，此值得吾人注意。再者，以《論
語》書中「直在其中矣！」章，做爲例示，闡析「公義與私義之分
際」。最後，則以「走向生活世界的儒學」做爲總結。

　　〈第十章、「文化中國」的理念與實際──從「單元而統一」
到「多元而一統」〉，此文曾經在「『文化中國』的理念與實際國
際研討會」（香港中文大學人類學系，1993年3月，香港）會議上宣讀，後刊
於《鵝湖月刊》第十九卷第一期，（1994年7月）。本文旨在針對「文
化中國」一概念深入理解、詮釋，進而指出其未來的一個可能向度：
從「單元而統一」到「多元而一統」。首先，筆者指出「中國」一
概念頗多紛歧。再者，筆者指出「經濟中國」乃是一「關係性的功
能串結」，它不能以其自身而爲一穩定的存在，在此關係性的功能
串結之背後必有其實體。至於「政治中國」則是一「擬實體性的對
比分別」，這是一事實存在的狀況，它仍未提到「理」的層次而貞
定之，而只是一張力均衡下權稱的實存狀況，它不是恆久的、理上
的實存狀況。這問題亟待解決。再者，筆者指出唯有一「本體性的
眞實存在」，如此才能解決可能由於張力失衡而造成的動亂與不
安。這樣的一「本體性的眞實存在」即我所謂的「文化中國」這個
層次的眞實存在。最後筆者指出當前「雙元而互濟」的模式既已形
成，則台海兩岸便統於此「本體性的眞實存在」下，而爲一對比而
互濟的兩元，中國將因之而走向「陰陽合德」、「乾坤並建」之

局。由此，「雙元互濟」之「文化中國」與「政治中國」，進而可以邁向一「多元而一統」的中國。

　　〈第十一章、後新儒家的哲學向度——訪林安梧教授論「後新儒學」〉，本文原是一九九七年底的訪談紀錄，由我教過的研究生賴錫三君訪問，裴春玲君紀錄，從訪談中可見他們雖僅研究生，但已有相當學問功力，頗爲難得。訪談較之一般論文親切，可讀性高，故置之於此，以爲衍論也。本文首先點出「法無定法，道有其道」：「問題—答案」的邏輯，再因之隨順談到「道器合一」下的人文主義、「境界的眞實」與「眞實的境界」的對比區分。隨後，筆者指出中國文化傳統中嚴重的「道的錯置」之問題，並力求其克服的可能，並點示「存有的治療」學問向度。之後，筆者對比的區別了「以心控身」與「身心一如」兩個不同的哲學向度。一九九六年底筆者公開指出的牟先生的哲學是當代最大的「別子爲宗」，衆議譁然，筆者於此再做一詮解、闡釋。並站在宏觀的對比向度，對「當代新儒學」與「京都學派」做一對比，論述其異同。最後，筆者以爲重返王船山，可以做爲「後新儒學」的可能向度。

　　〈第十二章、「生活世界與意義詮釋」論綱——後新儒學的「存有學」與「詮釋學」〉，本文曾於一九九八年四月間，在中國哲學會年會上發表。本章試圖經由一論綱的方式，對當代新儒學做一批判性之繼承與發展也。當代新儒學之所重爲良知主體及躬行實踐，而於此文，余則進言之論其「生活世界」與「意義詮釋」。本文可以視爲後新儒學有關「存有學」及「詮釋學」之總綱。筆者以爲生活之爲生活是因爲人之「生」而「活」，世界之爲世界亦因人之參與而有「世」有「界」。所謂的「生活世界」是「生—活—世

一界」，是「生活─世界」，是「生活世界」，是天地人三才，人參與於天地之間而開啓之世界。再者，筆者以爲「意」之迴向於空無，而「義」則指向於存在。「詮」之指向「言說」與「構造」，而「釋」則指向「非言說」與「解構」。「意義詮釋」是「意─義─詮─釋」，是「意義─詮釋」，是「意義詮釋」，是人由其「本心」，經其「智執」，參與於天地人我萬物而開啓者，而生之解放者。顯然地，筆者重在解消主體主義及形式主義可能之弊，故多闡發熊十力體用哲學之可能資源，由「存有的根源」（境識俱泯）、「存有的開顯」（境識俱起而未分）、「存有的執定」（以識執境），等諸多連續一體之層次以疏解「生活世界」與「意義詮釋」之論題。

　　附錄「哲學革命及後新儒學」，由兩篇短文、一篇訪問稿，共三個部分構成，是應《自立晚報》〈哲學革命〉系列而爲者。一九九七年十二月廿五日發表了〈台灣哲學的貧困及其再生〉，一九九八年二月八日發表了〈關於哲學思想主體性之問題〉，指出當前台灣哲學界更大的問題在：對喪失主體性的毫無醒覺。同年三月底、四月間刊出了相關的訪談。從這些論述中再在可發現我的重點仍在於人之做爲一個人如何的參與到生活世界之中，並關注到整個歷史社會總體，自覺的活出意義來，並面對現實上諸種種現象，展開批判與重構。其實所謂的「後新儒學」乃是繼牟先生之後的進一步反省與發展，是第二波的儒學革命，是吾人進入廿一世紀於人類新文明所當有的獻禮。

　　最後，我要重申我在「哲學革命」中的立場：

　　　哲學是追求根源性的智慧之學！是邁向生活世界的實踐之學

沒有本土，就沒有國際！沒有思考，就沒有哲學！沒有自家
傳統，就沒有主體性！沒有歷史的連續性，就沒有同一性！
『本土』不是光禿禿的鄉土而已，而是和著深厚的傳統，豐
富的詮釋而締造成的本土。『國際』不是孤零零的掛在帝國
霸權下，做為人家的不奴僕而已；而是以自己的本土所成之
國，在與其他國對比之下，平等往來，才有所謂的『國際』。
『思考』不是範限在餖飣考據、錙銖必較；而是面對生活世
界，回到事物自身！『哲學』不是某某哲學家講說了什麼；
而是為什麼他這麼講，如我所言，又能怎麼講？關聯著這個
生活世界，我當如何講，不只如何講，而且是如何做？
『傳統』不是過去式的記載，而是現在式的詮釋，由詮釋而
邁向未來；『傳統』不是閉鎖性的記憶，而是過去、現在、
未來通而為一的開放性締造！
『主體性』不是超越的，不是抽象的；而是實存的、是具體
的；是在不斷的開放與豐富過程中形成的！是在歷史的連續
性中，因之使得這樣的主體性有其同一性！
哲學就是哲學，只重西洋哲學徒成帝國主義的馬前卒，只重
中國哲學徒閉鎖於僵化傳統之中，這都不是哲學界之福，但
願『哲學界』把『界』去掉，回到『哲學』！
『哲學革命』是面對整個台灣社會總體、人類歷史文明，關
懷自家生活世界，做一根源性的追求，永不止息！

　如此立場，明白簡易，今之哲學界卻如聾作盲，往而不復，可
哀也矣！吾年已過四十，當為不惑，寧悃悃款款，質樸忠敬，傳此

薪火，俟諸賢者！

孔子紀元二五四九年八月十七日於台北象山居
（西元一九九八年）

「儒學革命論」——後新儒家哲學的問題向度

目　錄

第肆篇：衍　論

第十一章　後新儒家的哲學向度——訪林安梧教授論「後新儒學」………………………………… **245**

第一篇：本論

第一篇 本論

第一章 「當代新儒學」及其相關問題之理解與反省

〈本章提要〉

本章由一九九三年底寫給《鵝湖》諸君的八封信件所構成，從實存的感知到概念的架構，筆者論及「知識分子的株連及當代新儒家的自我定位」、「內在心性修養、道德實踐、社會實踐」，並及於「時代的業惑及其消解之可能」。

再者，筆者省察了「由『傳統』走向『現代化』的迷思」，進而指出「僞啓蒙的迷思」及其轉進之可能。還有對於牟先生所題「良知的自我坎陷」做一創造性之詮釋與批評。

最後，筆者強調儒學之爲儒學當重視「生活世界」與「主體際性」。

關鍵字詞：鵝湖、生活世界、主體際性、良知的自我坎陷、僞啓蒙、實踐

一、本文緣起及自我廓清之必要

來美國威斯康辛大學訪問研究已三個月，這段日子的靜思，讓

我有機會重新省察自家的生命以及與自家生命連在一起的生活世界，這果眞是一難得的機會。想了又想，還是提筆給一些老朋友寫寫信吧！或者因爲空間的距離會對比出一些見解，趁此以求就正於遠方的友人。想著！想著！要寫些什麼，或者就從「鵝湖」說起吧！

　　《鵝湖》從一九六五年創辦，至今已有十八年的歷史，她的韌性，是其他民間學術性刊物所少見的。就此而言，一方面是前輩先生打下了深厚的學術基礎，而另方面則是諸位同道師友戮力護持所致。以那麼少的物質條件完成了那麼多的學術成績，而且她還得默默承受許多委屈。有人因爲她提倡中國文化，尤其是儒家文化，就不知用那門子的邏輯，將她與當權者結合在一起，認爲她是威權主義的、漢族沙文主義的、乃至與黨國一體的。這種「株連的邏輯」本不值一提，師友們大體都只默默承受而已。不過，爲了使自我的認知更清楚，我以爲還是必要清理一下。就好像有個年青人，外面有許多傳言說他是誰的孩子，而不是誰的孩子，傳得久了，若一直沒澄清，那很容易就讓人家定性，甚至自家的身份到底如何也懷疑起來。如王弼所說「名以定形」，我們若不用言說來釐清自己，只習慣默默承受，外面的聲音太大，我們被貼了標籤，久了，就像一張難以撕下的符咒一樣，可能因此永世不得超生。記得以前中學讀過「寧鳴而死，不默而生」，這句話好像是胡適之先生講的。我雖然對胡適之的學問並不一定佩服，但對這句話倒是極爲肯定的。不過，說眞切些，我自己還是沒有好好體現這句話，一直到現在才比以前覺悟些。話這麼說了，我就想從「爲何我們的鵝湖朋友一直是默默耕耘，而少有社會聲音呢？」說起，或者說「爲何鵝湖師友稍

有些聲音，就被誤解呢！這些誤解有沒有可以解釋的理由？這又該怎麼辦呢？」

「學問傳統」乃是一「言說的傳統」，沒有言說的傳統就造就不了學問的傳統。《鵝湖》的前輩師友，特別是創社的諸位元老，之所以能奠下一片基業，除了有感於中國文化的危亡外，最重要的是體會到「立言」的重要，他們講習、辯正、詮釋，因而開啓了《鵝湖》。《鵝湖》的成立，基本上標識著「學統」、「道統」與「政統」三者的分立，並且認爲自己是立足於道統上，而做的是學統中一部分的工作，從而對於政統下一恰當的批評。不過，這些年來，我們倒要捫心自問《鵝湖》師友的講習爲何比以前少了又少呢！彼此的辯正也少了，內在的心靈溝通也少了。或許，外在的忙碌是個原因，但不應該是個原因。眞正的原因在於我們對於現實沒有眞切的感受，而且對於自己團體的性質缺乏進一步的反省與批評。我們忽略了原來我們所信守的一些東西逐漸外化、異化爲浮面的形式，甚至只是僵化的文字宣說而已。

當然，我們不是沒有感受，而是感受得不切。須知：感受切不切，不是一個現實上、強度的、量的問題，而是一個理論上、思維的、質的問題。我們已經習慣於經由前輩先生所開發的問題來思考問題，而不能自己去發現新的問題。其實，當代新儒家之所以爲當代新儒家，其最爲可貴的是彼等有其存在的眞切感受，而此眞切的感受是接上整個傳統文化，因而思有一新的開啓。如唐君毅、牟宗三、徐復觀、張君勱諸位前輩先生，莫不眞切的感受到整個民族存亡的危機，而焦心苦索，思有以興發建立者也。他們是眞有體會，而所謂的眞有體會是他們能將這些感受提到一概念思維的層次來加

以架構。他們不只是感歎說說就過去了，也不是求自己生命之安頓閒適就過去了，他們焚膏繼晷，孜孜矻矻，不但對時局政治發表了見解，而且也寫了不朽的學術專著。儘管，他們不為學術當道者、也不為政權當道者所喜，他們甚至是一生聊落，他們無法像一些人安在國家總統府直屬的「中央研究院」裡研究，連個研究員都不是，當然更不可能是院士。也更不可能在這個「翰林院」中，秉著如椽之筆，做所謂的「正義」的呼聲。有人說，因為牟先生在學生時代就得罪了胡適（見其《五十自述》），自然中研院的門不為你們而開。甚至有人說，即如最近（一九九一年）余英時院士之要特別寫一篇「錢穆與當代新儒家」，以劃清錢穆與新儒家的關係，背後都是因為有著千絲萬縷的「權力關係」的衡量。我個人則以為有人將錢穆先生歸為新儒家，而錢先生本不以為然，余先生澄清一下，原亦無妨，我總覺得想到說有著千絲萬縷的「權力關係」，這未免推想太過。不過，中央研究院一直都有一股反新儒家的氣氛，這則是千真萬確的事實。我以為這根本上不只是「人的問題」，而是牽涉到整個「意識型態」的問題，是「知識社群」的組成問題，也是整個近代思想史變遷的問題。我以為這問題，我們自己不去澄清，誰來為你澄清。空洞的想，讓時間或者歷史來說明一切吧！這是很不負責任的說法，我以前也是這樣的，我現在認為不該如此，要站出來說說。

　　無謂的爭鬧是無用的，特別是把自己封鎖在自己的據點是不足的，我們須要的是澄清自己之何以為自己，進而明白自己到底要做些甚麼？該是我們總結前輩經驗，再往前邁進的時候了。（癸酉十一月廿九日）

二、論知識分子的株連及當代新儒家的自我定位

有人將《鵝湖》系統視為傳統中國文化的保守主義者，這點我們是能夠接受的，但若將此所謂的「保守主義」擴大解釋，那我們就不能同意了。《鵝湖》是文化的保守主義者，但可不是政治的保守派，更不是與當權派掛在一塊兒的。把《鵝湖》或當代新儒家與政治上的保守派或頑固派放在一起，這十足的是一種「株連」的思維方式。

「株連」的辦法，是專制時代為了鞏固皇權而想出來的玩意兒。這完全是集體主義式的、一棒打翻船式的思維方式。這樣的思考方式，中國古代的法家所施行的連坐法即是如此，後來又通過專制皇權滲透到整個民族的血液中，可以說已到了無孔不入的地步。再者，流行到中國乃至全世界的通俗的馬克思辯證唯物論的思想，落在實踐的層次，也常用這樣的思維方式來處理問題。或者，有的人說，其實，「株連」這玩意兒，在我們的日常生活中，就都有著這樣的傾向，我們的思維中就須要這樣的玩意兒，只是有些用的過火了，越出了範圍而有了差錯罷了。的確，我們可以說平常總要有做抽象思考、或共相思考的能力，「株連」也者，只是這樣思考的誤用而已。

面對「誤用」，我們須加以辯明，由「誤用」轉而為「正用」，為先人或者為自己除愧伸屈，這是一種天職，不容被剝奪，更不能自己放棄。我總覺得《鵝湖》在這方面太沉默了，沉默的幾近於自我放棄。

其實，若想從政治的流派對《鵝湖》或當代新儒家定罪，加以

株連的話，應從張君勱的民社黨、梁漱溟的鄉治派，一直追到寫《歐遊心影錄》的梁啓超，這樣的流派，一直和國民黨有著緊張的關係。至於原先和國民黨有密切關係，但後來因志向不合而分道揚鑣的是徐復觀先生。徐先生的人格學問，天下士有目共睹，無庸多論。徐先生之爲當代新儒家，就好像殷海光之爲自由主義者，他們兩人都曾是國民黨中重要的人物，後來道不同不相爲謀而離去。當然，不能因其出身背景而以株連的思維方式說他們兩人之所作所爲是國民黨式的。（事實上，他們兩人成爲對國民黨有力的批判者，這是無庸置疑的）。簡言之，將當代新儒家與國民黨、當權者株連在一起是不恰當的羅織，是知識分子競逐氣節的假想產物。但轉折的來看，我卻要說，儘管如此，我們仍要清楚的去清理此中的「理路」，斬除不必要的荊棘，才可能開闢寬闊的坦途。

問題的關鍵點在於：這兩千年來的「帝皇專制」已使得儒學幾乎成爲一「帝制式的儒學」。一般人想起儒學就是這麼想的。其實，儒學還有「生活化的儒學」與「批判性的儒學」兩個極爲重要的側面，一直被知識界忽略了。我總以爲儒學這樣的被忽略或誤解，我們是有責任的。我們不能只是怪別人沒好好瞭解我們，而應怪我們自己沒好好讓人理解。在這種情況之下，儘管《鵝湖》基本上強調的是生活化的儒學與批判性的儒學，但由於《鵝湖》更重要的是強調一種理智化了的、理論性的儒學，因此生活化與批判性這兩面就闇而不彰了。在不知不覺中，很快的，如此理智化的、理論性的儒學與帝制式的儒學就被視同一的了。

這幾十年來，國民黨表面上是不反對中國文化的，甚至搞中國文化復興運動，提倡儒家文化，其實他們所提倡的是新的「帝制式

的儒學」。他們將蔣介石神聖化了，讓他成爲道統的繼承者，這樣就將「道統」與「政統」的分際打混了。更嚴重的是，這樣的論點是不容挑戰的，甚至是不容擱置的。須知：道統與政統的張力一旦喪失了，儒學的批判性就更難以凸顯了。即如「生活化的儒學」也充滿著帝制化與黨制化的氣氛，只不過它是一種柔性的氣氛，不易察覺得出來。如此一來，便很容易判定所謂的「儒學」乃是國民黨化的、專制化的儒學，或者就說成一種「黨國資本主義式的儒學」。

《鵝湖》處在這樣的情境之下，儘管你從來沒拿過國民黨的好處，但這樣的株連，你若不做一番徹底釐清的工作，誰信你呢！若只是躲在自己的圈圈裡，構畫理論或者拾前輩的牙慧，又怎能避免這樣的指責呢？前輩開山拓荒，我們要繼續耕種，豈可只是食前輩的米糧，而隨適過日，甚至對於外在的批評一無所覺呢！

孔老夫子說：「不得中行而與之，必也狂狷乎！狂者進取，狷者有所不爲也。」，或許以前《鵝湖》是做爲一個「狷者」，是「有所不爲」；但事實告訴我們沒有狂者之有所爲，便不可能有狷者之有所不爲，只是狷者之有所不爲很可能會有所篡奪而不自知。如此一來，很可能卻陰助其害，若果如是，我們豈不成了孔孟之罪人、文化道統之罪人。思之！思之！長思之！豈不悚然而懼也耶！

（癸酉十一月三十日）

三、內在心性修養、道德實踐、社會實踐

有人問我「你們《鵝湖》到底是中國性多，還是台灣性多些！」我很直接的回答「那看要怎麼說！又是以那些人爲代表來說，至於

我的立場早就發表在《台灣、中國──邁向世界史》那本小書裡。」
我自己回想了一下，我當時（寫一九八九年四月間）寫了「台灣──邁
向世界史：對於台灣當前意識型態的哲學反思」，給了一些師友
看，一直到後來一九八九年底我借《鵝湖》論文發表會的機會宣讀
了其中的論綱，而一九九○年春天我堅持在《鵝湖》月刊上發表，
終而在當時的主編排除萬難下印行。我之所以要不厭其煩的將這一
大段講出來，是因為不只社外的朋友質疑，鵝湖社內的朋友也有質
疑。社外的朋友以為這不是我們鵝湖該管的事，好像我們提出一些
看法是不必要的，甚至是不應該的。社內的朋友，特別是一些年青
的頑固派，非常擔心我這樣的論點會與「台獨」同樣的論調。其
實，我心裡想著「假使『台獨』是這個意義下的台獨，我們就不應
有任何疑義，而且應該贊成的」。當然，社裡面有許多人對於政治
要不就是冷感，要不就是站在順服立場下的敏感。這是可以想見
的。

　　如鯁在喉，我急得想說的是，由於長久以來，《鵝湖》對於台
灣、中國乃至周遭事物的關懷不足，在一些重要的運動場合裡缺
席，使得大家刻板的印象就將你劃了出去。他們一方面可以罵你為
何都不參加，而當你要參加時，他們又要將你劃出去。這種矛盾是
很不理性的，但卻可以理解。我反省到，當我們自己縮在自己的圈
圈裡，不願走向社會去實踐，久了，不但自己實踐的能力萎縮，乃
至實踐的憑據都會受到懷疑。除非你退到「學術的圍牆」裡，運用
學術的武器，架設起大砲、機槍，在堡壘裡向外發射，就好像一些
中央研究院的朋友一樣，但我們自問《鵝湖》能夠這樣嗎？我們的
路是這樣的嗎？更不用說中央研究院早與我們的前輩先生結下了難

以解開的怨隙，形勢上他比你強，你想解開，可能嗎？

　　如上所說，我們似乎該當好好來檢討一下「實踐」這個概念。實踐是走向生活世界，進入到整個歷史社會總體中，加以反思、對話，並尋求一適方的途徑而參與之。然而，我想強調的是：對於現實的生活世界沒有提到概念性反思的地步就不能算是真切的對話，這樣的實踐頂多只是一百姓日用而不知的實踐，而不是儒家知識分子義下的實踐。儒家知識分子義下的實踐是一自覺的，通極於根源的實踐。值得注意的是，我們這裡所謂的通極於根源是必須經由一概念的反思活動，逐步往上升而通達到那根源的；並不是經由一種澄心默座，或者美學式的欣趣的頓悟而達到那根源的。

　　就此而言，我們《鵝湖》到底有沒有經由概念性的反思來對於現實展開對話，乃至批判性的反省呢！當然有，但總的來說，太少了。我們大體忽略了一存在的實感，而只以典籍為依歸，或有言及存在的實感者，又大部分停留在以前輩們所開啟的問題為問題，而完全忽略了自己所應提的新問題。我想要說的是，《鵝湖》師友所涉及的實踐仍然只是「理論的實踐」，而其所涉的理論亦不能真成為一「實踐的理論」。如果就精神的歸依而言，這是違反或者接不上當代新儒學的前輩的，更缺乏了陽明學所強調的「即知即行」的致良知精神。

　　心性之學最講究的是內在主體的實踐動力，要求這內在主體的實踐動力能展現於整個生活世界之中，能參與到整個歷史社會總體之中，展開一實踐的辯證歷程。我想就此而言，我們與其說自己放棄了參與的權利，無寧說我們忘記了我們所應擔負的責任。

　　宋明理學家所談的實踐好像都只是強調內在的心性修養，頂多

就說要如何的父慈子孝、兄友弟恭，在倫常日用上用功夫。這似乎就將「道德實踐」與「心性修養」完全等同起來，其實不然。宋明理學家重視的是去開發自家生命的內在根源，而實現於整個倫常日用之中。當然，宋明理學家由於時代的限制，使得他們不能考慮到政權體制，以及權力根源的問題。但我們可不要忘了，即使這樣，像朱夫子（朱熹）仍然經由道統說的建立要去對顯政治傳統的昏暗，進而冀望一新的理想的世界的來臨。他與陳亮（陳同甫）嚴辨三代與漢唐，說漢唐只是英雄世代，是架漏過時，牽補度日，是在人欲場中頭出頭沒而已。「道統說」與「心性修養的講求」為的是樹立起知識分子的脊樑，為的是要展開道德實踐於整個歷史社會總體之中。你說像這樣的「心性修養」難道不是我們今天所須要的嗎？我們還能批評他們什麼呢？心性修養是要走向道德實踐，並不是求內在的自我安適而已，更不是玩弄光景，迷失在一些虛假的境界之中。當然，宋明理學的末流常處在這個狀況之中，但可不要忘了這是末流，不是那些具有根源性思考的儒者之所為。

如上所言，我們大概不能免的要強調如何的再啟心性之源，並且落實於整個歷史社會總體之中。只不過由於歷史社會總體已經與過去傳統型的歷史社會大異其趣了，其落實方法當有一番大轉進才行。（癸酉十二月一日）

四、論時代的業惑及其消解之可能

最近又把牟先生的《五十自述》看了一遍，這真是一本很好的思想性自傳，它將整個時代的思維內在脈絡與自家生命的成長以及

學問的養成完全結合在一起來理解。隨著牟先生精緻而深刻的縷述，心思亦波折迭宕，然如黃河之九曲，終必東流。讀畢，釋書而嘆，良久！良久！

牟先生說他的老師熊十力先生是「眞人」、「野人」，而我也想用這兩個詞來說牟先生。其爲眞也，在不顧乎流俗，而能超拔而特立；其爲野也，在不爲文理羅織，而能通徹其生命價值之源。有眞生命而後有眞學問，有眞學問而所以成就此眞生命也。

因爲眞，因爲不流俗，所以爲流俗所垢者多矣！因爲超拔而特立，難免給人有崖岸甚高的感受，相形之下，就要生出一番議論來。因爲要脫出文理羅織之病痛，難免「質勝文」。蓋質勝文則野，野而不文，野而不俗，你說你是通徹自家生命之價值根源的，或者退一步你主張學問終其極是要通徹自家生命根源的，這樣顯出的野而不客氣，這與一般的士紳文士是大異其趣的，終不免要被譏嘲一番，更何況當代新儒學者身處意義危機之下更難免乎此也。其實，以其難免，亦不必免，不須免，道之行與不行，只是盡其性分之所當爲而已。

總的來說，當代新儒學走向「眞、俗」，「文、野」對峙的思路上去，是一極爲高竦而危殆之事，尤其他們的生命又不是落在對象化的客觀事物上，不是運用一刀切兩分的方式來處理，而是讓自己的生命浸潤於其中，參與於其中，隨其精神之辯證發展，預期有所實踐成全也。這麼一來，整個時代的痛苦定然與自家生命完全結合在一起，業力相感，神魔交侵，時代的悲劇氣息，自不能免的要顯露在他們的身上。這是整個中國文化道統所遭的魔業，是積累了數千年而迸出來的，就像黃河決堤一樣，氾濫成災，天下蒼生，其

所難免，而要去護堤的人，其所受的魔業也就愈多，身心的掙扎也就愈厲害。熊十力先生說「欲得乾元性海，此事真難，稍不用心時，則意識紛擾騰躍……」，熊先生與當代新儒家之用心如何，天地可鑒。熊先生學問當然還有許多缺失之處，但熊先生之如何為熊先生，我以為當有一切當的理解方可。

近一、二年來，有一些學者對於熊先生大加菲薄，其所論已超出學問的範圍，而跡近於人格的攻詰漫罵，我於此輩之用心之純與不純，原不敢有所議也。但我要說，他們的理解是不足的，特別對於整個時代的業惑一無了解，或者有意的避開，或者因為他們將自己跳脫出真存實感的生活世界，就像乘飛機觀看大地山河一樣，見水潦洪患，頂多來段文字的感懷而已，或者就在空中發布如何救亡圖存的命令。自然，他們的生命是很清朗的，很一致的，很有「教養的」。我之這麼說，並不是我贊成那種如黃河夾泥砂俱下的生命，也不是欣賞那些野氣十足的真人。我只是要說這是時代的悲劇，我們要真有所切痛之感，不可仍然只是運用文理密察的方式來羅織人，入人於罪，再造更多時代的業惑，壞亂了風習，這就罪過罪過。

其實，熊先生也好、牟先生也好，或者其他當代新儒家也好，還有其他當代具有切感的、深思的知識分子（壯年一輩如史作檉先生），都會體會到時代的共業是如何的侵擾著我們，我們且當疏理這時代的共業洪流，就像黃河決堤一樣，我們且當好自攜手努力，或疏導其洪流，或再造「河堤」，這是要積極參與其中，同甘共苦的，又豈能交相責備，互為抵銷呢？

> 我以為做為一個認真的哲學思考者，必然也是靈魂的苦索
> 者，他的生命與其學問被注定的要相關在一起；而且，更值
> 得注意的是，與其說這是一種幸運，毋寧說，這根本就是一
> 種不幸。這樣的一位哲學思考者注定要與其整個時代的共業
> 相搏鬥，他的精神、體力與其心智的多重磨鍊，或能使他有
> 一番成就的可能；但是，可不要忘了，他亦可能在這樣的重
> 重魔障中，粉身碎骨，莫知所終。當然，也可能在語言的諸
> 多拉扯、撞擊下，跌入此魔業中，成為魔業的一部分。陰陽
> 相害，神魔交侵，莫此為甚，然又莫如之何也已！

以上這段文字是我寫完《存有、意識與實踐——熊十力體用哲學之
詮釋與重建》一書後所做的卷後語，引在這裡，想要說明的是當代
新儒家如熊先生與牟先生、唐先生乃至其他有切感者，其生命的學
問當作如何的理解。

　　如上所述，顯然地，我並不以為當代新儒家就可以將自己劃在
真人而野人的立場，與實際的俗流、虛文做一截決，而來成就其自
己。我想要說的是「真、俗」對峙，「文、野」相害，這是一不正
常的現況，我們當有悲心願力去瞭解其中的困結，釐清之、化解
之、療治之，期望能「真而治俗」，「化民而成俗」；「野而救文」，
「文質彬彬，然後君子」，是所至禱！是所至禱！（癸酉十二月二日）

五、由「傳統」走向「現代化」的迷思

　　自我有知以來，台灣的人文研究或社會研究就一直陷在如何由

「傳統」走向「現代化」這樣的論題中。不管是早先的徹底反傳統主義者、國粹主義者、孔教論者，乃至後來發展的自由主義者，新傳統主義者，還有三民主義論者，皆一窩蜂的陷溺在「如何由傳統走向現代化」的論題之中。我以為這裡隱含著一個極為嚴重的迷思（myth）所在，頗值得檢討。我們之所以有機會去做這樣的檢討乃因為今之所處，頗異於彼時故也。西方在現代化之後，對於現代化所帶來的弊病，感之痛切，因而對於啟蒙以來之種種，大有商榷餘地，甚至做出嚴格批評，進而要瓦解整個言說系統欲其有所重建也。當然，後現代在表層上看來，顯然的一反往昔的歐洲（以及以後的美國）中心主義，理性主義，男性中心主義，而開啟了部落化的思考，對於情感與欲望的重新理解，對於女性的重視等等。這麼一來，就使得原來西方人的「東方主義」思維有了一番新的面貌。也使得第三世界的重要性昇高了，我們也因而有了更多的空間來思考這樣的問題。但我們還是要問，這一股帶有虛無主義氣氛的浪潮，是不是仍然只是原來西方中心主義的另一個不同方式的表現，這就叫人難以論定了。

　　話說回來，在這股浪潮的沖擊下，讓我們有機會思維到「傳統與現代化」如何接榫，這樣的論題本身所隱含的迷思何在，讓我們能真找尋到一更適切的走法，或也說不定。我以為就我們自己當代新儒學的陣營來說，關於此問題也是到了一該當去省察的時候了。我們且先廣泛的說說，這到底是一怎麼樣的迷思，之後，我們再就當代新儒學內部對這問題是如何處理的，又有如何發展的可能，做一番討論。

　　一般我們論到「現代化」很自然的會連到一連串的字眼，如：

文藝復興、啓蒙運動、宗教改革、工業革命等等。讀到這段歷史，我們涵泳其中，對於這種樂觀而進步的氣息，莫不欣羨有加，贊賞萬分。當然，「現代化」既做為全人類追求的目標，一切價值既無庸置疑，相形之下，我們也就喪失了對於此目標的反省探索能力。更嚴重的是，對於東方，特別是中國，近代以來，在西方船堅砲利的威脅之下，早已若驚弓之鳥，只求救亡圖存，在存在的危機之下，當然，對於現代化所隱含的迷思是不可能有所了解的。

「文藝復興」是走出中世紀，回到古希臘，去掘發其人本的生命之源。「啓蒙運動」是點燃自家生命的理性之光，替代上帝來接管這個世界。「宗教改革」是徹底斷絕了人與上帝間的符咒關係，而代之以一種一往而不復的符號關係。「工業革命」喚醒了人的工具理性，並使之逐漸上昇至最為優位的地步。這一連的歷程，我們可以將之視為一長遠的解咒歷程，或者說是理性化歷程，但問題最大的就在這裡我們所說的解咒與理性，這種「解咒的理性」，或者說「理性的解咒」使得現代化陷入了一種「理性的咒術」之中，而這「理性的咒術」，其實乃是原先的「咒術的理性」的另一種變形而已。這裡充滿著弔詭式的辯證關係，頗值得吾人注意。其實，即如現在西方大談後現代的思想家們，雖然一意的要瓦解現代化中的理性的咒術，但這種瓦解仍然是在此咒術之中的，想到這裡，我們不禁想問，連環如何可解？

如果我們說托洛密的天文學是以地球為中心的，而哥白尼的天文學是以太陽為中心的。前者固然是以人為中心的，但這樣的以人為中心，背後則是以神為中心，而因為這樣的神是須經由人的理性去證成他的存在的，而且人所造的宗教法庭又替代了上帝來審判一

切，這顯然地並不是果真以「神」為中心，而是以「人──神」為中心，是一種「神─學─的」中心思維。但是這樣的宇宙是一有限的、封閉的宇宙，因而是一可以照管的宇宙。哥白尼的天文學系統雖以太陽為中心，但這並不意味著生活於地球上的人就喪失了以人為中心的立場，而是以一種開放的、無限的宇宙觀來理解世界，而且理性之光一旦開啟，於是從原先的「人──神」中心，一轉而為「人──理」中心，並進而是一「人─理─神」中心，所謂的理體中心主義於焉構成。

「現代化」之為現代化乃是一十足的是一「人─理─神」為本的理體中心主義下的思維，在方法論上是一本質主義式的，帶有強烈專制色彩下的思維，在世界觀上是以強勢者為主導的思維，在倫理學上是淺薄的功利主義加上快樂主義，在生命的向度上，是截斷過去與未來的現世主義。一般看起來，由於現代化所帶來的強大，其實是一種資源的耗費，是一往而不復，巧取豪奪的浪費。就表象觀之，極為進步，但底子裡卻是充滿著殘暴性、專制性，也因而造成了嚴重的異化。想想「現代化」這個詞所隱含的內含其複雜性有如是者，不知我們可想過該怎麼因應否？

我之所以特別將這問題捻出來，是要說我們極可能要將原先的問題意識做一番調整，不要陷在其迷思之中，而不能自拔。顯然地，我們現在不宜將問題定在「如何由傳統開出現代化」，與其說「開出」，毋寧說「調適」，或者說「調和」。不過，進一步，我想說的是原先當代新儒學所立的「開出說」，其實隱含者「調適」及「調和」的因子在，可以再行轉進的，值得我們去注意。待下回，我們再續談這個問題吧！（癸酉十二月三日）

六、「僞啓蒙的迷思」及其轉進

　　上面，我們談到了「現代化的迷思」，其實民初以來的知識分子不僅對於現代化的本質無所了解，更嚴重的是由於對現代化的嚮往帶來一更爲嚴重的「僞啓蒙的迷思」。當然「僞啓蒙的迷思」這個詞是相對於「啓蒙的迷思」這個詞而說的。簡單的說，「啓蒙的迷思」是相信經由人類的理性之光，通過符號來控御整個世界，不但是可能，而且有其必要性與普遍性。「僞啓蒙的迷思」則認爲人類既已啓蒙，而且目前是朝向啓蒙的終極途徑邁進，因此做爲落後國家的我們只要追隨著先進國家的腳步，往前邁進，則一切無疑義矣！僞啓蒙主義者，忽視了啓蒙之爲啓蒙，其所根據的是理性之光，而理性之光是具有主體性的身分才可能發出來的。沒有主體性的身分亦不可能經由自家所締造的符號來控御整個世界。喪失了主體性的身分，只是一廂情願的以爲追隨到底，其實就陷溺到一主奴意識的關係結構中，無法自拔。換言之，僞啓蒙的迷思是將一外在於己身，而以爲別人的理性之光就是自己的理性之光，將別人所締造出來的言說符號系統當成自家的言說符號系統，他們完全忽略了由這種外化所產生的疏離與異化。

　　我以爲當代中國文化的走向，實在難以避免此「僞啓蒙的迷思」，徹底的反傳統主義者，或者說全盤西化論者，乃至後來轉進的自由主義者，創造的轉化說等等固不能免此僞啓蒙的迷思；至於傳統主義者，國粹派，乃至新傳統主義者，當代新儒家，強調轉化的創造說仍不能免此僞啓蒙的迷思。僞啓蒙的迷思伴隨著生死存亡的困境，在意義危機的纏繞下，成爲整個中國當代思潮不能避免的

困結。不過，我個人以為自由主義者的創造轉化說與當代新儒家所強調的主體的轉化創造說，多少還含藏著一個新的轉進之可能。即使這樣的轉進可能仍然是隱而未發的，但我總相信他們已具有這樣的因子。再者，衡情而論，當代新儒家所強調的「主體轉化的創造說」具有更大轉進的可能，值得我們注意。

早在一九五七年，當代新儒家唐君毅、牟宗三、徐復觀、張君勱四位先生在其「中國文化宣言」中即清楚的點出了「主體轉化的創造說」，牟先生後來繼續拓深這個理路，而成為頗受批評質疑的「良知的自我坎陷說」。牟先生此說識者頗少，而評者頗眾，其評論大體多不中肯。然而，牟先生此論實有其可議之處，值得檢討。不過，若將此說成「良知的自我傲慢」則是一種誤解，而這種誤解亦有其理由，值得梳理。就實際而言，牟先生所題「良知的自我坎陷說」可以說是繼承著宋明理學的陸王心學一路而來的進一步轉折的發展。這樣的轉折發展即前面所說「主體轉化的創造」也。其目的是要擺脫中國傳統儒學所隱含的泛道德主義傾向，而對於現實的世界之多元性有一恰當的安排，這基本上不同於原先傳統主義下的儒學所強調的良知學，因傳統主義下的良知學實仍不免專制的氣息，而當代新儒學極力的想擺脫這樣的困境，這是值得我們注意的。其或有未能真擺脫者，則當視之為舊習宿業，不當認為是其理路之所必至，而又如何的去除此宿業舊習，實為我們當務之急，若只是相互撻伐，意氣爭擾，於事無益而有害矣！

依牟先生言，儒家乃至道、佛皆不排斥科學知識，只是因為彼等以前注意的是「上達」一面，而忽略了它，現在又該當如何呢？依牟先生的問題再往前延申，即為「如何由知體明覺（即良知）開知

性？」依牟先生說，這是由知體明覺自覺地自我坎陷，從無執轉爲執，由此執而執定一對象相，而這樣的對象相不再是物之在其自己的如相或自在相，而是使得物成爲一對象化的存在，從而讓我們能究知其曲折之相，也因此讓我們能充分的實現其自己，像這樣的方式乃是一辯證的開顯，牟先生以爲經由這樣的自我坎陷轉爲知性，它始能解決那屬於人的一切特殊問題，如此才能眞完成儒者的道德心願。再者，於政治社會之構造言之，當代新儒學極清楚的指出，傳統的專制政治社會構造，是「一客從於主的隸屬之局」，至於民主政治社會之構造，則是一「主客相待的對列之局」，而此又與「良知的自我坎陷以開出知性主體」可以相合而觀。「良知的自我坎陷以開出知性主體」這是爲了安排科學與民主的曲折轉化，是由道德本體論的一體性原則，轉出認識論的對偶性原則，在儒學的理論上這一步的轉出是極當正視的。這不但不犯所謂的良知的傲慢症，亦不流於泛道德主義，而是要去釐清道德良知的界域，而轉出一客觀的知性領域，這是理論上、原則上的疏清工作，並不是實際上的指導，把這兩者渾摶在一起，是不恰當的。

　　當然，當代新儒學這樣的論點，是一種逆康德式的論法，康德式的論點是「窮智以見德」，當代新儒學則是「以德攝智」，並且是由德而辯證的開展出智來。如前所說，這只是一理論上、原則上的疏清工作，並不是實際上的指導，因此這裡所謂的「開出」，自不是實踐上、發生學上所說的開出，而只是理論上、邏輯上安排論定的開出，它所具的是一形式的意義，而不是實質的意義。這所做的只是一後設的反省，進而做了理論上的調整，並不是因之而指向對象，並即展開實踐，就此而言，它與康德哲學之爲一超越的分解

有密切的關係。我想對於「良知的自我坎陷以開出知性主體」這樣的論點，若要批評的話，當在於其所隱含的「主體主義傾向」、「形式主義傾向」所帶來的限制何在，而不是訛斥其爲「泛道德主義」或「良知的自我傲慢」所可任意了事的。（癸酉十二月四日）

七、對於「良知的自我坎陷」之詮釋與批評

由良知的自我坎陷以開出知性主體，這樣的主體轉化的創造發展，在思維方式上，固然已經克服了徹底的反傳統主義的危機，而眞能站在自家傳統文化立場來思考問題，當代新儒家於此果眞是有其存在的痛切感受，而且是眞能苦心孤詣的堅守其立場的。他們一方面重新經由理論的疏清來廓清道統，而再者則運用現代哲學的語言重新疏理與建構中國傳統儒學的心性之學。道統說的釐清與心性之學的重建，使得中國當代人所面臨的意義危機得以克服，整個民族文化的生命不再只處在救亡圖存的緊迫之中。當然，經由中西哲學的對比，與概念性思維的釐清，當代新儒家對於中國傳統做了一整體的理論構造，它因而也使得原先幾近於格言式、訓誡式的中國傳統學問，一轉而爲徹底的智識化的哲學理論。我個人以爲這是一極重要的轉進與發展。

這麼一來，儒學便不再具有原先那麼強的「奇理斯瑪」性格，原先經由功夫修養，而達致的天人合一是帶有咒術性格的，而當代新儒學實際上則對於儒學有著另一番獨特的解咒過程。（當然，徹底不徹底，是有爭議的）我以爲現代許多人一談論起當代新儒學，往往就用古代儒學的奇理斯瑪性格來要求從事儒學研究以及儒學運動的

人，這基本上是不恰當的。當然，整個儒學在解除奇理斯瑪性格的過程中，可能多少還殘存著奇理斯瑪的性格，因而會誤引人從這方面來要求，造成了許多不必要的誤會。

我個人以爲當代新儒學很重要的是完成了儒學智識化與理論化的工作，當然伴隨著其理論化與智識化，當代新儒學背後則是主體主義的，是道德中心主義的，而在方法上則是形式主義的，是本質主義的。正因如此，良知成了一最高而不容置疑的頂點，是一切放射的核心，是整個中國儒學中存在的存在，本質的本質，一切都由此轉出，這麼一來，就難免會被誣爲良知的傲慢。儘管，在牟先生的兩層存有論的劃分中，對此做了必要的釐清，但終不免爲人所少知、難知，因而被誤解，這是可以理解的。

當然，「良知的自我坎陷以開出知性主體」這是爲了安排科學與民主的曲折轉化，是由道德本體論的一體性原則，轉出認識論的對偶性原則，在儒學的理論上這一步的轉出是極爲重要的。但我們要進一步指出：像這樣的方式仍只是一理論的疏清，是一原則上的通透而已，它並不屬於實際發生上的辦法，也不是學習上須經過的歷程。換言之，像「良知的自我坎陷以開出知性主體」是爲了安排科學與民主的曲折轉化，這乃是後設的，回到理論根源的疏理，並不是現實實踐的理論指導。既然如此，我們就可以更進一步的指出，並不是由儒學去走出民主與科學來，而是在民主化與科學化的過程中，儒學如何扮演一個調節者，參與者的角色，在理論的、特別是後設的思考的層次，它如何扮演一理解、詮釋，進而瓦解與重建的角色。

果如上述，我們就不適合再以「良知的自我坎陷以開出知性主

體」或者「主體的轉化創造」這樣的立論爲已足，更且我們要清楚知道的是這樣的提法是站在主體主義、形式主義、康德式批判哲學的立場而說的，這是在啓蒙的樂觀氣氛下所綻放出來的哲學，這與我們當前整個世界的處境已然不可同日而語。我們不宜再以一本質主義式的思維方式，將一切傳統文化歸結到心性主體上來立言，我們應面對廣大的生活世界，及豐富的歷史社會總體，對於所謂的民主與科學亦當有一實際的參與，而不能只停留在一後設的理論上的疏清，當然更不能不自覺的又流露出以前老儒學所具有的「奇理斯瑪」性格來，將那後設的、理論上的疏清轉成一超乎一切的現實指導原則。這就難脫原先傳統儒學所隱含的專制性格與咒術性格，這是值得我們注意的。

「現代化」幾乎成了全世界所共同追求的目標，它從原先所具有的上帝選民性格，進而廣布於全世界，而有著一新的普世性格。廣的來說，現今的世界要不生在現代化之中，就是在邁向現代化之中，而且很明顯的，在所有邁向現代化歷程中的國家、民族、社會或群體，莫不處在學習與適應之中。他們無須從無到有的去創造出所謂的現代化，而是從有到有的去學習與適應現代化。當然，更重要的，他們要去開發自己生命中的資源，將它置於這個邁向現代化的過程中，參與之、調適而上遂之，對於現代化有一眞切的反省，進而可能展開一新的創造。這樣的創造就不再只是怎樣由傳統開出現代化的問題，而是如何讓傳統在現代化之中扮演一積極性參與者、調適者的角色。我個人以爲就在這樣的參與、調適的過程中，儒學就不會只封限在它原先自己的領域，更不會誤認爲（或被誤認爲）是一絕對的、超越的指導原則，它必然的要有一恰當的調節與重建

的。總結成一句口號，我們可以說「讓儒學來參與、調整現代化，讓現代化來調整、參與儒學」。

當代新儒學之為當代新儒學，是因為這樣的儒學有當代性，它是走到整個當代的生活世界之中，而產生一互動的參與及調節的作用。這麼一來，當代新儒學最重要的概念可能不再只是「良知」（或者「道德主體」），而更重要的可能是「生活世界」這個概念。（癸酉十二月五日）

八、「生活世界」與「主體際性」

我想我們之將「生活世界」這概念引到最為重要的地位來理解，並不是說對於原先的儒學理論做了一基礎性的轉換；倒是說我們應著意到儒學之所重並不是一理論基礎當如何奠立的問題，而是實踐當如何展開的問題。我以為就儒學之本懷便是注意到此「生活世界」這概念的，只是當時沒集中對此論述而已，此與儒學之不注重如何構成一套學問有關。換言之，我們在說「生活世界」這概念時，或有受於當今西方哲學，如現象學、解釋學之啓發，但並不是一種緣引與附會，而是希望藉此去開啓儒家哲學的新的可能。

關聯著「生活世界」這樣的概念做為一新的著重點來詮釋，我們之所重便不再是一基礎論式的思維方式，而更改為一交談互動的思維方式。我以為這在整個儒學發展史上，是一嶄新的轉進。這可從宋明理學所蘊育的文化胎動談起。朱熹所強調的是道德的超越形式性原理，這為的是奠立一道統以抗政統，但自元代以來，此超越的形式性原理便與官方的專制統治原理結合在一起，而難以分辨。

王陽明面對此而有一番新的革命，他打破了此帶有專制性的形式性
原理，而開發了道德主體的實踐動力，將整個儒學引到平民百姓的
倫常日用中。自此，儒學不再只是要去歸返形上的本體，不再只是
要去符合社會的規範；而是要由存在當下真實的感動去開啓「一體
之仁」的倫常日用之業。這是面對存在真實的主體能動性而走向活
生生的生活世界，使得人之爲人成爲一活生生的實存而有的「生活
學」。我以爲這樣的一套生活學是與當時的經濟變遷，社會解組重
建若合符節的。當然，我並不否認陽明學仍然有著主體主義的傾
向，但是我卻要說，其所說的主體並不只是理上的道德主體，而是
落在存在的真實而說的實存主體，這樣的主體不再是主客對立下的
主體，而是主客不二，境識相融爲一的主體，或者說是一互爲主體
性下的主體，或者說是主體際的主體。陽明說「目無體以萬物之色
爲體，耳無體以萬物之聲爲體，鼻無體以萬物之臭爲體，口無體以
萬物之味爲體，心無體以萬物之感應是非爲體」，主體際、生活世
界、存在的真存實感於斯可見。其實，就陽明學而言，由陽明到龍
溪的發展，已可見彼不停留在一意識主體上立論，而逐漸走向一意
向性的哲學，此意向性哲學可以劉蕺山爲代表，經由此再往前發展
則走向一歷史性的哲學，此可以王船山及黃宗羲爲代表。這種由主
體性走向意向性，進而走向歷史性的儒學，到了清代便被康熙帝全
然斬斷了，他大力宣揚朱子學，好使得他的帝皇專制與朱子所宣揚
的超越的道德形式性原理結合爲一，此適與清朝之封閉心態完全符
節。如此一來，儒學所強調的生活世界已失，主體性亦隨之乾枯，
理之爲理，只是一形式性的專制之理，當然極易頹萎異化成爲一
「以理殺人」的可怖之理。這是值得吾人注意與警惕的。華夏近百

年來之衰積、沒落，乃至滅烈、荼毒，皆與此相關，梁任公一代之英，可謂難得，而彼竟謂清代乃近代中國之文藝復興，此非任公之無識，乃時代風潮使然也，思之，可哀也矣！

　　我之做了以上這樣的疏理，爲的是要指出儒學所宜重視的是怎樣重新正視明末所開啓的實存的道德主體性、善的意向性，是怎樣的走向生活世界，是怎樣的注意到歷史社會總體。這麼一來，我們再關聯到當代新儒學的發展，我們就可以特別的留意到除了康德學爲主導的詮釋外的其他詮釋方式，如唐君毅的詮釋方式固然有其黑格爾的意味，其實彼更適合說是存在主義式的、現象學式的。熊十力的詮釋方式更是如此。即如牟宗三先生的詮釋方式，雖極注重通過康德來會通，然並不止於康德。牟先生極重視康德的第二批判，以其道德實踐理性做爲綱領來與儒學的道德哲學會通，此或有其限制所在；但我們若將牟先生的哲學做一通貫的理解，我們實可以發現牟先生最所重視的乃是生命的呼應與存在的實感，此皆非康德在第二批判中所強調者。倒是如果我們發掘康德的第三批判，我們可發現此有其更可相應的資源，而此即可有一新的疏決，由此疏決則可免除康德道德哲學之爲一形式主義、主體主義，而向現象學、詮釋學之路走。換言之，牟先生所開啓之儒學便可以因之而免其爲一獨白的道德學，而轉爲一交談的倫理學，此當是一調適而上遂的恰當發展，可爲也。若將牟先生之學孤立之，教條化之，則徒斤斤較於文字，反爲文字所泥陷，斯亦可嘆可惜也矣！我亦因此以爲當代新儒學當由牟宗三，返回唐君毅，再溯向熊十力，然後越過清代而上溯於王船山、黃梨洲。當然，我這說法只是一模型的說，約略的說，至於像徐復觀、梁漱溟、方東美、錢賓四、馬一浮，甚至馮友

蘭、賀麟等亦當融於此而治之。其他的幾大思想流派，馬克思主義、三民主義、自由主義、天主教士林哲學亦是吾人所宜疏決融通者。就其融通疏決而言，當有其主要綱領與觀念，此或可以我在本文所述及之「生活世界」、「主體際性」、「實存主體」為理解的問題點，開起詮釋。這樣的理解與詮釋，面對著複雜的歷史社會總體，及吾等當下所處的生活周遭，自可引出一瓦解與重建的歷程。至於最後會如何，此當是一開放的、自由的論題，吾人只能以虔誠敬諾之心，馨香祝禱，努力於學而已，又豈能有所宰制禁忌？蓋放開始得有所成全也。（癸酉十二月十五日於美國麥迪遜之鹿嶺凌晨五時）

第二章 牟宗三先生之後：
——「護教的新儒學」與「批判的新儒學」

〈本章提要〉

本章經由「護教的」與「批判的」做一顯題式的對比，指出前者是以康德爲對比及融通之主要資源，而後者則以王船山兩端而一致的哲學思考做爲模型，並注重西方歷史哲學、社會哲學乃至現象學、解釋學之發展，回溯當代新儒學之起源，重新詮釋熊十力，對牟先生則採取一既批判又繼承的方式。

再者，筆者對比的對「理」、「心」、「氣」，「主體性」、「生活世界」，「心性修養」、「社會實踐」，「本質主義」、「唯名論」，「傳統」、「現代」等相關問題，做一概括輪廓式的描繪。最後，則指出「後新儒學」薪盡火傳的往前邁進。

關鍵字詞：護教的、批判的、新儒學、牟宗三、後新儒學

一、前言：牟宗三先生之後的兩翼發展

研究當代中國哲學，沒有人可以繞過牟宗三先生，這幾已成爲不爭的事實。一九九五年四月碩果僅存的牟先生過世，標識著當代

新儒學發展已告一段落，樹立了一里程碑。緊接著，我們可以說，未來將有一新的轉進，其面對的實存情境不同，問題意識亦將不同，其哲學體系之構造亦將有所不同。以是之故，去理解牟宗三哲學的成就、意義，回顧之，進而前瞻之，此已然成爲當代新儒學發展不可不重視者。

「孔子歿後，儒分爲八」，「墨子歿後，墨離爲三」，陽明歿後，其學亦有江左、江右之異，此學派發展之所使然。所可貴者，孔子之徒仍爲孔子之徒，墨子之徒仍爲墨子之徒，陽明之徒仍爲陽明之徒，皆戮力於學問道業之闡揚，未改其志也。牟宗三先生生前《鵝湖》朋友對於儒學見地亦本多歧異，唯彼此君子論交，以文會友，以友輔仁，時或不同，即如水火，亦相資而不相斥也。此亦可見宋代「鵝湖」之會，一時朱陸的景況，此蓋《鵝湖》之眞精神也。

當代新儒學內部於中國文化乃至儒學之理解本有差別，老一輩之梁漱溟、熊十力、馬一浮，雖皆列於新傳統主義乃至新儒學之陣營，然彼此不相和合者，多矣夥矣！再一輩之徐復觀、唐君毅、牟宗三，雖亦同被歸於當代新儒學之陣營，且同被稱爲香江人文三老，然其學亦彼此互有同異也。此數人，其於《鵝湖》諸師友影響皆頗大，而以牟先生爲最矣！《鵝湖》師友隸籍牟先生稱弟子者亦最多，而於牟先生學問之傳習，於中國文化及儒學之體會則亦各有所異，此或可釐清，以爲論焉！不妨先以「護教的新儒學」、「批判的新儒學」，分右左兩翼以爲目，對比以爲論也。

二、「護教的」與「批判的」對比展開

　　語詞之立，各憑其時、各因其事，「護教的新儒學」一詞所指之新儒學特別強調者爲牟宗三先生之儒學，而其展開之方式則取一護教之態度。「批判的新儒學」一詞其所強調者，在於對當代新儒學，特別是牟宗三先生之儒學展開全面之反省與考察，蓋「批判」並不是對抗之義，其所取義在詮釋而重建之也。筆者對比而做如此之區分，此是爲闡釋之方便，其所取義，大體依韋伯所謂「理念類型」（Ideal type）之方法。❶此是做爲理解、詮釋展開之起點，非做爲現實狀況之概括立論者也。護教的新儒學、批判的新儒學兩者同宗孔孟，並尊陸王，其所異的是：前者以康德爲對比及融通之主要資源，而後者則對於王船山哲學頗著其力，並注重西方歷史哲學、社會哲學乃至現象學、解釋學之發展，回溯當代新儒學之起源，重新詮釋熊十力，對牟先生則採取一既批判又繼承的方式。

　　「主體性」在當代新儒學裡是一極爲重要的核心概念，就思想史的背景來說，此與中國民族面臨一存在的迷思、意義的迷思，而亟思克服有密切的關係。❷值得留意的是，此主體性之重視，雖帶有啓蒙之意義，但所不同於西方啓蒙運動（Enlightment）思想家者，在於彼所言之主體性不限在理智之主體性，而重在道德之主體

---

❶　關於韋伯的方法論，請參看林安梧〈方法與理解：對韋伯方法論的理解與反省〉，收入拙著《契約、自由與歷史性思維》，頁91-111，幼獅文化事業公司，一九九六年三月，台北。

❷　請參見張灝〈新儒家與當代中國思想的危機〉，收入周陽山主編《近代中國思想人物論──保守主義》一書，頁375，時報出版公司，一九七〇年，台北。

性。再者，此道德之主體性又不僅限於「心─物」、「人─己」此平鋪之層面，更而上及於「天─人」之層面，仍堅守原先「天道性命」相貫通之路。❸牟先生更取康德學以為思路之奧援，抉擇批判，調適而上遂之，肯認人具有「智的直覺」（Intellectual Intuition）之可能。至此，牟先生已徹底完成其道德的形而上學之建構。

「批判的新儒學」不同於「護教的新儒學」之以「主體性」為核心的思考，而特別強調「生活世界」一概念。「生活世界」指的是由人之做為一「活生生的實存而有」，進入到世界之中，而視此世界乃是一活生生的世界，此或同於唐君毅先生所謂的「意味世界」，亦同於熊十力所開啟「活生生實存而有的體用哲學」義下的實存世界。❹實則，批判的新儒學所強調的「生活世界」一概念，唐先生固已有之，此不必論矣。而此原亦涵藏於牟先生哲學之中，因彼所強調之主體性是道德主體性，此道德主體性亦非如康德義下之道德主體性，而是一存在的道德真實感下的道德主體性，此自亦不可離於生活世界之實感；只是牟先生在論述上仍不免重「主體

---

❸ 牟先生與勞思光先生同深受康德學影響，唯牟先生仍堅守天道性命相貫通之路，而勞先生則極力撇清天道論與心性論的區別，其智識化之傾向有更進於牟先生者。

❹ 有關於唐君毅先生所提「意味世界」，請參見彼所著〈意味之世界導言〉一文，刊於一九四四年《哲學評論》，現收入唐君毅全集卷十八《哲學論集》頁93-118，台灣學生書局印行，一九九〇年，台北。又有關於熊十力先生體用哲學，請參見林安梧《存有、意識與實踐：熊十力體用哲學之詮釋與重建》第二章「邁向體用哲學之建立」，頁25-55，東大圖書公司，一九九三年五月，台北。

性」，而忽略了「生活世界」這樣的概念。再者，關聯著「生活世界」這個概念，批判的新儒學強調「歷史社會總體」的全面理解與詮釋，並以為唯有如此，才可能對於人有一深化之理解與詮釋；如此才能開啓一面向歷史社會總體之道德實踐，而免於以「心性之修養」替代「社會實踐」。

正因如此，批判的新儒學對於儒學的理解不只從聖賢之教言，直接做一理論之詮釋與重建，更而重視其發生學上之關聯，檢討宗法社會其於儒學締建所扮演之分位，並從而分理之。認定儒學所強調之「人格性的道德連結」與「血緣性的自然連結」、「宰制性的政治連結」有密切的關係。此關係當為發生學的關係，而不是本質的關係。故伴隨著經濟的發展、社會的變遷、世代的更迭；今後，當瓦解「宰制性的政治連結」，開啓「契約性的社會連結」，建立一「委託性的政治連結」。如此，原先所強調之「人格性的道德連結」更有善遂其義的可能。❺

三、「道德先驗論」與「道德發展論」的對比

相應於中國思想傳統之「理」、「心」、「氣」三大概念脈絡，程朱主「理」、陸王主「心」、護教的新儒學亦以「心」為主，而批判的新儒學則當以「氣」為主。值得注意的是，如此說之

---

❺　關於此，筆者總視之為一「血緣性縱貫軸」，並以此展開詮釋分析，見林安梧《儒學與中國傳統社會的哲學考察》，第八章〈論「道的錯置」——血緣性縱貫軸的基本限制〉，頁131-156，幼獅文化事業公司印行，一九九六年，台北。

「氣」不在「理」、「氣」兩橛下之「氣」,而是貫通「道、器」,「理、氣」之「氣」。換言之,如此之「氣」,不只是形而下之「氣」,而是貫通「形而上」、「形而下」者。此或可以王船山哲學作為矩範以為思考。實者,關聯著血緣性的縱貫軸以及鄉土社會的建構,我們更能證成理、心、氣三者,當以「氣」為主導性的概念,且「氣」當不只是形而下之「氣」也。❻

　　相應於此,護教的新儒學極強調「道德先驗論」,並認定其為「自律倫理學」。批判的新儒學則強調「道德發展論」,以為近代西方所做「自律」與「他律」之二分,用於儒家倫理學之分判,並不恰當。因儒學所強調之「道德」,不祇指人與人關係之恰當而已,更而及於天地人我、性命天道之相貫通,如此之「道德心性論」實與西方之倫理學迥然不同。牟先生實亦深明此理,然既明此理,實可以不必再以自律、他律分別之。如王船山所論「命日降,性日生日成,未成可成,已成可革」,「習與性成」之心性論,是合著以「氣」為主導的「形而上學」而開啟的。❼

❻　筆者以「氣的感通」與「言說的論定」兩辭來分判東西哲學及其文化的異同,請參見筆者〈絕地天之通與巴別塔——中西宗教的一個對比切入點的展開〉一文,收入《儒學與中國傳統社會的哲學考察》附錄二,頁247-264。關於「氣」的論述,率多取擇於王船山的哲學。請參見林安梧《王船山人性史哲學之研究》,東大圖書公司印行,一九八七年,台北。

❼　請參見曾昭旭《王船山哲學》下編,第二章〈論船山之即氣言體〉,頁　325-353,遠景出版事業公司印行,一九八三年二月,台北。又請參見林安梧《王船山人性史哲學之研究》第三章〈人性史哲學的人性概念〉,頁45-70,東大圖書公司印行,一九八七年,台北。

　　護教的新儒學強調之「圓善」可以視之爲一心性修養及其實踐
之「圓善」，此當然可以說不是一境界型態之圓善。如牟先生所
言，此並非只一「縱者橫講」，以「詭譎的即」而可彰著之；而是
一「縱貫縱講」，必得經由仁體之創生性而建立。❽問題是：護教
的新儒學並沒有如牟先生所談之仁體之創生性而進到「生活世界」
之中，展開其理解、詮釋與批判，反而將「生活世界」收攝到「仁
體之創生性」之中，渾化於「仁體之創生性」哲理之中。如此一
來，生活世界之實在性自爲彼等所忽視，歷史社會總體之實在性亦
然。在牟先生所開啓的圓善論述之中，重點仍在心性修養之實踐，
而鮮少及於社會公義之問題的探索。批判的新儒學則以爲「圓善」
之觀念當得及於社會之實踐方得爲「圓」也，如此之「圓」，既爲
道德創生之圓，更爲社會實踐之圓也。

四、良知及其自我坎陷的相關問題

　　換言之，牟先生之「圓善」實取決於「無限智心」（智的直覺）；
其論現代化之如何可能，亦繫於此而爲言。護教的新儒學實肩負一
重大之責任，一方面回答反傳統主義者，告彼中國文化傳統實無妨
於現代化，並且可以開出所謂的「科學」、「民主」。值得留意的
是，彼所謂之「開出」乃一主體之轉化以開出，此義爲今之學者多
所誤解，並攻詰甚多，其實，彼之所論雖亦有蔽，然迥非詰者所論
也。牟先生所提之「開出」說，其於知識論之層次（亦涉及於實踐論之

---

❽　見牟宗三先生《圓善論》，頁306，學生書局印行，一九八五年七月，台北。

層次），則曰「良知之自我坎陷以開出知性主體」，並因之而轉「隸屬之局」為「對列之局」，強調一「客觀架構之表現」，以開出所謂的「民主」、「科學」。「民主」、「科學」兩者，論其性本極不同，其起源亦殊異，牟先生之以康德式超越的分解論之，同收攝於知性主體，此本亦無不可。問題在於這只是理論之收攝，而不能作為實踐之開啓；牟先生以此理論之收攝，倒過來做為實踐之開啓，此是以「理論之次序」誤作為「實踐發生之次序」也。牟先生之論走向於此，乃在於彼等之學全立基在「無限智心」上，有嚴重的主體主義之傾向，將一切客體之實在性皆收攝於此、渾化於此，並期其轉出之可能。

實則，就「民主」、「科學」，乃至其他人類之活動而論之，其於歷史之發生而言，原先由無而有，如此創造之發生，此為一；再者，既已有之，再以學習而體現之，此為二；又者，省察此如何可能，此為三。一是發生的次序，二是學習的次序，三是理論的次序，三者不可淆混為一也。華人社會之走向現代化，施行民主，開啓科學，此是一學習之次序，非原先發生之次序，亦不是以理論之次序所能做成的。當代中國學者論及於此，多未能分別清楚，殊可歎也。

牟先生更而論「人格化的上帝一概念形成之虛構性」，相對而言，則肯認「無限智心」（或「智的直覺」）之確立。❾依於批判的新儒學之立場而言，「智的直覺」或「無限智心」之能確立，實亦立

---

❾　見牟宗三先生《圓善論》，頁243-265，學生書局印行，一九八五年七月，台北。

基於其自家之文化傳統，並非可以脫離一文化傳統而單言其確立者。人格化的上帝一概念之能確立亦然，皆可本於其文化傳統而確立。當然，換個角度，兩者亦實各不免其理論之虛構性，虛構只是說在文化的論述中而存在，並不是說其果眞爲虛幻也。虛構並不虛幻，可能眞實得很呢！不過，儘管其爲眞實，畢竟其爲虛構也。這樣的立場顯然地帶有文化相對主義的向度，而試圖去化解長久以來，當代新儒家與基督宗教的衝突與矛盾。

　　當代新儒學強調如何的由傳統邁入現代，彼所理解傳統的方式多半仍囿限於本質主義（essentialism）的思維方式，彼等總的以爲中國文化傳統之本質爲道德的，而西方文化則爲知識的；因而如何的由道德的涵攝或開出知識的，這頓然成了非常重要的問題。然而，我們若眞切的體察到我們對比的去論略中西哲學如何如何，所運用及的對比概念範疇，其當爲一理念類型（Idealtype），其爲理念類型並不是一眞實的、本質的存在，而是一烏托邦式的存在，此存在只是做爲理解與詮釋而展開的。換言之，如果我們的方法論所採取的是一較接近於唯名論（nominalism）的立場，我們就不會將理解及詮釋所構成之理論系統，當成實際的存在來處理。❿如此一來，也就不必去設想如何的以道德去涵攝，去開出知識，當然也就不必有所謂的「良知的自我坎陷以開出知性主體，以開出民主與

---

❿　關於本質主義與唯名論之區分，多得力於卡爾・巴柏（Karl Popper Raimind）在 The Poverty of Historicism一書中的啓發，又請參見筆者〈論歷史主義與歷史定論主義——波柏爾《歷史定論主義的貧困》的理解與反省〉，收入林安梧《契約、自由與歷史性思維》一書第九章，頁167-182。

科學」。

五、結語：「傳統」與「現代」──假問題與真答案

　　「傳統」與「現代」以前一直被視爲對椥的兩端，而彼之所以如此以爲則乃落於「本質主義」之思考方式，然此思考方式亦自有其產生之時代背景，今則可以避免，而改之以唯名論式的思考方式。問題已不再是如何的由「傳統」邁向「現代化」，而是在現代化的過程中，衍生了一連串的相關問題，特別是台灣，它不只是「現代化之後」的問題，而且夾雜著「前現代」以及「現代」的問題，我們又如何因應，傳統文化又能綻放多少力量？它是否能繼續延申其調劑性的作用。顯然地，這便不是一主體轉化的創造所能一語帶過的，不只是良知的自我坎陷能濟其事的，它可能須要的是經由言說的互動與融通，讓傳統經典的意義釋放出來，參與到整個龐大的言說論述之中，展開其辯證。當然，撫今追昔，牟先生在他那個年代，堅持新傳統主義之路，默默奮鬥，雖然它所面對諸如「『傳統』有礙於『現代化』嗎？」這本是一荒謬的假問題，不過，在衆口鑠金的情況下，勇敢於以當眞的方式，眞實的以學問相對，闡明傳統是不礙於現代化，而且肯定可以由傳統開出民主、科學，這當是面了了假問題，但卻開啓了眞貢獻。

　　牟先生所留下的諸多經典著作，散發著智慧的柴火，照亮了我們的心靈，但願我們能加入更多的「柴」，接著牟先生的「火」，如此薪盡而火傳，不可已也。

第三章　咒術、專制、良知與解咒

——對「台灣當代新儒學」的批判與前瞻
對於《後新儒家哲學論綱》的詮解

〈本章提要〉

　　本文旨在經由《後新儒家哲學論綱》的詮解，對四九年以後於台灣發榮滋長的「台灣當代新儒學」，展開批判與前瞻。

首先，筆者指出往昔儒家實踐論的缺失在於這實踐是境界的，是宗法的，是親情的，是血緣的，是咒術的，是專制的，這些一直都掛搭結合在一起，分不清楚。

　　再者，筆者指出實踐概念之為實踐概念應當是以其自為主體的對象化活動所置成之對象，而使此對象如其對象，使此實在如其實在，進而以感性的透入為起點，而展開一實踐之歷程，故對象如其對象，實在如其實在。後新儒家的實踐概念是要去開啓一個新的「如」這樣的實踐概念。這是以其自為主體的對象化活動做為其啓點的，是以感性的擘分為始點的，是以整個生活世界為場域的，是以歷史社會總體為依歸的。

　　這麼說來，後新儒家的人文性是一徹底的人文性，是解咒了的人文性，而不同於往前的儒學仍然是一咒術中的

人文性。這旨在強調須經由一物質性的、主體對象化的，實存的、主體的把握，因而這必然要開啟一後新儒學的哲學人類學式的嶄新理解。

總而言之，老儒家的實踐立足點是血緣的、宗法的社會，是專制的、咒術的社會；新儒家的實踐立足點是市民的、契約的社會，是現代的、開放的社會；後新儒家的實踐立足點是自由的、人類的社會，是後現代的、社會的人類。

關鍵字詞：後新儒學良知、咒術、專制、解咒、血緣性縱貫軸、人際性互動軸

一、前言：儒家實踐論的缺失及其相關問題

1.往昔，儒家實踐論的缺失在於這實踐是境界的，是宗法的，是親情的，是血緣的，是咒術的，是專制的，這些一直都掛搭結合在一起，分不清楚；這樣的實踐概念是將對象、實在及感性做一境界性的把握，而沒有提到一自為主體的對象化情況下來理解。換言之，對象只是境界主體所觀照下的對象，實在只是境界主體所觀照下的實在，而感性只是此渾淪而境界化之感性，不是可以擘分開來的起點。

1.1、這裡標舉出來的「儒家實踐論」大體仍是就傳統儒家而言，但台灣當代新儒學亦仍如此。其所強調的「實踐」「是境界的，是宗法的，是親情的，是血緣的，是咒術的，是專制的，這些一直都掛搭結合在一起，分不清楚」。

　　所謂「境界」指的是著重「心性修養」，及由此心性修養所開啓的「心靈境界」。大體而言，「心性修養」這詞是可以與「社會實踐」形成一對比，兩者可以相成，但也可能只重在心性修養，而忽略了社會實踐。以傳統「內聖」、「外王」的區分言之，台灣當代新儒學仍然重在「內聖」而忽略「外王」，並以爲由「內聖」可通向「外王」。（所不同的是傳統儒學強調由「內聖」直通「外王」，而台灣當代新儒學則強調「曲通」，此容後再論。）

1.2、「宗法、親情、血緣」這是儒學的社會基礎，可以將此做爲儒學滋長的歷史原因，此不同於一般從形而上的理由追溯。亦可以說，儒學是在「血緣性的自然連結」下所長成的，當然其所長成則不限在此「血緣性的自然連結」，而上提至一「人格性的道德連結」。前者可以「孝悌」爲示，而後者則重在「仁義」。

1.3、說其爲「咒術」的，此是就中國文化之以原先的薩滿教式的信仰（Shamanism）爲基底，而相信天地人我通而爲一，並相信人們可以經由修行、儀式乃至其它奧秘之管道，而促動超越人之上的靈體，因此而導致全盤性之轉變。

1.4、說其爲「專制」的，此是就中國文化傳統之自秦漢以降的帝皇專制而言，彼所重在一「宰制性的政治連結」，並以此核心而收攝了「血緣性的自然連結」、「人格性的道德連結」，如此一來，「君」成了「君父」、「聖君」，這造成了我所謂的「道的誤置」（Misplaced Tao）。

1.5、大體而言，台灣的當代新儒學其所強調的良知學——以「人格性的道德連結」爲核心，這是繼承傳統儒學之精髓所在，

值得肯定；所可惜的是，他們忽略了此「人格性的道德連結」
畢竟是在「血緣性的自然連結」與「宰制性的政治連結」下
所長成的。因而彼等所作形上理由的追溯多，而歷史發生原
因之考察則顯然不足。

1.6、如此一來，台灣當代新儒學所強調的「良知學」仍依循著傳
統儒學而帶有「專制性」、「咒術性」、「宗法封建性」，
值得注意的是，這裡所說之「帶有」，是因歷史的業力伴隨
而生，並不是彼等做如此之強調。這裡我們可以說，它是一
「良知中心主義」者，或說是「倫理中心主義」者。

1.7、對象當是一實在之對象，而此實在之對象亦是經由主體之對
象化所置立之對象，此實在亦是經由此主體之對象化活動而
成之實在，並不是一素樸離了心之外的存在；但此關鍵點在於
能經由此主體的對象化活動而有所置立，若無此則不可行。
這裡所謂「境界性的把握」，即未提到此主體的對象化層次
來理解。如此一來，對象只是境界主體所觀照下的對象，實
在只是境界主體所觀照下的實在，而感性只是此渾淪而境界
化之感性。

1.8、當代新儒學於此問題並非無所覺，而是大有所做為，彼等亦
想經由此主體之對象化活動，而力除傳統儒學所陷「境界性
的把握」之病；但所可惜的是，歷史業力太強，當代新儒家
仍以主體內在的修養為重，或者經由理論的構作將此主體內
在的修養所開啟的形上理境，再一轉而為圓滿之教。其圓滿
之教是以一「詭譎的相即」這樣的實踐方法論，而將現實與
理想連結在一起。

1.9、前所謂「歷史之業力」此頗值得注意，今之學者所論人文之
　　學，於此常多所輕忽，或者將矛頭指向其所敵對的陣營，其
　　實，往往是歷史之業力所使然，化解歷史之業力，唯清明之
　　智、慈悲之思爲可也。

二、「心性修養」的「如」與「道德實踐」的「如」

2.實踐概念之爲實踐概念應當是以其自爲主體的對象化活動所置成
　之對象，而使此對象如其對象，使此實在如其實在，進而以感性
　的透入爲起點，而展開一實踐之歷程，故對象如其對象，實在如
　其實在。這「如其」不是康德意義下的物自身的「如」，不是佛教
　意義下的「如」，而是在「實踐歷程而開啓」這意義下的「如」。
　「如」是動態的歷程，不是靜態的當下。

2.1、當代新儒學極強調「現象」與「物自身」的超越區分，所不
　　同於康德的是原先康德義下的物自身是上帝以其智的直覺始
　　可照見，而牟先生則以爲中國文化傳統中儒、道、佛三教皆
　　強調人有此智的直覺，故可直接照見此物自身。此是將原先
　　屬「事實意義」之物自身義，轉成了一「價值意義」之物自
　　身義，並將此價值意義之物自身義繫屬於道德實踐之主體，
　　即此主體之實踐功夫，而肯定其具有智的直覺也。

2.2、這裡強調的「對象如其對象」，是經由一自爲主體的對象化
　　歷程而置立的。這樣的「如其」自不以「現象」與「物自身」
　　的超越區分來思考，而是強調「對象的實在性」，以及「實

在的對象性」，正因如此，自不是以「智的直覺」爲首出，而去安立一對象，或去置立一實在，而是以感性做爲透入的起點。

2.3、佛教意義下的「如」是一「平鋪的眞如」這樣的「空有一如」，而不同於儒學所強調之爲一「縱貫的創生」義下的「當體一如」；這裡所強調的「如」，亦不同於此當體一如之如，而是將此「縱貫的創生義」轉成一「主體對象化的歷程義，是由原先的「道體、主體」之不二，拉開來以「主體—客體」兩相對概的方式而開啓的對象化而說的如其對象之如。

2.4、這樣的「如其對象之如」，強調的是實踐的歷程，此自可以破解境界型態之思考方式，自可以免除以詭譎之相即的方式來處理現實與理想之問題。

3. 後新儒家的實踐概念是要去開啓一個新的「如」這樣的實踐概念。這是以其自爲主體的對象化活動做爲其啓點的，是以感性的掌分爲始點的，是以整個生活世界爲場域的，是以歷史社會總體爲依歸的。

顯然的，這樣的實踐性概念並不是以思維的實在性，及權力的實現爲目標的；而是以價值的實現爲目標，以眞理的朗現爲實在而開啓的。

換言之，這實踐概念雖然強調要經由主體的對象化做爲起點；但這裡說的「主體」便不是笛卡兒義下的思維主體，亦不是康德義下的實踐主體，而是承繼著原始儒家，致中和、天地位、萬物

育，這意義下而開啟的實踐主體。

3.1、解開以「智的直覺」直接照見「物自身」的思考，強調感性
　　　在經驗界的優先性，免除了以「詭譎的相即」的方式來處理
　　　圓教與圓善的問題，此自可以免除前所謂的「境界型態」的
　　　「心性修養」，而逼向對「生活世界」與「歷史社會總體」
　　　的重視。

3.2、生活世界之為生活世界須置於經驗界來理解，不能以睿智界
　　　與現象界兩分下，而將之置放於睿智界來詮釋；或者我們可
　　　以說「生活世界」不能直接繫屬於道體而論其鳶飛魚躍，而
　　　應面對實在的對象，而見其升降浮沉、憂樂悲喜。有如此對
　　　生活世界的經驗如實理解，才能有一恰當的歷史社會總體之
　　　理解。

3.3、歷史社會總體之理解不是一「觀相」的理解，而是一「切
　　　實」的理解，不是一感性的印象理解，而是一理性的概念分
　　　解，是提到一理論的高度來分解這樣的理解。此即後面所述
　　　之「要真理解生產力、生產關係、生產工具、生產者之間的
　　　互動關係」，亦唯如此才能找尋實踐的切入點。

3.4、區隔笛卡兒義下的主體與儒學所強調的主體是必要的，這主
　　　要在於此所說的「主體的對象化」是由原先「境識俱泯」、
　　　「主客不二」的情況下，因之而轉出。這樣說的「主體的對
　　　象化」並不是以「主客對立」下為起點而說的主體的對象
　　　化。這是經由「主客對立、境識俱起而兩分」，進而「以主
　　　攝客」、「以識取境」而成立的。

3.5、這裡有一極重要之特點，須得說出，在中國文化傳統是以「氣的感通」為原則而開啟的，其最終點（亦是最始點）「價值」與「事實」是不二的。正因如此，才有主客不二、境識不二之起始點，但此須得轉折而出，才能再由如此合一的最終點，此即所謂的「曲成萬物而不遺」。更值得注意的是，此不能不轉折而出，不能以原始的和諧方式而開啟。此乃已不屬原先之宗法社會、農業社會矣！而屬現代社會、工業社會矣！

3.6、康德義下的實踐主體，其所強調的是對於道德法則的遵守，並依此道德的實踐動力，而展開實踐，他所採取的基本上是一道德的主智主義之路。此不同於儒學其所強調的是當下的、存在的怵惕惻隱這樣的道德情感，即此道德情感，而為道德實踐之動力，並當下展開其道德實踐。

3.7、儒學所強調之主體是一致中和、天地位、萬物育這義下的道德實踐主體，這一方面是強調原先性命天道相貫通的老傳統，但另方面則不限於此，而是要以此為起始點，同時亦以此為最終點，至於其過程則要以前所謂的「曲成」而開展。這「曲成」最為起點與最為終點的是「以真理的朗現為實在而開啟」，至於其歷程則無時不以「價值的實現為目標」。這也就是說，要深入到究竟處，而對於思維的實在性本身的限制作出批判，另方面則是要對於權力做出深切的批判。總的來說，這即是一方面要進到現代化，而另方面則是要對於現代化之後展開批判，而且這批判是深入骨髓的批判，是入到存有論與知識論根柢的批判。

三、「解咒的人文性」：歷史社會總體的實踐

4. 這麼說來，後新儒家的人文性是一徹底而基進的人文性，這人文性是解咒了的人文性，而不同於往前的儒學仍然是一咒術中的人文性；但更值得注意的是這樣的人文性之解咒仍然不是韋伯意義下的解咒，因韋伯意義下的解咒乃是現代化意義下的解咒，不是後現代世紀意義下的解咒。

4.1、這裡所謂的「解咒」是廣的來說，其實原先的儒學是與其歷史社會密切相關的，它不離原先的薩滿教信仰的傳統，它不離其為專制的君主傳統，它不離其為小農耕作的傳統，這幾個背景使得它一直是以宰制性的政治連結為核心，以血緣性的自然連結為背景，而以人格性的道德連結為工具，並且它所強調的是以「心性的修養」，乃至「心靈境界的開啓」為目標，而忽略了邁向歷史社會總體的道德實踐。

4.2、原先這些老傳統總結而言是「專制」、「咒術」、「宗法」、「心性修養」相與糾結而形成一咒術型的實踐傳統，所謂的「解咒」乃是由此「咒術型的實踐傳統」瓦解而出，開啓一嶄新的向度。這也就是說，不停留在原先帶有咒術意味下的「性命天道相貫通」來思考，並展開實踐而已。

4.3、「解咒」的動力主要來自於生活世界與歷史社會總體的變化，伴隨此，原先儒學中所強調的主體能動性亦因之而開啓。換言之，所謂的「解咒」並不是由內而外，也不是由外而內，是內外交與為一個整體而開啓的。這是符合於我們先

前所強調「境識一體」之思考的。

4.4、「解咒了的人文性」不再凸出「道德與思想之意圖」來思考，不再陷溺在道德中心主義的立場來思考，而是能以一開放之多元來思考問題。它不再思考如何由道德主體轉出以開出知性主體，並因之而涵攝民主、科學的問題；相反地，他思考的是如何在整個國際總體的脈動下，我們經由學習而逐漸的進入現代化之林，在這現代化的過程中，儒學自也就不停留在原先的咒術型的人文性，而得以更爲徹底的人文性出現。

4.5、韋伯意義的解咒是神人徹底的分隔，然而這樣的分隔一方面使得人的工具理性凸出到最爲首出的地位，而另方面則亦使得神人之間的張力達到一不可言喻的境地。這樣的解咒是現代化意義下的解咒，正如同韋伯所說，這又陷入到一鐵籠（Iron　Cage）之境。其實，我們亦可以將此鐵籠理解爲現代化下的咒術。

4.6、所不同於韋伯義下的解咒，後當代新儒學當開啓一新的解咒方式，此一方面繼承著原先性命天道相貫通的傳統，而另方面則又不陷在此傳統之中。這也就是說，並不是去解消掉性命天道相貫通的基本構造，而是由此性命天道相貫通的結構轉化成一嶄新的詮釋。如此一來，「天」不再是原先的「形而上」之天，而是天地（生活世界）之總體所成之天；「天人合一」所指的就不再是人與形而上的道體融合冥契爲一，而是人與天地（生活世界）交與參贊所成之總體的合一。如此而說的「天人合一」就不落在智的直覺之朗現照明而說的合一。

4.7、顯然地，這樣的「天人合一」說，其結構仍然不悖原先性命天道相貫通的結構，而且它不是封閉了天人的通道，而是將原先超越而凸起的形而上之實體，或者被人們所極端超越對象化所成的人格神，一體平鋪，使之人如其爲人，天如其爲天，天人本是相與參贊所成的一個總體，如此，則無恐怖相、無畏懼相、無緊張相，只是坦蕩蕩而已。這方可以化解現代化之後種種恐怖、緊張、怖慄。

5. 關於教育與環境之問題，後新儒家不以強調「適應」與「感通」爲主，而是以強調「克服」與「創造」爲主。其所注重的不是以一超越的形式性原則來對治當前的問題，而是以内在的根源性動力來開啓一新的可能。此開啓即是創造，即是克服。

5.1、「適應」與「感通」所重的仍是在「氣的感通」格局下所做的思考，重視的是直接的照面，而較乏曲成的發展。曲成的發展當以「克服」與「創造」爲主。「曲成」指的是由「情境的感知」上提至「概念的思考」，由「實踐的經驗」上提至「理論的建構」，使得感知與概念、實踐與理論有其連續性，而不處在斷裂與偏枯的狀態下。

5.2、這裡標舉出「不是以超越的形式性原則來對治當前的問題」，這顯然地不以朱子的「存天理、去人欲」來思考，其原因在於朱子之學所強調的「超越形式之理，容易和傳統帝皇專制粘和掛搭一處，產生一種「道的誤置」的狀態，使得專制的皇權之理與超越的形式性之理誤置爲一，嚴重的話產生如戴震所言「以理殺人」的情形。這便使得原先儒學所強調的怵

惻惻隱隱之仁沒得恰當的發展，沒得走向具體的人間實踐，反而走爲一心性修養的境界之路。

5.3、這裡標舉出「以內在的根源性動力來開啓一新的可能」，這顯然地以陽明學的「致良知」爲宗主，但所不同的是陽明學仍多半停留在「氣的感通」格局下，而乏曲成之義；不過陽明學實不限於感通與適應，而頗重創造與克服，這是值得注意與發展的。此即進一步以船山學匡正陽明學所可能導生的流弊。因陽明學仍太重視主體與道體的同一性，而忽略了主體面對生活世界是從一具體的感性擘分做爲起點的。

四、從陽明學「良知教」到船山學「性日生日成」

6.這內在的根源性實踐動力乃承繼於陽明的良知教，船山的繼志成能之說（命日降、性日生日成）；然而更重要的是要開啓一交談的情境、互動的倫理；因此，這內在的根源性實踐動力是環著廣大的生活世界及歷史社會總體而說的，不是環著那美學的、感懷式的、境界式的生活世界而顯現的。我以爲這是重新面對孟子所說的「怵惕惻隱」而開啓的。

6.1、陽明的「良知教」所可貴的是解開了超越的形式性原則與人間世事及心靈欲求之間的矛盾，深入到生命內在的本源，重新喚醒人之爲人，至爲內在的根源性實踐動力。值得注意的是，這樣的根源性實踐動力，乃是來自於當下情境的感知所喚醒的，是「心無體，以萬物之感應是非爲體」。「體」，

不論是「形上的道體」或是「心體之體」，陽明學中隱含一個重要的傾向，即是將之導到「一體之仁」而說的「一體」，這樣的「一體」是迴返到整個人間的生活世界而說的一體。其實踐動力亦於此一體而喚醒之動力也。

6.2、船山學可貴的是徹底的打破宋明理學所強調「存天理、去人欲」的格局，代之以「理欲合一」之論，進而區別出「公理、私欲」之領域，以取代原先的「天理、人欲」之範疇。他極力的高舉人的主體能動性，面對實存的辯證性，進而開啓道德實踐，即由此道德實踐而凝成一內具之本性。這樣說來，人性乃是在不斷的開展歷程中而落實以成的，船山創造性的解釋了「天命之謂性」，而強調「命日降，性日生日成」、「未成可成」、「已成可革」，充分地擺脫了本質主義式的思考方式，轉而強調動態的實踐歷程。

6.3、伴隨著台灣的發展，台灣當代新儒學已逐漸從「血緣性的縱貫軸」的思考方式轉而爲「人際性的互動軸」這樣的思考方式，它不停留在原先帝皇專制下的「順服的倫理」，而思從儒家的「根源的倫理」轉而爲一「交談的倫理」來。這也就是說「這內在的根源性實踐動力是環著廣大的生活世界及歷史社會總體而說的」，它不再是「環繞著那美學的、感懷式的、境界式的生活世界而顯現的」。我以爲這是重新面對孟子所說的「怵惕惻隱」而開啓的。

7.儒學的特點在於不置立一超越的彼岸，而是直接面對當下的此岸；這原具有一開放性的歷程開展趨向；但是值得留意的是，在

於這此岸的神聖性是如何安立的。往昔的儒學這裡未免有一種專制性與咒術性，而在專制性與咒術性下的神聖性，使得這神聖性有一虛幻性，於是神聖性的內在根源實踐動力只成了心性修養的起點，而不是社會實踐的起點。

7.1、站在儒學所強調「性命天道相貫通」的傳統而言，根本無所謂「彼岸」與「此岸」的區分，這裡做這樣的區分只是方便而言。因儒學即此當下之此岸，亦是超越之彼岸，此岸彼岸是關聯為一的。

7.2、往昔帝皇專制下的儒學，歷史的業力仍存，我們仍可以看到此岸的神聖性、專制性及咒術性雜揉一處，正因如此，使得神聖性隱含一虛幻性。在這神聖的虛幻性或虛幻的神聖性下，人們又受限於帝皇專制的思維空間，因而實踐動力只成了心性修養的起點，而不是社會實踐的起點。

7.3、這也就是說因為帝皇專制的業力，使得儒學一直以順服的倫理為最重要的實踐向度，並且將此向度掛搭到根源性的倫理上頭，並以一種接近於咒術般的方式相關聯在一起，原先「性命天道相貫通」的傳統便無法「直、方、大」的通到歷史社會總體之中，無法落實為道地的社會實踐，只得轉而為心性修養，強調心靈境界。

五、革除「虛幻的神聖性」面對「真切的物質性」

8.真面對此岸是真正視具體的生活世界，真注重廣義的生產活動

（包括物質與精神，因物質與精神原是不分的），在感性的擘分下，以主體的對象化活動下，去面對此岸。

8.1、今人常有批評儒學的彼岸性不足的說法，其實，無所謂足不足的問題，因儒學之爲儒學，其所重的就不是彼岸性，相對的，它之所重是此岸性，而且這此岸並不是在與彼岸對概義下的此岸，而應和著「性命天道相貫通」這樣的觀點來理解。但也正因爲如此，若在專制高壓下，此岸性沒得眞正的面對，它便會以一種僞似的此岸性出現，讓你高調起來，看似與道體接合爲一，實則是侗侗往來的光景，將此誤認爲是鳶飛魚躍、生動活潑的實存理境。

8.2、換言之，問題不在於彼岸性不足，而是在於沒眞正去正視此岸之爲此岸究何所指，沒眞正去正視具體的生活世界。生活世界的重視不能只是依循著生命之氣的感知而展開，更須要的是如實的去理解，這便得涉及於廣義的生產活動的理解。唯有在此深廣的生產活動的理解下，在感性的擘分下，並上提至一理論性的理解，如此才能使得此具體的生活世界有一如實的理解，進而對於人性有一恰當的詮釋與安頓。

9.虛幻的神聖性之革除，最重要的在於面對物質性，並且培養一種物質性的面對方式。首先，須學習的是主體的對象化活動，其次要學習的是對於此主體的對象化活動所成之對象，做一對象化之把握，此對象化之把握又是一主體的把握。這不只是思維之事，不只是理論之事，而更是實踐之事。

9.1、「物質性」（Materiality）的面對往往是當代新儒學所缺乏的，他們常停留在一道德理想主義的光環中，也因此常強調形而上理由的追溯，而忽略了歷史發生原因的考察；或者以此形而上理由的追溯取代發生原因的考察，進而以形而上理由的追溯所成之理論根據做為實踐的起點，再因之而強調主體能動性的重要，意圖將此理論的根據倒裝下返，取得實踐的完成。

9.2、當代新儒學這方式已顯示彼等對於實踐的強調，但因缺乏對於物質性的重視，因此只能做為超越的宣示作用，不能真切的進入到經驗的物質性所成的人間事物之中，去開啓實踐的動力。這裡，我們看到這種超越的宣示的實踐性，根本上又帶有一種專制性與咒術性，這是我們在前面已釐清的。

9.3、主體的對象化之開啓是要如其對象而正視其為一物質性的存在，是要如其實在而正視其為一對象性的存在，而這都是由「主客不二」，進而「主客對立」，並「以主攝客」這樣的歷程而開啓的。在這裡，我們格外強調它不只是思維之事，不只是理論之事，而更是實踐之事，這指的即是前所謂「物質性」的把握，正因是物質性的把握，我們才真切的進入到實踐的領域，不致落入一空洞的、境界型態式的幻想之中。

10.抽象的思維之必要性，此是第二序的釐清，而感性的直觀則是第一序的前引；但只是這前引仍是盲目的，必須要一根源的實踐動力之參與而才能開啓主體的對象化活動，如此才能進到概念架構的層次，才能啓動理念的動力。

10.1、前面所述及的對於物質性的把握，此當以感性的直觀做為第一序，而緊接著以抽象的理論思維為第二序，因為這樣才能眞切的達到主體的對象化的活動，才能完成物質性的把握，才能建立起對於生活世界及歷史社會總體的眞切知識。

10.2、顯然地，在這裡我們極為強調的既要有感性的直觀，亦復要有抽象的理論思維，由感性的直觀上提而至抽象的理論思維，這是一個不可已的歷程；同樣的由此抽象的理論思維下返到感性的直觀，並進入到生活世界之中，兩兩相交，這是永不停歇的歷程。

10.3、值得注意的是，這裡所強調的「必須要一根源性的實踐動力之參與而才能開啓主體的對象化活動，如此才能進到概念架構的層次，才能啓動理念的動力」，這仍是繼承原先「性命天道相貫通」的儒學傳統而開啓的。當然，這根源性的實踐動力並不是憑空存在於主體之中，而是在主客交與參贊的過程中，當機而顯現的。只是這樣的顯現並不就停駐在一主客不二的溫潤之中，而是要由「主客不二」轉到「主客分立」、「以主攝客」的境域，這樣才可能眞切的啓動理念的動力。

10.4、或者，我們可以說台灣當代儒學的嶄新發展，一方面應承繼著原先的道德理想主義，但另方面在方法論、實踐論的層面，得特別強調物質性的把握，因之而開起實踐的參贊。這也就是說，儒學不能只扮演「道德的省察」者之角色，更而要扮演一「社會的批判」者之角色，必要時它亦當扮演一「革命的實踐」者之角色。

六、擺脫「本質主義」建立「動力論」的思考方式

11. 後新儒家強調的性善，不是人性本質之善，而是人性之爲一根源性的實踐動力，是即此「向」而言其爲「性」，說此善之定向，而明其爲性善，是「善向論」，而不是「向善論」。這是要擺脫本質主義的思維方式，而是要建立起一動力論的思考方式。

11.1、儒學的「性善論」不適合將之理解成一「本質論」義下的「性善」，這是極重要的，當代新儒學於此大體已有所見，亦多能免於此弊。不過，在帝皇專制的歷史業力下，性善論又不免被理解爲一本質論義下的性善，這須得一番廓清的工夫，才能免除此業力的限制。

11.2、儒學之「性善論」當回到根源性的實踐動力上去立說，是即其「向」，而言其爲「性」，說此善之定向，而明其性善，這或當名之爲「善向論」。這樣的善向論是繼承著「性命天道相貫通」的傳統而開啓的，此不同於「向善論」，「向善論」之說實不免心向於善，其善是做爲一目的而說，並不是如其當下，由此實踐動力之自身而發。

11.3、「善向論」這樣的「性善論」是立基於如王夫之所說「命日降、性日生日成」的人性理論而說的，是如前所說的「繼善成性」的人性理論而說的，這是置於一發展之動態歷程而說的。這樣強調動態歷程義的善向論，極重視生活世界及歷史社會總體的物質性理解，因爲唯有通過物質性的理解，才可能使得善向論落實，不致蹈空。

12.因此，當我們說起「宗教」的時候，往往將那神聖性以本質化的方式，內化於人性之中來處理，以為此人性之本質即具此超越的神聖性，因而忽略了人是不能就一抽象而孤離的個體來論略他的。人須放在整個人所構成的網絡整體中，具體觀之來論略他的。

12.1、儒學所說的道德本心、怵惕惻隱，全然須得置放於生活世界來處理，但當代新儒學所強調的「智的直覺」卻接近於將超越的神聖性以本質化的方式內化於人性之中來處理，並以為此人性之本質即此超越的神聖性，這便是將人做了一抽象而孤離的處理，它使得人性與具體的生活世界無關，即或有關，亦只是空洞而抽象的關聯而已。

12.2、人之做為一個「道德的存在」（moral being），這道德的存在並不是一超越於人間世的存在，道德就其根據處，或有所謂的「先驗」，但就其發生處，必在生活世界中，因此去正視在生活世界中的「道德的存在」，去重視人的升降浮沉，真切的了解「人雖有限而可無限」之實義，才能人如其為人，天地如其天地。這便是要正視人的「有限」性，再由此「有限」進而去探索無限，並不是一下子將自己上升到「無限」，再問如何地「由無限以開有限」。

12.3、這也就是說，一方面我們承繼「天道性命相貫通」的傳統，而另方面我們則要避免只由天道往下說，或者由自由無限心往外說，而是要正視人之做為一有限的存在，其有限性所隱涵之無限性，面對人為惡及墮落之可能，更而往上一提而見及人性之善及自由之可能。這便不再會出現如何一心開二門

的問題，而是人具體的在生活世界之中，處在有限／無限，
惡／善，墮落／自由之中，如何抉擇與提昇之問題。

13.抽象的論略人的本質，而說其爲神聖的、圓滿的、絕對善的，並
　以此來對比當下的、實際的世界，極易引出一消極的歷史退化觀
　的後果；要不然亦可能產生一空泛的神聖圓滿目標的阿Q式理
　解。

13.1、往昔的儒學實免不了「厚古薄今」之病，他們習於「抽象的
　　論略人的本質，而說其爲神聖的、圓滿的、絕對善的」，並
　　將此寄託在遠古的世代，將之理想美化；然後再以此來對比
　　當下的、實際的世界，這往往就引出一消極的歷史退化觀的
　　後果。當然歷史退化觀是表象，骨子裡，則是藉此以古諷今，
　　達到批判的效果。

13.2、值得注意的是，這種以古諷今、厚古薄今的批判方式，往往
　　會導向於道德中心主義式的批判，往往會對於歷史採取一種
　　觀相式的理解，而無法眞切面對存在的物質性，對生活世界
　　與歷史社會總體切實的理解。當代新儒學除徐復觀先生而
　　外，其他諸先生於歷史社會之總體理解，實不能免除此道德
　　中心主義的傾向，其於歷史之理解亦多採取的是一觀相的理
　　解，而不是一切實的、物質性的理解，因之彼等所開啓之批
　　判往往只是環繞著人性論而開啓而已。

13.3、在原先的帝皇專制與宗法封建社會中，人處在「血緣性的縱
　　貫軸」的脈絡下，因之其實踐的入路，自可以經由此脈絡而
　　展開。這也就是說，人們可以其人格性的道德連結，經由血

緣性的自然連結，在宰制性的政治連結的管控下，既與此管
控之力量妥協，又依恃此管控力量，而展開其實踐。

13.4、值得注意的是，當此宰制性的政治連結之管控力量一再增
強，而迫壓到血緣性的自然連結及人格性的道德連結時，此
被迫壓的兩者將產生轉型與變化。血緣親情，原本是「情眞
而可感」，迫壓太甚，轉而「情僞而可畏」；道德仁義，原
本是「親親仁民」，迫壓太甚，轉而「以理殺人」。再者，
在這同時的另一對立面，則是「產生一空泛的神聖圓滿目標
的阿Ｑ式理解」。

13.5、這裡所謂「產生一空泛的神聖圓滿目標的阿Ｑ式理解」，其
展開的系譜是這樣的，當「道德實踐」無法暢通於歷史社會
總體及生活世界時，它將轉而只強調「心性修養」，繼而當
「心性修養」無法眞切貞定於倫常日用之時，它將轉而強調
「心靈境界之追求」，繼而當「心靈境界之追求」對自家的
生命沒得安頓之時，它勢將茫茫然不知何歸，面對挫折，只
好以「精神之勝利法」爲之。阿Ｑ啊！此時你卻成了一無家
可歸的人。

七、面對「生活世界」與「歷史社會總體」

14.面對人的實際生活世界，面對歷史社會總體，面對一具有物質性
的世界，是人之面對自己最重要的起點；這不是本質式的、抽象
的把握，而是物質性的、主體對象化的、實存的、主體的把握。

14.1、這是一個新的「修身」觀念，因爲「身」是置放於天地人群之間的，且「身」與「心」是不二的，進而推擴之，「識」與「境」是不二的；因此，「修身」並不是由「正心」來，「正心」並不是由「誠意」來，「誠意」並不是由「致知」來，「致知」並不是由「格物」來。相對的，正因「身心不二」、「境識不二」，我們便不再只「從內往外推」，只從「道德與思想之意圖」來做成這個世界，而是能切實的注意到人之爲人的經驗實存性。

14.2、能切實的注意到人的經驗實存性，便會強調須得「面對人的實際生活世界，面對歷史社會總體，面對一具有物質性的世界」而這正是人之面對自己最重要的起點。強調人的經驗實存性，這「經驗」是境識一體、心物不二的，是在一實存的情境中所顯現的經驗，它不可理解爲一離於心靈之外的存在。

14.3、如上所言，這當然不能將之視爲一外在之物，這不能以本質式的、抽象的方式把握之，它應該是物質性的、主體對象化的，實存的、主體的把握。言其「物質性的、主體對象化的」，這是要避免其爲空泛而觀相式的理解，而且這空泛而觀相式的理解又極易與所謂的本質式的、抽象的理解掛搭在一起，使得它外化。（此正如2.2之所論）先論之以物質性、主體對象化之把握，再繼之以實存的、主體的把握，這是要說一切轉向客觀面的理解，最後終將須迴返到生命的本源，才能如其本源而啓動那根源性的實踐動力。

15.物質性的、主體對象化的，實存的、主體的把握，這必然要開啓

　　一後新儒學的哲學人類學式的嶄新理解。要真理解生產力、生產關係、生產工具、生產者之間的互動關係，找尋實踐的切入點。

15.1、這裡筆者顯然地要標識出儒學由「心性論」轉向到「哲學人類學」的必要性，因為道德實踐動力的開啓，並不是如以往之心性論者，以形上的理由之追溯，而推出一先驗的令式就可以了事的，相對而言，當我們著重於其歷史發生原因的考察，我們勢將因之而開啓一哲學人類學式的理解。

15.2、哲學人類學式的理解，簡單的是要說傳統儒學所強調的「人格性的道德連結」是在如何的「血緣性的自然連結」、「宰制性的政治連結」下所形成的，而現在又當如何的轉化調適，開啓一以「契約性的社會連結」、「委託性的政治連結」為背景的「人格性的道德連結」。諸如這樣的理解與詮釋都得置放於一切實的物質性的理解之下的理解。

15.3、或者說，我們不再以「良知的呈現」做為最後的斷語，來闡明道德實踐的可能，而是回到寬廣的生活世界與豐富的歷史社會總體之下，來評述「性善論」（或者說「善向論」）的「論」何以出現。這「論」的出現必須回溯到人的生產力、生產關係、生產工具、生產者之間的互動關係來理解。這一方面是將心性論導向語言哲學來處理，而另方面則要導到更為徹底的帶物質性的、主體對象化的把握方式來重新處理。這也就是說，我們勢將在原先儒學之做為一道德理想主義的立場，轉而我們必須再注意到其做為一物質主義的立場來加以考察。從心性論轉向哲學人類學，亦可以理解為由本體的唯心

論轉向於方法上的唯物論，要由道德的省察轉爲社會的批判。

16.老儒家的實踐立足點是血緣的、宗法的社會，是專制的、咒術的社會；新儒家的實踐立足點是市民的、契約的社會，是現代的、開放的社會；後新儒家的實踐立足點是自由的、人類的社會，是後現代的、社會的人類。

16.1、整個當代新儒學的發展，港台的發展遠比中國大陸爲迅速，但著實而言，即如台灣的當代新儒學仍難免其傳統儒學的氛圍，面對這樣的歷史業力，必須要努力加以釐清。筆者以爲將老儒家的實踐立足點定位在血緣的、宗法的社會，而這又是專制的、咒術的社會，這是要強調對於傳統儒學的研究除了心性論的理論構作外，還須得有另一面的哲學人類學式的理解與詮釋。

16.2、把當代新儒學的實踐立足點定位在「市民的、契約的社會」，而這是「現代的、開放的社會」，這主要想對當代新儒學的貢獻給予一定位式的論定，而另方面則想經由這樣的方式，而去對比出當代新儒學並未達於此，它常常陷溺在老儒學的氛圍之中。或者說，他常常自限於傳統，並以本質主義式的方法，並想以超越的繼承方式，進而強調如何的由傳統開啓現代。其實，它應是面對所謂的「契約性的社會連結」與「委託性的政治連結」而重新讓「人格性的道德連結」以新的姿態出現。

16.3、相對於傳統儒學、當代新儒學，後新儒學其所面對的當然頗

為不同，它須得參與全球現代化之後所造成人的異化之問題的處理。這也就是說它不能停留在原先儒學傳統的實踐方式，它亦不能只是空泛的要如何的去開出現代的民主、科學，它更要如實的面對當代種種異化狀況，作深刻的物質性理解，才能免除泛民主的多數暴力，免除科學主義式的專制。它得重新面對人之為一個自由的人，以此自由的人，而構成一人類的社會，此社會當亦是一自由的社會，當然回過頭來說，所謂的人類亦是在此自由社會下的人類，這當可以理解為後當代新儒學所必須要處理的後現代問題向度。

八、結語：由「老儒家」、「新儒家」繼而「後新儒家」

17. 由老儒家而新儒家，再而後新儒家，這是一批判的、繼承的、創造的發展；它不是一斷裂的、隔離的、推翻的發展；究其原因，則根本的仍是那內在的、根源的實踐動力，此仍是儒學之法鑰。

17.1、一般論及儒學之發展，有所謂三期之分者，一謂先秦原始儒學，二謂宋明新儒學，三謂當代新儒學，此筆者所不取；筆者將當代新儒學以前皆歸於「傳統儒學」，而在「當代新儒學」之後，則另別為一「後新儒學」（或後當代新儒學）。

17.2、後新儒學之啟動點當亦在港台，因港台之當代新儒學發展最為完整，它對於現代化的反省特多，批判的繼承此當代新儒學，亦當以此為問題的關鍵點而開啟。

17.3、筆者之特別強調其為一批判的、繼承的、創造的發展，而不

是斷裂的、隔離的、推翻的發展，正是要指明儒學之爲儒學
最爲重要的是他所強調的來自於主體內在的根源性實踐動
力，此即孔老夫子於兩千年前所點示出來的「仁」。

*、亂曰：

「專制的世代或已過去，但專制的鬼影依在！

咒術的神聖或已解除，但咒術的法力仍在！

良知啊！幾時伴隨著新的世代的來臨，

在陽光的曝曬下，

人們用他們的雙手所捏成的語言，

爲自己的異化困境解開新的路向！

讓專制成爲歷史，

咒術成爲玩具，

人啊！如其爲仁！」

（〈論綱〉寫於甲戌年春二月廿二日辰時正客居美國威斯康辛大學麥迪遜校區
〈詮解〉寫於丁丑年春四月五日清明節時正客居嘉義大林南華學院哲學研究所）

〈述緣起〉

關於當代新儒學及當前台灣文化思潮交涉之種種論述，筆者自一九八一年以來論
述已多，後集結於《當代新儒家哲學史論》、《台灣、中國：邁向世界史》等書。一
九九四年春，筆者適在美國威斯康辛大學麥迪遜校區訪問研究，關於此又隨手筆札寫
了一〈後新儒家哲學論綱〉，陸先恆先生頗有趣於此，後來將此布列於彼與孫善豪先
生等之《廾報》上，不久引來孫君撰文討論。當時，筆者因事多未及與之討論，回國
後又瑣事纏身，竟未再論於此，孫君之文，現亦不在，今適逢成功大學舉辦台灣儒學
學術研討會之便，謹就筆者原先之論綱進一步詮解，以就教於與會諸君子焉！不亦樂
乎！

第四章 台灣哲學的貧困及其再生之可能
——對於《台灣、中國：邁向世界史》
論綱「貳」、「參」的再解釋

〈本章提要〉

本論文旨在經由《台灣、中國：邁向世界史》論綱的第二節與第三節提出再解釋，點出台灣哲學的貧困，並求其再生之可能。

首先，筆者指出台灣目前處在雙重的「主奴意識」的困境下，一是「外力型的主奴意識」，另者是「內力型的主奴意識」。筆者以爲破除這雙重主奴意識背後所含新、舊交雜的父權意識，並正視母體意識的顛覆性，才可能眞切面對台灣哲學的貧困。

作者進而指出在世界史的氣運行程中，臺灣正走在關鍵點上，它具有這個可能性，它將囊括東方「連續」（Continuity）之路，與西方「斷裂（Discontinuity）之路，它正可視爲此二者之中介點。此正如同一個橋樑的拱心石。

再者，作者以爲台灣哲學要克服其貧困，當在於重視自家的文化傳統，並吸收西方文化傳統，進而養成一文化

存有論之深睿思考，更指向後資本主義化、後現代種種之批判，
而此之所以可能則是因爲這是來自於深睿的東方文化傳統，一
個對於言說懂得割捨及揚棄而代之以非言說方式的傳統。

關鍵字詞：台灣哲學、主奴意識、顛覆、言說、存有論、
　　　　　　哲學治療

一、緣起及問題的點出

　　一九八九年四月間，因感於時勢，我寫了「台灣、中國：邁向
世界史──對於台灣當前意識型態的哲學反思」論綱，這論綱亦可
以視做對於友人蔣年豐先生於一九八八年二月所寫的《台灣人與新
中國：給民進黨的一個行動哲學》的回應。❶大體說來，年豐兄的
重點落在政治上，而我的重點則在文化上，兩書仍有許多呼應與相
輔之處。年豐兄當時還向我要了論綱的全文打字稿，與研究生們討
論。後來，這篇文章發表在《鵝湖》月刊181、182、183、184期
（一九九〇年七月～一九九〇年十月），後來，我又將第「肆」部分獨立

---

❶　蔣年豐所著《台灣人與新中國：給民進黨的一個行動哲學》，似乎未影響到民
　　進黨的行動，這亦可見民進黨亦處在台灣哲學的貧困之中。年豐兄於一九九六
　　年五月逝世，吾哭之慟矣！聯以誌之，曰：
　　「君逝乎日月無息；問乾坤何德延年。
　　子歸矣星辰含悲；歎天地無道可豐。」
　　蓋取「君子哉！年豐也」以爲義也。關於年豐兄此文，徐振國教授曾有「蔣年
　　豐儒家世界發展史觀中的台灣使命──介紹年豐獻給民進黨的一本小冊子」，
　　此文收入楊儒賓、林安梧編《地藏王手記──蔣年豐紀念集》一書，南華管理
　　學院哲學研究所印行，一九九七年六月，台灣嘉義。

出來，於一九九二年二月寫成了「從咒術型的因果邏輯到解咒型的因果邏輯——中國文化核心困境之轉化與創造」一文，發表於中央大學所主辦的「台海兩岸文化思想學術研討會」。❷近幾個月來，又應《自立晚報》「哲學革命系列」之邀稿，於去年（一九九七年）十二月廿五日發表了「台灣哲學的貧困及其再生」一文，今年二月八日再發表「關於哲學思想主體性之問題」一文。以上這些文字都環繞著「台灣人文的貧困」而做的反省。現在，我想再藉著對於《台灣、中國：邁向世界史》論綱的「貳」與「參」兩個題綱，對此問題，再展開個人的再詮釋。

二、關於雙重主奴意識的問題（〈論綱「2」〉的再詮釋）

2. 洞察世界史的契機，摔脫雙重的主奴意識是台灣當前的首要課題。惟有克服了主奴意識才可見其自身才得受記於上蒼（上帝）。

〔註〕：「貳」所說的「雙重主奴意識」並不是危言聳聽，現前臺灣的知識分子卻不太有此感受，而這正可說明此「雙重主奴意識」已內化深化於一般人的心靈之中，這是極堪注意之事。「臺灣」仍然處在文化殖民地、思想殖民地、及哲學殖民地的情況之下，這是不容否認的事實。

〈釋〉：關於「世界史」的契機，筆者在「論綱壹」中已有所論及，筆者之目的在於促使東亞文明，特別強調儒教文明之參與全世界文明之對話之可能。正因筆者有如此之想法，

---

❷　以上所述諸文，後來收入拙著《台灣、中國：邁向世界史》一書，唐山出版社印行，一九九二年八月，台北。

故分理出所謂的「主奴意識」，強調對於此「主奴意識」之克服，才能有眞切的參與和對話。

2.1、第一重主奴意識是歐陸及美洲的世界史中心支配所成之意識形態，籠統的説是一「外力性的主奴意識」。

2.2、第二重主奴意識則是長久以來中國獨統説的母體嚮往所成之意識形態，籠統説是「内力性的主奴意識」。

三、關於「外力性主奴意識」之問題

2.11、外力性的主奴意識長久以來使得臺灣的文化心靈意識結構產生一個極為嚴重的後果。這個後果是伴隨著社會經濟風俗等一齊展開的。

2.12、最為嚴重的是我們只是做為一個接受體，我們是一個乞食者，我們竟喪失了創造力及生產力。

〔註〕：「2.12」所謂「我們祇是作為一個接受體，我們是一個乞食者，我們竟喪失了創造力及生產力」。這一方面與臺灣的歷史情境密切相關，另一方面則是大家對此歷史情境的理解不夠，或者説大家缺乏眞正的歷史所致。「臺灣」長久以來，一直沒有建立起自己的身分，沒有自己認同之主體，因爲它起先是政治上的化外之地，島夷海寇居之，後是荷蘭的殖民地，而後又作爲明鄭所據之一隅，終爲清之版圖，仍屬邊陲；又於甲午戰後，割讓日本，達五十一年之久；一九四五年至今則爲國民政府所在。明顯的，長期以來的歷史經驗，使得它淪落爲「亞細亞的孤兒」。但

奇詭的是，這個長久以來淪為「亞細亞的孤兒」、作為「中國文化的棄兒」的臺灣，竟必須擔負起中國文化的責任，亦必須擔負起世界史的責任。這正如同中國歷史上的「周」，其始祖「棄」之為棄兒，卻必須擔負起中國歷史之關鍵性的起點之任務。

　　不過，現前的臺灣仍處於一個接受體及乞食者的境域，這是任何有識者所不願、所不忍的。這不願、不忍正是迴返主體性及同一性的動力。這樣的不願及不忍剛好吻合了世界史新的契機，因而它有了新的可能。

〈釋〉：自一九九三年杭丁頓（Samuel P.Huntington）發表〈文明的衝突？〉（The Clash of Civilization？）以來，所引發的諸多討論，在在顯示文明發展將會有全球性的變化，此與筆者對於整個世界史的發展之論點正可以相提並論。這正也預示了臺灣雖仍處在「接受體」與「乞食者」的角色，但不久的將來，必得揚棄這處境，而有一嶄新的轉向。

2.13、更具體的說，由於我們喪失了真正思想或哲學的創造力及生產力，於是我們並未能真正去操作所謂的概念。因為概念不只是個工具，它是一個由我們生命之反思而得的東西，這個反思是用來說明自己身分的。正因如此，許多人以為概念只是工具，如此看法顯然是將概念與我們的生命疏離了。

2.14、一個與概念疏離的生命是不可能進到理念的階段。它只能以一種極為粗淺而浮面的感性方式存活於乞食及接受，它不可能具有生產力及創造力。

2.15、只有理論而沒有生命之實感，正如同一棵無水可灌溉而枯死
　　　的樹苗。

〔註〕：「2.13」所強調的「概念不祇是個工具」，這樣的提法是
　　　值得注意的。概念不祇是個工具，但概念卻有作為工具身
　　　分這個層次者。臺灣當前學界極大多數人將概念與生命疏
　　　離開來，而將之視為工具，也因如此而引起另一個對立面
　　　──強調當該追求生命的直接感通，而此勢必得拋棄概念
　　　之言說，而代之以日常之語言。事實上，「概念工具論」
　　　及「生命直契說」是作為對立面的兩端這樣的一對「孿生
　　　兄弟」，都可見臺灣地區哲學、思想或人文的貧困。

　　　　　因為這種貧困狀況，使得那些作為「理念層次」的言
　　　說系統變得抽象而空洞，再加上政治性的言說系統之宰
　　　制，使得理念層次的言說系統其抽象化、空洞化益形嚴
　　　重。概念層次的言說系統原是作為日常生活之感取系統及
　　　理念層次的言說系統之中間的溝通者及調適者，這層次一
　　　旦被工具化則使得理念層次的言說系統抽象化、空洞化，
　　　使得日常生活之感取系統變得粗俗化、俚野化。此即所謂
　　　的「教條式的空洞理念」及「現實上無明風動的感性」之
　　　一體兩面，同時具現。這種具現情形俯拾皆是，如廟會
　　　時，於神明前大演脫衣舞，正是一斑。

〈釋〉：臺灣諸多人文學者，特別是哲學學者，大體不相信自己有
　　　締造理論的能力，往往陷在洋人締造理論，台人運用理論
　　　的殖民地思考之中。尤其無見識的將哲學以「西洋哲學」、
　　　「中國哲學」各別分離開來，甚至不將中國哲學當成哲
　　　學，直等同於中國學術史、中國思想史而已。再者，又將

「哲學」與「哲學史」混淆，將「哲學史」的研究當成
「哲學」的唯一方式，完全忽略了「哲學」乃是面對生活
世界而開啟的深度理解、詮釋與批判。

又從「概念工具論」、「生命直契說」之一體兩面，到
「教條式的空洞理念」、「現實上的無明風動的感性」之
一體兩面的闡釋，筆者所要解釋的是台灣當前整個心靈意
識的狀態。更麻煩的是，這樣的心靈意識狀態是糾結在全
球之資本主義化的歷程中而展開的，它與現代化及後現代
充滿了難以分理的困結。全球的非人化似乎是一個難以挽
回的走勢！

2.16、沒有進到理念的境地，那種生命的現實仍然只是無明風動的
感性。這時所謂的哲學應是一種懷疑與虛無，臺灣的哲學界
似乎能免於這種懷疑與虛無；但是因為他們被一種學院的圍
牆包裹著，學院的圍牆包裹著黨派的利益。在黨派的利益
下，大家啃嚙著知識的死屍，卻津津有味的宣稱著它的芳
香，一個連芳香與死屍都能關連起來的哲學，那是比懷疑及
虛無還惡劣的哲學。

　　因為懷疑及虛無雖無生產力卻有流產力，而這正是邁向
重新懷孕的可能。至於我現在所說的這種，那是胎死腹中，
可憐！或者根本是不孕症。在外力性的強暴摧殘之下，它變
成不孕的婦人。竟然它宣稱懷孕是上帝對人的責罰，唯有不
孕才能不停的的作愛。值得注意的是，一個被強暴多次的純
潔少女是可能變成不自覺之淫婦的，這是一件極為悲哀的事
情，思之慟心！

〔註〕：「2.16」所言或嫌過激，但卻屬實情。事實上，臺灣當前
的哲學研究，要不停留在「文獻」的把梳上，便是簡介，
而且極大部分是趕西方的時髦，祇是作爲整個世界體系的
邊陲之應聲蟲而已，甚至連應聲蟲的角色都扮演不起。大
體說來，人文、思想、及哲學的研究約有三個層次，一是
「收屍者」，二是「收養者」，三是「生育者」。「收屍
者」是將之視爲死的研究對象，加以整治、清洗、粉飾一
番，而後置入一棺材之中，然後領取收屍及整治的費用。
「收養者」則比「收屍者」高明的多，他雖無懷孕、生產
的可能，但卻具有養育的能力，因而可以認養別人所生產
的小孩。問題是收養的工作極爲艱辛，不易完成。無堅強
之忍受能力，勢必棄養，由於棄養，徒增更多未成年的死
屍。這即便是所謂的「知識的嬰靈現象」。再說之所以棄
養還有一個更重要的原因，那是因爲臺灣的學界之中，有
些人雖能免於「收屍者」而進於「收養者」，但他將其所
收養的視之爲「小寵物」，過了一段時間小寵物便夭折
了，這時祇好收養新的「小寵物」。在臺灣，思想的生育
者極少，縱或有之，亦被學術界視爲異端。

　　在一個長久沒有人懷孕及生育的國度裡，一旦有人懷
孕應是可喜可賀，但卻易遭來白眼，甚至被視爲怪物；因
爲思想之不孕一旦成爲學院的共識，並經由此共識而建立
起一套宰制性的規範，任何有懷孕跡象皆可能被強迫作
「思想墮胎」，於是在這樣的「人工流產」下，製造了更
多「早產的死屍」。

　　事實上，思想的生育者、收養者、及收屍者這三個階

層都極爲重要，但問題是所謂的「收屍者」要界定在於清
理、釐清這個工作上，而「收養者」要界定在於思想的傳
宗接代上，至於「生育者」之界定在爲了思想的返本開
新，勇猛突進上。在一個沒有生育者或生育者太少的思想
國度裡，必然會產生主體性及同一性危機的；而長期以
來，習於收養者之角色，勢必喪失了「生育之能力」；長
期以來習於收屍者的工作，勢必誤以爲死屍之芳香，而且
誤以爲死屍是活物。

　　台灣的思想界之無懷孕及生產之可能乃肇因於外力性
的強暴摧殘所致，但這又是不可避免的。不過歷史的契機
似乎已將之帶到一新的轉捩點，祇望那轉捩點的到臨。

　　「方法上的懷疑」及「本體上的虛無」乃是揚棄既往
以來「黨派利益」圍牆的強大動力，它的根本動源則來自
於少數的秀異分子及廣大的民間社會所支持的力量。這可
能是一漸進的思想體制內改革，是由「黨派利益」蛻落下
來，而突顯一「黨派性」，由於黨派性而有眞實的鬥爭與
辯證。儘管由此蛻落下來而突顯的黨派性仍祇是消極性
的，其展開的鬥爭與辯證否定性的居多，肯定性居少。但
這種「否定性的辯證」卻足以激濁揚清，而使得哲學的概
念性反思活轉過來。

〈釋〉：「方法上的懷疑」與「本體上的虛無」是一體之兩面，經
　　　　由方法上「徹底的懷疑」，目的在於達到「本體上的虛無」。
　　　　這裡，筆者有意的想避免任何帶有基礎主義式的批判，而
　　　　意圖提出一種非基礎論式的批判，這樣的批判是徹底的解
　　　　構，而回到事物之自身的。值得注意的是，所謂事物自身

　　　　並不是果眞有一事物自身這樣的獨立存在，而是回到一
　　　　「境識俱泯」、一「存有的根源──Ｘ」這樣的本源。吾
　　　　人即於此「境識俱泯」、「存有的根源──Ｘ」而說其爲
　　　　「本體的虛無」。❸

　　　　換言之，我們要讓哲學的概念性反思活轉過來，並不
　　是找尋一抽象而形式化的先驗主體，也不是往上做一理論
　　的推溯，得出一恆定的理論基礎，而是回到生活世界的本
　　源而開啓的。筆者以爲這是符合於《易傳》中「見乃謂之
　　象」傳統的，是符合於華夏之「象在形先」的傳統。❹

四、關於「內力性主奴意識」之問題

2.21、「內力性的主奴意識」是由中國傳統的父權意識之高壓與崇
　　　高，暨母體嚮往之溫婉與潤澤，錯雜交結而成的，前者為
　　　陽，後者為陰；這一陰一陽造就了臺灣地區那種內力性的主
　　　奴意識。

2.22、父權意識，家長制的高壓與壟斷及其所伴隨之道德崇高，造
　　　就了一個「擬上帝的宰制型倫理」，它深入到每一個人的生
　　　命之中，成為迫壓他人及被迫壓的奇怪組合。這樣的心靈意
　　　識結構一直在「主奴意識」的格局中擺盪。

❸　關於此存有之三態，乃是從熊十力體用哲學中開發闡釋得來的，請參見林安梧
　　《存有、意識與實踐──熊十力體用哲學之詮釋與重建》一書，第五章「存有
　　的根源的開顯」第二節「論存有的三態：⑴「存有的根源──Ｘ」⑵無執著性、
　　未對象化的存有⑶執著性、對象化的存有。頁108-115，東大圖書公司印行，
　　一九九三年，台北。

❹　關於此，我已於《道與言》一文中有所說，請參見《揭諦》發刊詞，南華管理
　　學院哲學研究所發行，一九九七年六月，台灣嘉義。

2.23、這個表現就其具體的來說，它表現在所謂的文化道統。文化道統，父權意識家長制的高壓壟斷雖然有別，但卻一直伴隨而生，如影隨形，它形成一股軌約性的力量，是理性之抽象的表現。

〈釋〉：大體說來，「擬上帝的宰制型倫理」此與「道的誤置」（Misplaced Tao）密切相關，它大體是將「血緣性的自然連結」、「人格性的道德連結」、「宰制性的連結」三者合而為一（即「君」、「父」、「聖」三者合而為一），並且是以最後一者作為一切管控的核心而造成的。❺再者，就「2.23」分明可見的是，理性的表現與權力有密切的關聯，而權力則不離歷史社會總體，不離生活世界，台灣之落入內力性的主奴意識與其歷史文化傳統息息相關，不可忽視。

2.24、一個理性之抽象表現這樣的軌約性力量所成之文化道統，它是會要求落實的。它要求落實而事實上卻又不能落實，則它便逐漸形成一個空的殼子，喪失了靈魂，它一直沒有辦法成為一理性之具體的表現。

2.25、這時文化道統的殼架不但無益，反而形成進步的障礙。正因如此，大家急得去鏟除它；但這樣的鏟除是連其重生的可能性也不計了。它勢必面臨更嚴重的代價。

---

❺ 此吾已疏釋於《儒學與中國社會傳統的哲學考察》一書之中，請參見該書「第八章、論「道的錯置」──論血緣性縱貫軸之基本限制」，頁131-156，幼獅圖書公司印行，一九九六年四月，台北。

〈釋〉：「2.24」所說的「空的殼子」或許我們可以礦物學上所謂
的「偽形」（Psuedomorphosis）概念來理解，它指的是
在岩層中，本已嵌入的礦物結晶體，當裂縫出現時，水流
了進來，而結晶體逐漸洗去，而只剩下一空殼。之後，又
有火山爆發，融岩後，又有火山爆發，融岩又流了進來，
但這些融岩沒法自由地在此結晶，而必須將就原有的空
殼，故而出現了扭曲的形態。再者，中國文化道統之做為
一「理性的抽象表現」，而不能成為一「理性之具體的表
現」，這與國民黨之專擅統治，將文化道統與黨國意識型
態通而為一有密切關係。這一方面使得黨國意識型態封鎖
了文化道統的力量，另方面亦因之而封閉了斯土斯民的本
土文化上昇到道統的可能；這就使得台灣本土文化與中國
文化道統斷裂開來，兩者不能互相調濟和合落實，終落為
政治化、權勢化所宰控之地，甚是可悲！

2.26、文化道統之衰頹與死亡，則父權意識之家長制便維繫不住
了，軌約性的原則破壞了，連抽象的理性都瓦解了，人退回
了感性之階段，而此感性仍是抽象的感性，一切在沒有定準
之中，這便是所謂的解構。

2.27、台灣當前的「解構」，雖可以含有未來的生機與嚮往，但卻
是極為渺茫而難堪的，是令人憂心的，但這又是無可避免的。

〈釋〉：在中國文化道統下的理性抽象表現，隨著政治局勢及社會
趨向的變化，它全然瓦解了！彼之所以會全然瓦解，是因
為在國民黨原先的文化政策下，它是統屬於黨國意識型態
的，它並沒有一調適融通的能力，它老早異化成一工具性

之物，因此，當權力變化了，這做爲權勢的附屬之物，也就隨之而變了。所不同的是，伴隨著威權體制的瓦解，理性的原則亦因之而瓦解了，回到一沒有定準的感性之中。台灣這些年來所表現出來的，正是這種虛無情調下的衝決網羅之精神，台灣流行歌謠所言「啥米曨不驚」（什麼都不怕！），正是這種「解構」的反應。這樣的解構是充滿虛無主義情調的！

2.28、對於母體之溫婉與潤澤之嚮往最明顯的表現是土地意識，土地是母體的象徵；土地是孕育主體意識之母，而文化是孕育主體意識之父。

2.29、文化道統這主體意識之父一旦漸形解構與瓦解，則主體意識其理性之軌約性原則亦定然瓦解無存，此時唯剩下一土地意識這樣的母體，而且這母體又不是具體而落實的母體，而是一漂洋過海，位乎彼岸的母體，這樣的母體乃是一抽象而掛空的母體。

2.20、儘管它是抽象而掛空的母體，但它仍然散發著一股迷人的魅力（雖然這股魅力是若有若無的），彼之所以這樣有魅力，乃因為任何一個族群都有這個須求，居住臺灣這塊土地上的族群，長久以來就忽視了自己所居所處這塊母土，這便使得台灣長久以來陷入一母體之實體化所蘊含的主體意識的困結之中。

〈釋〉：這段闡釋主要在呈現台灣人文的特質是「陰陽不調、乾坤不交」的狀態，這樣的狀態使得「理性的軌約性原則」與「情性的生長性原則」無法恰當的關聯起來，因此台灣在黨國意識型態瓦解後，才會陷入盲爽發狂的狀態之中，這

是乾坤不交、陰陽不調的後果，所謂的「母體之實體化」亦必須置於此中來理解方可。現今的民進黨，作爲國民黨的對立面，且與國民黨形成一不可分的整體，她正是此「母體之實體化」的表現，此與「父體之形式化」正形成一體之兩面。

2.21、主奴意識是由潛隱而逐漸表現以成的，這個過程正與國民政府之逐漸喪失對於中國大陸之主導權而浮升上來，起先是對於大陸之主導權由實質的狀態，退返回抽象的狀態，最後其所堅持的東西也逐漸瓦解了。

2.22、在這種瓦解狀態之下，便有所謂的極端的臺灣本土意識之崛起。這個崛起代表另一個感性的母體意識的召喚，這個召喚一方面更徹底的摧毀了原先那種抽象的理性所成的軌約性原則。

〈釋〉：吾以爲統獨意識之問題，不只是一政治問題，更且是一深層的文化問題、心靈意識問題。這問題伴隨著台灣哲學的貧困，同時因台灣哲學的貧困，使得這問題一直被誤認爲只是政治的層次，未得深切的疏理。其實，在國民黨的威權體制下，尤其一九四七年二二八事件更使得原先日據時代的「台灣──中國連續體」，轉而爲「臺灣──中國斷裂體」。台灣──中國的斷裂與連續問題，自此之後，成爲一難解的困結；但卻也是一嶄新的發展契機。

2.23、面對這種感性的母體意識，亟待一具有新的軌約性的理性原則之父性意識的來臨，但這裡的父性意識不是原先家長制的宰制性意識，而是一種哲學的反思所成的自主自宰之意識，這指向一新的文化之建立。

2.24、新文化的建立並不意味著不要中國文化，而是要吸收各種文化（當然中國文化是一最為重要的資源）而締造之。

〈釋〉：如此所論，是說本土所煥發出來的是一感性的母體意識，它之所近是一「材質性原則」，目前極待一新的「形式性原則」，此即是所謂的「軌約性的理性原則下的父性意識」，這已不停留在原先的家長制下的「父權」下來思考。這是以其自身之自為主體來思考，而邁向一新的統體之構造。這也就是解消「單元而統一」的格局，重新回到一「多元而一統」的構造的重要契機。❻

2.25、凡是拒斥中國文化，以為中國文化便是大陸之母體者，這是因為彼等仍停留在抽象的感性階段，無法了解文化之為文化蓋有其具體之普遍故也。持如此之態度者，頂多只能是歷史階段之工具，而不能建立其主體的身分來參與歷史。

〈釋〉：在父權對於母體的宰控下，伴隨著局勢的變化，感性的母體意識高張，而瓦解了原先的父權意識，但做為對立面的統體之一端，它的顛覆即隱含著原先的意識型態，甚至在沒有反思的情況下，會變本加厲，使得台灣陷入一新的父權意識，這是在感性的母體意識的顛覆性下所開啓的。再

---

❻ 關於「單元而統一」與「多元而一統」的問題，請參見拙著〈從「單元而統一」到「多元而一統」──────以「文化中國」一概念為核心的理解與詮釋〉，一文，該文發表於『「文化中國」的理念與實際國際研討會』，香港中文大學人類學系，1993年3月，香港。刊於《鵝湖月刊》第十九卷第一期，頁16-23，1994年7月。後收入陳其南、周英雄主編《文化中國：理念與實踐》一書，頁51-64，允晨叢刊，1994年8月，台北。

伴隨著資本主義化的腳步，在次資本主義圈子下，更使得
這問題糾結難理。拒斥中國文化的態度及行動應置放在這
樣的精神史脈絡下來理解，它是目前台灣哲學貧困的原
因，也是結果。

五、關於主體意識的誕生（〈論綱「３」〉的再詮釋）

3.做為一個主體之身分的台灣，必然的要在世界史的舞臺誕生，這
是從兩重主奴意識掙脫出來的唯一生路。

3.1、臺灣之做為主體的身分之「主體」與以往中國大陸之做為主
體的身分之「主體」，其構成是不一樣的。

3.11、後者是大陸型之主體，此是以其質料之雄厚而提供其自做主
體；此不同於後者之為海洋型。

3.12、海洋型之主體，此是以其形式之定立而自做主體；所謂形式
之定立並不是直接可以定的，不是一種靜態的玄想，而是動
態的辯證，一種開放的心靈而來的動態之辯証。

〔註〕：如〔3.1〕這樣的說法並不意味與中國文化採取一斷裂開
　　　　來的態度，相反的，他所強調的正是整個中國文化與台灣
　　　　的連續性。換言之，台灣亦是中國文化氛圍下的一部分，
　　　　但是，他有一個嶄新的發展可能，這發展的可能亦是以中
　　　　國文化爲其廣大的背景而發展出來的。海洋型的中國文化
　　　　與以往大陸型的中國文化是不相同的，這不同不是一質上
　　　　的不同而是一類型上的不同。臺灣若能爲整個中國文化開
　　　　出一新的類型，這是一件可喜可賀的大事，這將是中國文

化「大器晚成」的一個新的向度。

　　如此説來，所謂的「掙脱出兩重的主奴意識」，這指的是一種心態的克服，由之而樹立起自己的主體，不是一味的要去以一種孤離開來的方式來處理自己。事實上，台灣與中國大陸未來的命運息息相關，整個中國的命運與亞洲息息相關，而亞洲未來的命運又與世界息息相關。台灣之邁向世界史是由中國而邁向的、是由整個亞洲而邁向的。換言之，這是經由内相關的整體（與大陸中國連成一體），再經由外相關的整體（整個世界），而進入到世界的舞台之上。唯有這樣的規模才能使得台灣取得眞正的主體性，也才能使得中國的主體性不再只停留在以往的大陸型的方式，而有邁向一海洋型的可能。

〈釋〉：台灣就在整個太平洋西岸的島弧地帶的一個非常重要的中站，它是華人大陸文明伸向海洋的一個非常重要的一個凸出點。而這個凸出點它擁有著兩千萬的人民，有早先四百年前的漢人，以及原來這裏的原住民所一直保存下來的，還有從一九四五、一九四九年之後再加進來的幾百萬的整個中國大陸内地的華人，種種多樣性、豐富性而構成了兩千萬人的這樣的族群。如此所形成的一個很重要的這個中站，它是繼續有原先華夏文明的儒、道、佛三教的傳統，以及在這幾百年接受到整個歐洲，乃至東洋………乃至種種其他的衝擊，特別最近這五十年來，已經可以說跟整個西方的世界有更多的互動，而開啓了一個新的現代化社會。當然，這個現代化的社會跟整個西方那種非常成熟的

現代化社會是不能完全相提並論的，其類型也不太一樣。因爲它背後所隱含的歷史文化傳統的積殿和視域不一樣，所以類型就不太一樣。而這背後所隱含的儒、道、佛有非常豐富的調節性力量、和諧性的原理❼，而它既是自我安頓的一股力量，也可以成爲進入到整個國際論述而促使國際安定的力量，以及被運用來安定人類文明發展的一股理想力量。

3.2、這樣的開放心靈之動態辯証是拿文化做爲材料，以實用做爲融鑄的動力，以建造一「主體之同一」爲目標，而以哲學之深刻的反思爲方法。籠統的說是「虛懷若谷」。

3.21、「虛懷若谷」不是一個口號，它所顯示的是道家的精神，這顯示一種有容乃大的心胸，這是通過一個作用上的無之工夫來養成一個文化存有論之基礎，並通過這個方式造成所謂的社會與國家。

3.22、除了做爲文化存有論之基礎的養成以外，它更指向對於後現代之種種弊病的批判，而此之所以可能則是因爲這是來自於深睿的東方文化傳統，一個對於言說懂得割捨及揚棄而代之以非言說方式的傳統。

〔註〕：顯然的，筆者是想經由一哲學的反思方式，來締構一新的主體的。筆者強調道家這裡可以提供我們許多非常重要的

---

❼ 關於東方的：萬有在道論、和平、仁愛、情氣、感通、無執著性、互爲主體化、調節、和諧、根源、整體……等觀念的相互關連，參見筆者《儒學與中國傳統社會之哲學省察》〈第六章、血緣性縱貫軸下「宗法國家」的宗教與理性〉，第五節，頁90-91，幼獅圖書公司印行，民國八十五年，台北。

資源，這即是牟宗三先生所常言及的『作用的保存』。❽
牟先生所說的作用的保存是內存於道家的理論系統而說
的，筆者這裡則通過文化哲學的反思來締構的一個方法
論。道家式的『無』的功夫雖有解構的能力，但卻不同於
近些年來，西方新興的解構的思想，因道家的解構是一連
續觀下的解構，此不同於西方之為一斷裂觀下的解構。正
因如此，這樣的解構，不會造成文化的衰頹，亦不會造成
社會的解體，它卻會造成整個心靈意識結構的再生，及社
會結構、政治結構的重建。

〈釋〉：或者，我們可以說在東方的「非言說方式」或者「超乎言
　　　　說的方式」是一「氣的感通」方式，這可以用「我與你」
　　　　（I and Thou）的範式來理解。相對於此，若是一「言說
　　　　的方式」，則是一指向對象化的活動，可以「我與它」
　　　　（I and it）這樣的範式來理解。❾此兩個範式，「我與
　　　　你」是更為優先的，現代化可以說是在「我與它」的範式
　　　　下成就的，卻也因之而帶來許多嚴重的問題，這些問題必
　　　　得回到「我與你」這範式來處理。

3.23、關連著這個作用上的無之工夫而來的「實用」來說，就不是
　　　　一般所謂的技術之用。實用者，以實為用，以用為實者也。
　　　　此是對於那莫須有的超絕之體的徹底解消。

---

❽　牟先生此「作用的保存」一語，請參見牟宗三著《中國哲學十九講》第五講
　　「道家玄理的性格」及第七講「道之『作用的表象』」，台灣學生書局印行，
　　一九八三年十月，台北。
❾　關於此「我與您」、「我與它」的對比分析，其靈感取自Martin Buber之說，
　　請參見"I and Thou"，Second Edition，New York，1958。

3.231、這樣的解消一方面擺脫了長久以來文化傳統積澱所成的渣滓及統治者宰制以成的教條，還有亦能徹底的對於從五四以來那種挾洋自重淺薄的科技主義（一稱科學主義）有一個徹底的解構作用。

3.232、換言之，以實為用，以用為實的實用不只是感性層次的技術之用，它更是做為概念層次的反思與省察它具有解構及重建的功能。

3.24、通過其概念層次的解構與重建，終而締造一個「主體的同一」，這「主體的同一」不是已然成形的，而是在締造中的。

3.241、因為我們不能依據自己的質料來穩定我們自己，我們必須努力的去擺脫大陸型的思維方式，而代之以海洋型的思維方式，我們要去締造自己的思維方式；然而形式的締造不是先驗的賦予，也不是經驗的攝取，而是哲學的深刻反思。

3.242、哲學的反思指的是從當前的現象之深層的探索，去反照提撕出一個形式的可能，並以此再做為探索之暫時依據，如此反覆不已，才能凸現出所謂的明朗的形式。

〔註〕：由前所謂「作用的保存」關連而來的實用就不是一般所謂的『實用主義』的實用，這是通過「用」而去顯示出那個「實」，是「即用而顯實」。因其為即用而顯之實，故此所謂的『實』，一方面是具有現實意義的『實』，另一方面是由是而調適上遂於道的『實』的意思。因為是如此之『實』，故一方面能對那莫須有的超絕之體有一徹底的解消，而另一方面，又能重新樹立一新的實用之體；此實用

之體既是落實於經驗之中的，又是超離於經驗之上的。若借用熊十力先生的體用論的觀點來說，它正是眾漚與大海水的關係，眾漚即是大海水，它們是相即不二的，眾漚是大海水的顯現，而正因為眾漚的顯現，故呈現為大海水，即體而言，體在用；即用而言，用在體，體用相即不二也。⓾

〈釋〉：科學主義者強調有限的科學原則可以被廣泛的應用，並成為一整個文化的基本預設及不證自明的公理，它把所有的實在都排放在一個自然秩序之內，而且認為只有科學方法才能理解這一秩序的所有方面，無論是生物的、社會的、物理的或心理的。⓫國民黨更而將其黨國意識型態（三民主義）與此結合，因而使得原先的「科學主義」成了「主義科學」下的「科學主義」。在這心態下，蔣介石所說的〈大學之道〉或者「道統哲學」便是文化的基本預設，是不證自明的公理，它足以將所有的實在都安排在一個自然的秩序之內，更利害的是，這樣的一套哲學是超出一切之上，而成為科學之源的。

　　值得注意的是，「科學主義」下的「科學」，總還要說出個「什麼是科學？」來，它只是將某種素樸的自然科學方法，擴大化廣泛的使用，以為其為萬能，有所錯置而

⓾　關於熊十力體用哲學，請參見同❸前揭書。

⓫　關於此，請參看D.W.Y.鄺〈科學主義在中國，一九〇〇～一九五〇〉，轉引自林毓生著〈民初「科學主義」的興起與涵義——對民國十二年「科學與玄學論爭」的省察〉，收入《政治秩序與多元社會》，頁280，聯經出版事業公司，一九八九年，台北。

已。然而，「主義科學」下的「科學」，則以「信仰」主義的方式，將我所信仰的東西就叫做「科學」，當然「主義」就是「科學」的，像《科學的學庸》這樣的著作正標示著黨國主義下的科學觀、傳統文化觀。

其實，經由黨政軍權力集於一身的蔣介石宣稱「科學就是什麼？」這樣的「主義科學觀」比起「科學主義」對於中國近現代以來的科學發展危害更大。這危害在人文科學及社會科學上可以說是無與倫比，而看起來與它聯成一體，也被說成科學的《學庸》以及其他的經典，一並構成了「黨國儒學」，在這黨國儒學的含概下，儒學所受的危害可以說是致命性的。在黨國體制強盛之日，以其黨國而說的「主義科學」這樣情況下的「科學」是偽科學，不過儘管是偽科學，它還是可以憑著黨國之力，而有其力；黨國儒學之有力量當亦在此脈絡下來理解。當然，在這樣的奴役下，黨國是「主」，儒學是「僕」，儒學幫忙妝扮「天子皇上」成爲賽過堯舜的「聖賢」，儒學已不再是儒學，它幾乎成了一被掏空的靈魂存在。一旦黨國體制瓦解，這被掏空靈魂的儒學，以其孱弱之軀，還要帶著原先的黨國氣息接受來自各方的批判，這危機絕不下於民國初年以來所遭逢的意義危機。

不過，話說回來，當「黨國儒學」瓦解了，儒學也不必再背著「黨國」的包袱，可以清楚的釐清其分際，讓儒學在原先的文化土壤中，有其甦醒更新的可能。更重要的是，原先從傳統的「帝皇專制」到近現代以來的「黨國威權」下，所造成的「倫理中心主義」，亦將隨著這一波的

　　瓦解，而讓我們有機會重新去理解這「倫理中心主義」所
　　含帶的是些什麼樣的成分，它與「專制」、「咒術」乃至
　　儒學所強調的「良知」有何關係，這將是值得我們更進一
　　步去瞭解與注意的。

　　　　顯然地，筆者有意的想擺脫「本質主義」式的思考方
　　式，而代之以一較接近於唯名論、約定論的思考方式，或
　　者說，筆者有意經由「體用哲學」的方式來重新楷定原先
　　《易經》所說「殊塗而同歸，百慮而一致」的「理一分
　　殊」式的思維，這樣的思維並不是由「共相的昇進」而達
　　致的，而是由「主體的交融」而促成的。所謂「主体的交
　　融」是以一「活生生的實存而有」進到生活世界、歷史社
　　會總體之際，而開啓的詮釋與創造。

3.25、哲學的反思之敵，乃是一種感性的放下之虛無的消融，這消
　　　融常含帶著中國哲學傳統中的儒道佛色彩，但只是色彩。這
　　　些色彩卻充滿著感性的綺麗，或者情懷的慰藉它使得人們遠
　　　離反思之路，而只是放下，這使得文化品味走向一種鄉愿的
　　　詭譎，可悲！

3.251、鄉愿的詭譎性，通過了一種語言的銷融辯證來自圓其說，
　　　　在血緣上這接得上那種文士禪或口頭禪的偽似性的頓悟傳
　　　　統，此不細論。

〈釋〉：這樣的哲學反思之敵與其背後的專制、咒術、良知等傳統
　　　　的糾結有密切的關聯，一切以宰制性的政治聯結爲核心，
　　　　並結合了現代的黨國意識型態，加上科學主義，及西方資
　　　　本主義中心的思考，長久以來道德實踐的異化，主體對象
　　　　化活動的匱乏，使得物質性被忽視，而以一種偽似的心性

修養，再一變而爲境界型態的追求，再異變成虛僞的精神
勝利法下的阿Q精神。

筆者以爲這種虛幻的神聖性之革除，最重要的在於面
對「物質性」，並且培養一種物質性的面對方式。首先，
須學習的是主體的對象化活動，其次要學習的是對於此主
體的對象化活動所成之對象，做一對象化之把握，此對象
化之把握又是一主體的把握。這不只是思維之事，不只是
理論之事，而更是實踐之事。

「物質性」（Materiality）的面對強調的是不能停
留在一道德理想主義的光環中，不能只強調形而上理由的
追溯，而忽略了歷史發生原因的考察；或者以此形而上理由
的追溯取代發生原因的考察，進而以形而上理由的追溯所
成之理論根據做爲實踐的起點，再因之而強調主體能動性
的重要，意圖將此理論的根據倒裝下返，取得實踐的完成。

主體的對象化之開啓是要如其對象而正視其爲一物質
性的存在，是要如其實在而正視其爲一對象性的存在，而
這都是由「主客不二」，進而「主客對立」，並「以主攝
客」這樣的歷程而開啓的。在這裡，我們格外強調它不只
是思維之事，不只是理論之事，而更是實踐之事，這指的
即是前所謂「物質性」的把握，正因是物質性的把握，我
們才眞切的進入到實踐的領域，不致落入一空洞的、境界
型態式的幻想之中。

前面所述及的對於物質性的把握，此當以感性的直觀
做爲第一序，而緊接著以抽象的理論思維爲第二序，因爲
這樣才能眞切的達到主體的對象化的活動，才能完成物質
性的把握，才能建立起對於生活世界及歷史社會總體的眞

切知識。

　　顯然地，在這裡我們極為強調的既要有感性的直觀，亦復要有抽象的理論思維，由感性的直觀上提而至抽象的理論思維，這是一個不可已的歷程；同樣的由此抽象的理論思維下返到感性的直觀，並進入到生活世界之中，兩兩相交，這是永不停歇的歷程。**⑫**

六、邁向世界史：「連續性」與「斷裂性」的對比

3.3、臺灣當前之哲學的反思當走的是古希臘的蘇格拉底之路，而不是一味的執守孔子之路。

3.31、孔子之路的哲學反思是形式不變，而去透顯此不變之形式背後的實質，此是大陸型之哲學反思。

　　蘇格拉底的哲學反思是從實質的諸多變動之中而去透顯一不變的形式，此是海洋型的哲學反思。

3.32、孔子的對答是一種銷融，是一種生活，通過銷融而有生機洋溢的生活世界。蘇格拉底的對答是一種克服，是一種昇進，通過克服而有一個超越的昇進，而建立主體。

3.33、當我們說是蘇格拉底的對答克服之路，而不是孔子的對答銷融之路，這並不意味要拋棄孔子，而是說孔子的傳統早已存於東方傳統，現在唯有通過蘇格拉底式的強調才能達到克服，而克服正指向孔子傳統的嶄新發揚，唯如此才可能締造一嶄新的主體。

---

⑫　請參見林安梧〈牟宗三先生之後：咒術、專制、良知與解咒——對「台灣當代新儒學」的批判與前瞻〉，第九節、第十節，《鵝湖學刊》，第廿三卷第四期，頁8，鵝湖雜誌社印行，一九九七年十月，台北。

3.34、換言之，在世界史的氣運行程中，臺灣正走在關鍵點上，它具有這個可能性，它將囊括東方「連續」（Continuity）之路，與西方「斷裂」（Discontinuity）之路，它正可視為此二者之中介點。此正如同一個橋樑的拱心石。

3.341、拱心石不是沒有主體，而是在整個脈絡中而突顯之，它是以整個橋的輻度作為主體，此正如同臺灣當以世界的輻度（即東西方的輻度）作為主體，如此之主體亦即是以用為實，以實為用的主體。

〔註〕：筆者這裡特地捻出孔子與蘇格拉底來作為對比，前者代表的是東方『連續』的傳統，而後者代表的是西方『斷裂』的傳統。⑬前者是經由一對象的主體化活動而來的生活與銷融，後者則是經由一主體的對象化活動而來的克服與昇進。前者所成就的是一「連續型的理性」，而後者則成就一「斷裂型的理性」。連續型的理性指的是以天人、物我、人己連續為一體這樣所構成的理性狀態，因為它是在一所謂的『連續而為一體』的情況之下而形成的理性，所以它在天人、物我、人己這三個面向的兩端之間，沒有斷裂，也因此，它不必有一個異質的東西做為兩者的連結。

甚至，我們可以說所謂的『天人』、『物我』、『人己』這三大面向的兩端是不能是真正的兩端，它們的兩端

---

⑬ 關於此「連續」與「斷裂」之問題，請參看林安梧〈絕地天之通與巴別塔：中西宗教的一個對比切入點的展開〉，東方宗教討論會第四界論文發表會，1989年8月，台北。又發表於「海峽兩岸中國文化思想研討會」，雲南社會科學院，1990年4月，昆明。後修訂刊於於《鵝湖學誌》，第四期，頁1-14，1990年6月，台北。後收入林安梧《中國宗教與意義治療》一書之中，明文書局，一九九六年，台北。

只是方法上的訂定而已，並不是存有上的論定就有這兩端。換言之，當我們一再的強調天人合一、物我合一、人己合一，其實在所謂的『合一』之前，已先預取了一『不二』的立場。就理論的構築來說，『不二說』是先於『合一說』的。不二說是就理想的本原狀態而說的，合一說則是就現實的實踐與修養之要求而說的。不二說乃是就因位上說，而合一說乃是就果位上說。所謂『斷裂型的理性』指的是就『天人』、『物我』、『人己』這三個面向下的兩端不是連續爲一體的，天人裂而爲二，物我裂而爲二，人己裂而爲二。

值得注意的是，雖然，它們裂而爲二，但是必然的要有一合而爲一的要求。就此從裂而爲二，到合而爲一，便必須有一個獨立於兩端之外的「第三者」以爲中介，通過這樣的中介才能將這兩端連結起來。無疑的，斷裂型的理性乃是以這個「第三者」爲核心的一種理性，它具有統合兩端爲一個總體的作用。起先這個第三者是做爲兩端溝通及連結的一個中介而已，就理論的層次來說，它應只有方法上的意義，而沒有本體上的意義。就好像只是一個轉運站而已，它並沒有自家的貨品。換言之，起先它只是暫時的『假』而已，不是恆常的『眞』。問題就在於，它弄假成眞，以假控眞。其實，就這『斷裂型的理性』之理性其最大的功能便是擰成一總體（totality）的功能，就這擰成便不免有所謂的『異化』與『宰制』的情形。當然，前面，我們所提及的『連續型的理性』亦有『異化』與『宰制』的情形，只不過兩者的類型及內涵有天大的差別。

　　　　筆者在這裡強調的是通過中國文化與西方文化的對比，進而點示出臺灣所處的可能性；當然，就實際的層次而言，這只是一可能性，但就應然層次說，我們亦可說它含有一實踐的必然性。問題的癥結在於我們怎樣的『受記於上蒼』，如果這塊土地上的族群不能正視到目前自己的限制及可能性，對於自己的未來亦無所要求，無所嚮往，而只是一味的奴顏卑膝、苟安度日，不但未受記於上蒼，更且自棄於上蒼，則筆者如上所述皆成戲論矣！果如此，寧不悲夫！

〈釋〉：特別在後資本主義化、後現代化的年代裡，宏觀的哲學類比是極爲須要的；台灣哲學若不置於這樣的對比下，則必只成爲資本主義核心國家的哲學次殖民地而已。「連續型的理性」與「斷裂型的理性」之對比，適巧可以讓台灣哲學在全人類文明的發展中找尋到自家的立足點，這是值得我們去留意的。

　　　　關聯著「連續型的理性」傳統，在存有學上，我們可以徹底擺脫西方自柏拉圖、亞理士多德以來所造成「存有的遺忘」之問題；讓我們眞能以「活生生的實存而有」進到「生活世界」與「歷史社會總體」之中，去正視我們的存在，並因之由「境識俱泯」，而「境識俱起而未分」、「境識俱起而已分」（「以識執境」），或者說是由「存有的根源——Ｘ」，既而開顯之爲一「無執著性、未對象化的存有」，再而轉爲存有之執定爲「執著性、對象化的存有」。由「主客不二」、「心物俱泯」、「境識俱泯」、「天人物我人己通而爲一」再走向兩端之分立，如此一來，於

「連續型理性」與「斷裂型理性」，既明其分際，又通而爲一。

連帶著，於知識學上，順著原先宋明儒學德性之知、見聞之知的分別，乃至當代新儒學性智與量智的區別，或是說良知主體、知性主體的分別；進一步，我們順著「連續型理性」與「斷裂型理性」的接續方式，由「無分別相」到「分別相」，由「未分化前的感知」到「分化後的概念」，重視此中是一發展的歷程，而不是隔開的兩個主體。

以宏觀角度視之，「斷裂型的理性」在資本主義化、現代化的過程中，可以說已充極而盡的發展，這樣的發展使得人們經由語言文字符號所構築的系統，弄假成眞，並以假控眞，造成嚴重的「存有的遮蔽」。相對而言，這在「連續型的理性」的對比下，適可以因之而「除蔽」，令其「彰顯」，可以「由假返眞」。這也就是說，我們有可能眞切地去面對「語言的異化」，因之而返向「存有的治療」。⑭

再者，我們觀看廿一世紀人類文明的未來新可能，這裡顯然是一個極重要的新起點。廿一世紀的人類文明已經不再是從十七、十八、十九、廿世紀這三、四百年來，以科學爲主導的、以一神論爲主導的、以一個文化傳統爲主

⑭ 關於此，請參看拙著〈語言的異化與存有的治療——以老子《道德經》爲核心的理解與詮釋〉，香港法住文化書院，安身立命國際會議，1991年12月，刊於《鵝湖學誌》，第八期，頁31-57，1992年7月，台北。後收入林安梧《中國宗教與意義治療》一書之中。

導的、以某一個或某兩個政治意識型態為主的國際關係，和西方文化中心為主的人類文明發展方式。譬如，蘇聯解體、東歐變色，中國大陸也在改變，美國如果現在還是獨強的話，是因為美國不再只是用原來的思考方式在運作而已，而且它也在轉變中，甚至美國獨強的現象也已經漸漸褪却中，而亞洲已經悄然在地球另一端昇起了。

或者，我們可以比擬的說，用「叉子的文明」漸漸失去獨大，用「筷子的文明」正冉冉昇起；「叉子的文明」就是比擬「主體對象化」的文明，比擬「斷裂型的理性」的文明。這樣的文明並不把那對象物當成活生生的生命體，所以常從人類中心、自我中心、理性中心出發，以一種強烈干預、宰制、實用的方式，嚴密地而精確地控制對立的對象，這種叉子文明發展到廿世紀正是個巔峰。這文明既是「文明」，却也是「文蔽」。相對而言，「筷子文明」就很不同，筷子跟那個對象物最重要的關係不是「征服的對立」，而是「和諧的共成」關係，互相成全以達到一種實踐活動的圓滿開顯，顯然這是一種場所、交談的哲學，其欲完成的是有關共通之道的開顯。

（戊寅之春五月十一日晨於象山居）

第貳篇：評論

榮辱篇・平論

第五章　「黨國儒學」的一個側面思考
——以《科學的學庸》爲核心的理解與檢討

〈本章提要〉

　　本論文旨在對於「黨國儒學」做一側面思考，其反省的主要對象是蔣介石所著《科學的學庸》一書，特別深入其〈大學之道〉（上、下）兩篇文章，做哲學反思。由蔣氏對於《大學》的詮釋中，闡析其黨國儒學的特色，指出蔣氏將革命意志與權力灌注到《大學》之中，使得《大學》成爲一國民革命化的《大學》。如此一來，革命意志的鍛鍊與心性的修養也就關聯成一不可分的整體。

　　再者，針對蔣氏所謂的「科學」做出闡析，點示出此乃「格義翻譯下的大逆轉」，將西方的科學用中國的「格致」一辭去取代，進而以中國《大學》中的「格物致知」活動去說其爲「科學」。之後，筆者回溯中國近現代以來「科學主義」的發展，並對比的指出蔣氏更以黨政軍的力量建構另一漫天蓋地的「主義科學」，而此正「主義科學」正是「科學主義」的奇詭變奏。

　　最後，筆者更而指出「帝皇專制」與「黨國威權」造成的「倫理中心主義」將形瓦解，而讓我們有機會重新去

理解這「倫理中心主義」所含帶的是些什麼樣的成分，它
與「專制」、「咒術」乃至儒學所強調的「良知」有何關
係，這將是值得我們更進一步去瞭解與注意的。

關鍵字詞：黨國儒學、倫理中心主義、科學主義、主義科
學、帝皇專制

一、問題的緣起：

今之所謂開明的知識分子多半為「反傳統論者」，而且其反傳
統多為反儒學論者；反之，佛、道兩傳統則又多可倖免，甚至亦以
佛、道而反儒學傳統。此肇因何在？眾多所知也。遠的來說，自董
仲舒建議漢武帝罷黜百家、獨尊儒術起，儒家做為文化之主流，即
不免與帝制結合，甚至包裹帝制，此真難脫干係也。近的來說，自
五四以來，多以傳統為邁向現代化之阻力，為促進民主、科學之發
展，便以為當徹底的反傳統，方始可能。更嚴重而具體的是，民國
以來，最提倡讀經與尊孔的，多為軍閥、統治者之方便計，如袁世
凱者，首出其選也。由於儒學常與舊勢力結合在一起，形成一共生
體，因此在打倒舊勢力，建立新體制的要求下，自然而然，儒學就
在被屏棄與打倒之列。更值得注意的是，這共生體之中，儒學是最
無勢力的弱勢者，要打倒當然就拿儒學開刀，懂不懂，先開刀再
說。至少，反儒學就可以贏得進步的、開放的、自由的等等清名，
再說孔老夫子更不可能從天而降，與爾等爭論了。

總之，反儒學是近一百年來，知識分子要贏得自己的開明身
段，最為一本萬利的方式，既如此，焉有不為之理。其實，說透

了，我們還是深深可以看到知識分子的懦弱性格，「專挑軟柿子吃」，不敢反當權者，就只反孔、反儒而已。當然，也有性格果毅的知識分子，在反當權者無效的狀況下，想到這根本是個「傳統心態」的問題。既說傳統心態，便又聯繫到孔子與儒學的調子上來，要反傳統心態，也就要反孔、反儒。❶

　　更令人注意的是，他們的反儒與反孔，也多半是十分片面的，甚至只是口號式的，至於儒學之為何？孔子之為何？他們或多輕昧忽視，難有真實之理解。當然，儒學與孔子如何的為當權者所用，其效益為何，評估為何，更非他們所關注，即如關注，亦多有心無力，並無深入的研究。像我所接觸到的許多反黨國威權體制的知識分子、學者教授，亦多半如此；當然有些朋友則更能從政治哲學的角度來思考，他們亦頗能將「權力」與「意識型態」的關係做一概括的處理與釐清，但總的來說，他們仍然囿限於由西方學者從其歷史社會總體的研究中所得的概括論斷，並以此概括之論斷做為一普遍有效性之論斷，一概其餘的方式，來論斷儒學與當權者的關係。他們並未深入本土的黨國體制背後的意識型態做探討，做為黨國體制意識型態的儒學，往往未能獲得研究者真正的青睞，因此所謂的解構與批評，亦常常不是很應理的，當然也就難有徹底性。換言

------

❶　像這種「傳統心態」的表述甚多，甚至有以為要通過一種心態的改變方式，才能使得社會與政治有所改變。其實，這樣的方式多少是犯了「道德與思想意圖的謬誤」，關於此，請參見林毓生《政治秩序與多元社會》，頁八，聯經出版事業公司印行，一九八九年五月，台北。又請參見林安梧《儒學與中國傳統社會知哲學省察》，頁150、186、187、213，幼獅文化事業公司印行，一九九六年，台北。

之，雖在諸多批評、解構下，但威權意識型態卻依舊殘存，甚至轉換成不同的方式，仍強而有力的作用著。

筆者以為要去解構黨國威權體制的意識型態，自當深入去了解國民黨的儒學，予以深切的批判與釐清，並從中了解中國式的權力與意識型態的關係，這對於台灣乃至全世界華人之政治發展當有所助益。當然，要去了解整個族群政治的心靈意識狀態，單單這樣的研究仍然是不夠的，它得加上更多的歷史社會總體之研究，方始可能。不過，筆者以為有關中國專制的研究，應當交互為用，才能調準焦距，因為當代的研究將有助於調整對古代的視點，而古代的研究亦有助於當代研究的視點。兩相交互為用，對準焦距，才能引智慧之光，點燃它、焚毀它，如此才能真摧破專制，開啓一非專制的嶄新契機。

當前的台灣政治意識型態已然不再只是國民黨威權體制下所壟斷者，即如國民黨之政治意識型態亦已然不再是以儒學為核心了；但無可懷疑的，在解嚴前的國民黨，兩蔣的政治意識型態，是以一政治化的儒學做為主導的。兩蔣的言論記錄頗多，而涉及於政治化的儒學者亦夥，不過成體系之著作，當以《科學的學庸》一書為代表。本文即欲通過對於《科學的學庸》一書的理解與批評，對於國民黨的黨國威權式儒學有所批判，並進一步指出這樣一套黨國威權式的儒學，是源遠流長的深涵於中國文化傳統之中。再者，此處所謂「科學的學庸」這「科學」一辭又當如何索解，從方法論的角度來看，這種牛頭馬嘴的湊合方式，是在什麼狀況下出現的，凡此皆須進一步釐清。但願，科學還其科學、學庸還其學庸，帝制是帝制，儒學仍歸儒學。

二、蔣氏筆下國民革命化的「大學之道」

被國民黨題爲「先總統蔣公遺訓」的《科學的學庸》一書，所收錄的章節有「大學之道（上）、（下）」、「中庸要旨」、「政治的道理」三篇主要文章，另加蔣中正自己寫的「自勉四箴」，並附有朱熹的《大學章句》、《中庸章句》，再加《王陽明大學問》、《王陽明答羅整庵少宰書》等等所構成。這樣的構造，自然而然，我們會以爲蔣氏的儒學受到宋明理學朱王兩派影響頗深，而他卻又因應自家發展的須要，而構造成一國民黨式的儒學。

以「大學之道」言，此篇中華民國二十三年九月十一日講於盧山軍官團，民國四十八年十二月在台北國防研究院訂正，民國五十一年九月在陽明山第三次訂正，民國五十二年八月在陽明山第四次訂正。以「中庸要旨」言，此篇中華民國二十五年三月三日講於南京陸軍大學，中華民國四十八年十二月在台北國防研究院訂正，民國五十一年九月在陽明山第三次訂正，民國五十二年八月在陽明山第四次訂正。以「政治的道理」言，此篇中華民國二十八年三月廿一日講於重慶中央訓練團，中華民國四十八年十二月在台北國防研究院訂正。從這些紀錄可知，蔣介石這些言論是針對軍隊講的，值得注意的是，做爲軍人的他，並不停留只做爲一個軍人，他亦是黨的總裁，是國家的總統，更是中國文化復興委員會的主任委員。徹底的講，他應是一作之君、作之師的超級強人，當然，這超級強人是以「武人」爲起點而開啓的。與共產黨毛澤東鬥爭，而互爲敵對面，但「槍桿子出政權」早已是人類文明中的當權者所共同認取的，此無庸置疑！但所可注意的是，蔣氏不只是一武夫而已，至少

他在《科學的學庸》一書中，所扮演的可還有儒者的角色。他宣稱這樣一門學問，又帶有所謂「科學」的特質，此更值得吾人留意、重視與批判。

蔣介石強調他是承繼孫文總理於〈民族主義〉中開啓的講論，以爲〈大學〉、〈中庸〉是最有系統的政治哲學，它從格物、致知、誠意、正心、齊家、治國、平天下，從內發揚到外，「把個人的內在修省以及向外發揚的道理，發揮到了極致，可以說政治上基本的原理全在於此」。再者，軍事乃政治之一部分，因此蔣氏以爲軍人當究明政治哲學，要研習我國最早的政治基本原理──大學之道。❷依蔣氏言，他要以〈大學〉中「以天地萬物爲一體」的大學問，讓軍官們能修養省察、身體力行，教育部下、治理軍隊，帶兵打仗、並從政理事。因爲這部書的性質，不只是講政治哲學而已，更且是著重教育方法的。（蔣著，頁4-6）

顯然地，在蔣氏的思想裡，軍事與政治本乃不二，因爲都是「管理眾人之事」，怎樣去「管理」，則是如〈大學〉所說，由內而外，身體力行，推而擴充之而已。蔣氏如此之想法當然不會只如原先的儒學所強調的要由內及外，以內聖推而擴充之，成就外王而已；他的重點在於怎樣去讓這些軍官們成爲「種子」，擴散出去，成就自己，並且也成就家國大事。其所根據的正是「以天地萬物爲一體」的哲學，其重點不在如何去開發每一個人內在的根源，而是

---

❷　請參見蔣介石《科學的學庸》，頁3-4，中央文物供應社印行，一九八五年，台北。以下所引直接注於文中，即以蔣著加頁碼注腳。如此條即作「蔣著，頁3-4」即是。

要每一個人在此「一體觀」的哲學下，接受最高當局的指導，由最高當局來點亮自己的生命。蔣介石便是最重要的點燃者，而其正當性則是此本已屬中國文化道統，而蔣氏是以道統之承繼者自居，點燃者的角色是神聖的，那些被點燃者又承繼著推而擴充之的點燃工作。依蔣氏看來，軍官是他重要的子弟兵，他們不只是「管」而已，而且也兼有「教」的任務，歷來「軍、公、教」的次序稱呼，是有理由的。

蔣氏頗尊崇陽明，但其思想卻未必即屬陽明一系，他在《大學之道》中調合朱子、陽明時雖仍以陽明學為主調，但他所寫的《自勉四箴》則是充滿了朱學的調子。❸若通觀其思想，筆者以為他應被判為朱子學，而且應判為李光地、愛新覺羅玄燁一脈的朱子學，是御用的朱子學。更值得注意的是，以前諸多御用儒者是為皇上所用，不過蔣氏則本身就是那時的「皇上」，「道統」與「治統」徹底合而為一。❹

從蔣氏對於《大學》三綱領做這樣的解釋，說「明明德」的「明德」是「天賦靈明的德性」，「大學之道，第一是要修明「明德」，以去人慾而存天理。亦可以說是要存天性而除物慾，要使此「明德」——「天性」保持其本體之純潔靈明，不為氣質所移，不

---

❸ 蔣介石題此《四勉四箴》計分「一、養天自樂箴，二、畏天自修箴，三、法天自強箴，四、事天自安箴。」，見蔣著前揭書，頁169-170。

❹ 大體而言，儒者之提出「道統」是用來平衡「治統」的，而歷來掌握治統的皇權，亦多懂得如何柔化道統對他的壓力，甚至利用道統，而展挨其力量，但總不敢（或者不願）以道統自居。民國以來，孫中山、蔣中正二先生則既敢且願以道統自居，這是頗為獨特的，值得注意。

爲物慾所蔽，不爲利害所誘，日益發揚光大，充實完善，此即謂之明其明德，這是修己工夫的第一步。」（蔣著，頁8）但他又說「若在今日言，這『明德』就是主義（三民主義），而其明明德的第一個『明』字就是實現，所以要『明明德於天下者』就是要實現三民主義於天下（全國）」（蔣著，頁26）。顯然地，蔣氏將治理國家的意識型態與儒家的內聖外王之道聯成一氣來理解。正面視之，我們可以說蔣氏仍然願意在中國文化道統下，取得其政權的正當性，並實現儒家的理想；負面視之，蔣氏是藉儒家道統，而欲取得此政權的正當性，且以專制的思考方式，將儒家原先所強調的內聖明德之教，轉爲外控的政治意識型態，並相與接榫之。勉強以「三民主義」來解釋「明德」，這對儒家而言，難免是一種篡竊，或者語氣輕一些，當可以說是「誤置」。

將「明德」做如此之解釋，自可以知道他所說的「親民」是如何的「親近民眾」，而且依蔣氏言，「這樣的『親民』與『新民』二者之意，並無重大差異，不必多所爭辯，因爲我們親近民眾，必須要導之以德，齊之以禮，漸磨之以仁義，教之引之，鼓之舞之，使能滌除一切污習，使其智能、德性、精神、體魄、生活、行動，都能追上時代，！……我們訓練軍隊尤其要如此。」（蔣著，頁11）「古人所說『親民』，亦就是『親兵』的意思。至於所謂「良民是良兵的基礎，良兵是良民的模範」，亦就是這個道理，所以我們「教民要如教兵，教兵就是教民」，其原則與方針是一貫的，因之軍官在軍隊中親其士兵，也就是大學『親民』之義。」「總括一句，親（新）民是一種治人建國的基本工夫，就是構成大學之道的第二要則和程序，亦就是朱子所謂的第二綱領」（蔣著，

頁12-13）由明德而親民，依陽明本義「明明德者，立其天地萬物一體也，親民者，達其天地萬物一體之用也，故明明德必在於親民，而親民乃所以明其明德也」。**❺**

如上所言，蔣氏的儒學顯然地帶有軍事化的傾向，此與陽明儒學須得分辨。**❻**陽明學與蔣氏儒學都強調「一體之仁」，只是陽明的「一體之仁」是以每一個人內在的價值之源為根本，這樣的「一體」先是如其一身之體的一體，繼而由此一身之體的一體，再超越上提而為道體之體；相對而言，蔣氏儒學所說的「一體」則是整體的一體，這樣的一體是總而視之的一體，是依於蔣氏為最高的價值之源的一體，蔣氏是道體的化身，是道統的傳延者，其一體即是總體。或者我們可以進一步的說，陽明強調的是道德主體性，而道德主體性是由個人通向於家國天下，並上逐於道體的；蔣氏亦強調道德主體性，但此道德主體性是以「主義」、以「領袖」為主宰的，在此依循主宰下，亦經由個人通向於家國天下，並上逐於道體。

依蔣氏言《大學》所謂的「止於至善」應可以有兩種解釋：一是「精益求精」「以求至乎其極」的意思，二是「擇善固執」、「止其所止」的意思。「我們為人、處世、作業、立業如能把握住此至善之道，而固執不變，信守不移，就不會馳騁妄想，見異思遷」「照著來奮勉力行，這就是止於至善，即使我們革命作戰，到了最後關頭，自己即使犧牲而死，也是以身殉道，取義成仁，為革

---

❺ 見王陽明《大學問》，亦可見蔣著前揭書，頁93-108。

❻ 關於王陽明之學，請參見林安梧《中國宗教與意義治療》第四章〈王陽明的本體詮釋學：以王陽明《大學問》為核心的展開〉，明文書局印行，一九九六年，台北。

命主義救國而死，是爲正命，就配附於總理和革命先烈的歷史系統下，精神永遠不死！」（蔣著，頁14-16）蔣氏更進一步對於「知止而後有定，定而後能靜，靜而後能安，安而後能慮，慮而後能得」，作出解釋，特別是對於軍中的「立正」口令，做了心性修養的解釋，他說「立正的意思就是要他的動作與精神安定下來，使他的心思完全集中於一點，……就是「靜肅」，……故必須平時先能養成此種靜肅的習慣，戰時纔能不慌不忙，有周密計畫，至善的調度，尤其在危險困難的時候，纔能沉著果毅、生死以之、專心壹志的奮鬥到底，獲得最後勝利！凡此都是大學上「知止」的道理。」（蔣著，頁19、20）

顯然地，蔣氏是將革命意志與權力灌注到《大學》之中，使得《大學》成爲一國民革命化的《大學》。如此一來，革命意志的鍛鍊與心性的修養也就關聯爲一體。在實踐的程序上，由內而外，由本貫末，由近及遠，也就自成條理，這樣的條理，既合於原先的儒家之道，亦合於國民革命之道。儒家的《大學》的大人之學成了革命之學，「大人」現在不只是要人人皆有士君子之行的成就一與天地上下四方通而爲一，生命充實而有光輝的大人，更重要的是成就一國民革命的健將，開拓國民革命的志業，當然這樣的「大人」是一切以國民革命的導師蔣介石之爲大人而爲大人的。這是革命化、軍事化、專制化的儒學，與原先的儒學傳統是有所異同的。

三、格義翻譯下的大逆轉：「格致學」與「科學」

蔣氏將儒家《大學》中的心性論實踐方式做了軍事革命之所必

須的大轉向，這樣的轉向，從蔣氏觀點視之，乃是進一步的發揮與詮釋，從原先儒學的觀點視之，則不免附會，不免穿鑿，亦不免篡竊，亦不免是「道的誤置」（Misplaced Tao）。不過，若置之於中國文化傳統中，吾人則可清楚知之，此乃為一切「帝制式儒學」的共法所在，所不同的是蔣氏強調的是國民革命，並認為這個過程與《大學》所提息息相關，而它們都可以說是科學的。然則，它所謂的「科學」又果何在呢？

蔣氏說「外國人一到中國來，往往譏笑我們中國人做事既不知講求方法，更缺乏科學智能，那曉得這些科學的方法與智能，中國自古就很完備了。在大學裡面，所說的道理，群己內外，本末先後，逐層推展，層次何等分明，這些科學的組織體系又是如何的自然而精密。只怪現在一般學者和我們軍官不知寶重，不能發揮，以致做人不得正道，做事沒有效能，結果不僅個人——就是國家民族，亦要被人家來譏笑輕侮與壓迫！……」（蔣著，頁24）從這一段話看來，蔣氏的用意是要用一種情感式的宣稱方式說「中國是有科學的」，像《大學》裡面，所說的道理，群己內外，本末先後，逐層推展，層次何等分明，這些就是所謂的「科學」。

蔣氏又說「總之，格物致知，無論何事何物，總先要從窮理盡性做起，就是先要認識客觀環境，和剖析其內容真相，凡對於一切事物，都要研究徹底，合乎真理，換句話說就是要求得真理，這就是陽明所說的致良知。這格物致知，若照現在的話來說，就是「科學」，所以中國叫「格致」為「科學」，即用科學的方法和精神，來求得一切事物的至理，就是「真理」、「真知」，這就是「知止」，亦就是「止於至善」。」（蔣著，頁33-34）明顯地，從這

段話看來，蔣氏做了一翻譯上的逆轉，在汲取西學的歷程起先是將
Science譯成「格致」，蓋取得是「格物致知」之義，這是一種格
義的翻譯方式。後來，將Science譯成「科學」，此漸成定譯，而
於此蔣氏更而回過頭將儒家的「格物致知」說成是「科學」，這不
可不謂是一大逆轉。

　　何謂「科學」？本是言人人殊，難下論斷，但一般言之，所謂
的「科學」是一種客觀的認知，是主體的對象化去面對所謂客觀的
事實，而開啓一整個系統的認知，這樣的認知當建立在可檢證的原
則（或可否證的原則）之上。這樣的科學是指向我們的世界，做一事實
的理解，它當以此理解及相關的因果解釋做爲範圍。但蔣氏則將此
橫面的對列之知，歸結收攝於「止於至善」。這裡實不免其
「倫理中心主義的科學觀」的傾向。❼蔣氏說：

> 止於至善總要由我們與生俱來的天性與天理——即良知，來
> 充實我們的智能，確定我們的信心，譬如我們研究總理三民
> 主義的道理，便先要研究各種相關的學問，對這些學問有了
> 基礎，纔能更進一步的認識三民主義，既不是共產主義，也
> 不是一般的社會主義，而是的確可以救國家救世界之惟一完

---

❼　劉青峰曾清楚地指出「儒家正統思想不僅影響了中國古代科學家的思考方式，
　　還產生了兩個極爲可悲的後果，第一，儒家「倫理中心主義」直接影響科學理
　　論內容。……更爲重要的，它造成了科學的政治化和理論的技術化傾向。」
　　（見氏著《讓科學的光芒照亮自己：近代科學爲什麼沒有在中國產生》頁154-
　　155，谷風出版社印行，一九八四年，台北。）劉青峰言之甚切，但進一步當
　　釐清此「倫理中心主義」非儒學本有，而是專制化後所造成的。

善的革命主義。更可以知道，凡是各種偏頗的解釋，都是斷
章取義故爲曲解，逞臆武斷不值一顧。我們既將總理整個的
三民主義認識清楚了，便要堅定信仰，而止於至善之道。如
此，就能不惜犧牲自己一切，來實現此道。唯有這樣，纔算
能誠意正心，不愧爲一個總理真實的革命信徒與中國的革命
軍人！這亦就是致知在格物的道理。（蔣著，頁34）

　　顯然地，蔣氏義下所謂的「科學」根本應被理解爲「格物致
知」，而這樣的「格致學」，其所謂的「真理」所重並不是客觀的
認知，而是如何去開發內在的主體信仰，進而使得如此之信仰堅定
不移。當然，重要的是由此信仰生出實踐的力量，去完成革命的實
踐。

　　依蔣氏言，《大學》之爲可貴的是它不僅是一政治哲學，而且
其所涉及之心性修養論更是一部爲做將領的人所必讀的軍事哲學。
他更且盛讚曾文正之「打仗不慌不忙，先求穩當，次求變化」、
「神欲其定，心欲其定，氣欲其定，體欲其定」「前有毒蛇，後有
猛虎，神定不懾，誰敢余侮，豈伊避人，日對三軍，我慮則一，彼
紛不紛」，這在在可看出蔣氏對於「儒將」的人格嚮往。正因如
此，《大學》中「定靜安慮的工夫，是我們革命軍人尤其是做爲指
揮官最要緊的一個修養工夫」。（蔣著，頁50-52）

　　在這樣的理解下，哲學、科學、兵學必須聯貫起來❽。他們都
指向天理，都指向實踐，亦都可以通統爲一，它們的分際也就渾蒙

---

❽　蔣氏以爲「哲學、科學、兵學，……三者必須聯繫貫通，不可闕一」（見蔣著
　　《革命教育的基礎》，一九五四年）。

爲一了，而且總的來說，「格物致知」變成是最爲重要的。蔣氏說
「『格致』是做人做事最要緊的工夫，亦即修己治人的根本所在，
……『格致』的意義就是要窮究事物，至其根本道理所在之處。」
（蔣著，頁53）根本道理是通向於「理一而已」的道理，這道理又與
「修己治人」密切相關。

　　將「格致學」理解成「科學」是翻譯格義上的大逆轉，將科學
之客觀認知與心性論上的實踐工夫連成一氣而論之，多半屬於汗漫
之言，情感的滿足居多，學問分解的層次實少。對於朱子、陽明兩
人對於「格物致知」詮釋異同，亦用汗漫之言，肯定「朱王學說的
內容，實質上歸根結底，仍是一致的。」因爲兩人都是「一本於
理」、「一本於天命之性」，只是王陽明用的是「演繹法」，而朱
子用的是「歸納法」，朱要由博返約，由外而內，王則要由約而
博，由內而外，其實兩者可以相互爲用，殊途同歸。（蔣著，頁61）

　　蔣氏所用語辭，如「演繹法」、「歸納法」皆有渾漫濫用之
嫌，其於陽明與朱子的異同，亦無大了解。不過其行文脈絡中，強
調的是歸結於「天理」，而不是歸結於「本心」，歸結於超越的形
式之理，而不是歸結於內在的道德主體能動性。徹底的說，此即可
看出蔣氏雖極崇仰陽明，但骨子裡較切近的反是朱子學，而且是一
御用的朱子學。

　　蔣氏對於中國文化傳統的「人己不分」、「心物合一」似有深
切之喜歡，他一再的提到心物合一，並且說此與所謂的科學相關，
他說：

　　「《中庸》說：「唯天下至誠，爲能盡其性，能盡其性，則能
盡人之性，能盡人之性，則能盡物之性，能盡物之性，則可以贊天

地之化育，可以贊天地之化育，則可以與天地參矣。」又曰：「誠
者，非自成己而已也，所以成物也，成己仁也。成物智也，性之德
也，合內外之道也，故時措之宜也」。觀此就可以知中國道統哲學
之偉大，不僅人己不分，而且是心物一體，內外一貫的，今日之物
理與科學，研究發展的由來，皆不能超越他這一個學說。」（蔣著，
頁62）

　　「陽明又說：「大學者，大人之學也。大人者，以天地萬物為
一體者也。大人之能以天地萬物為一體者，非意之也，其『心』之
『仁』本若是……」我以為這大學一書，不僅是中國正統哲學，而
且是現代科學思想的先驅，無異是開中國科學的先河！如將大學與
中庸合訂成本，乃是一部哲學與科學的相互參證，不僅是心物並
重、內外一貫，而且是知行一致的最完備的教本，所以我乃稱之為
『科學的學庸』」。（蔣著，頁62）

　　如上所言，我們對於從「人己不分、心物一體、內外一貫」這
樣的「道統哲學」（實則此名稱亦不通）實難以看出它與「今日之物理
與科學」有何關係，當然更難承認今日之物理與科學，其研究發展
的由來，皆不能超越這一個學說。由陽明所說的大人之學，要說它
是中國的正統哲學，亦或有許多不同的意見，說它是「現代科學思
想的先驅，無異是開中國科學的先河」，真不知該如何說起。
因此硬是說《大學》、《中庸》是所謂「科學」的，那實難索解
也。

四、「主義科學」：科學主義的奇詭變奏

　　值得注意的是，蔣介石又何必一定將《大學》、《中庸》說成是科學的，此實與那個時代充滿了「科學主義」的氣氛有密切的關係。在一九二三年由丁文江與張君勱所點燃的「科學與玄學的論戰」，看似敵我分明的論斷科學與玄學的區別，而其實骨子裡，彼此對於科學都有著幼稚的理解，並且正反雙方充滿著科學主義式的思考。換言之，儘管表象上張君勱是反丁文江、胡適之等偏於科學主義式的思考，但其反對的心態卻仍難免其為科學主義的另一個對立面而已。弔詭的是，在思想史上做為某一思想的對立面者，往往骨子裡彼此是相同的。❾依林毓生言：

> 「現代中國的『科學主義』（scientism）是指一項意識型態的立場，它強詞奪理地認為，科學能夠知道任何可以認知的事物（包括生命的意義），科學的本質不在於它研究的主題，而在於它的方法。所以科學主義者認為，促進科學方法在每一個可能領域的應用，對中國和世界來說是非常必要的。」❿

　　簡言之，科學主義並不科學，它根本上是一種意識型態，是一種信仰，是一種實踐的方式。這對於面對意義的危機，力求救亡圖存的中國當代知識分子而言，直希望能取得一萬能的方法，迎頭趕

---

❾　關於此，林毓生有極精彩的闡析，請參見氏著〈民初「科學主義」的興起與涵義——對民國十二年「科學與玄學論爭」的省察〉，收入《政治秩序與多元社會》，頁277-302，聯經出版事業公司，一九八九年，台北。

❿　林毓生，前揭書，頁277。

上西方歐美各國。⑪這可以理解成久病不癒，急亂投醫，願有一能包醫到好的辦法，這樣的心境，想想也眞是其情可憫！

　　蔣氏將《大學》、《中庸》理解成「科學」的，這與其說蔣氏對於科學有何理解與認知，或者說對科學方法有何崇拜，毋寧說，在盛行科學主義的年代裡，迫於時勢，或者「趁流行」、「乘風尙」、「趕時髦」，爲了宣傳及兜售自己的政治意識型態所做成的一個方向目標。如此說來，蔣氏對於所謂「科學的學庸」這樣的論點，乃是不及於「科學主義」的，當然也不及於「科學」的。不過，做爲思想史的一環，蔣氏的論點有其一定的影響力，這當然與其托庇於黨政軍的力量密切相關，但做爲學問或意識型態視之，彼之爲「科學」否，其意義何在，這仍有可說者，值得注意。

　　一般言之，科學主義者強調有限的科學原則可以被廣泛的應用，並成爲一整個文化的基本預設及不證自明的公理，它把所有的實在都排放在一個自然秩序之內，而且認爲只有科學方法才能理解這一秩序的所有方面，無論是生物的、社會的、物理的或心理的。⑫若依此而論，蔣氏所說的「科學」顯然地是在一種「主義」的心

---

⑪　關於中國意義的危機一詞，請參看張灝〈New-Confucianism and the Intellectual Crisis in Contemporary China〉（林鎭國中譯〈新儒家與當代中國思想的危機〉，收入周陽山編《保守主義》，時報出版社印行，一九七〇年，台北。）又林毓生亦有專著，討論及此，見Lin Yu-Sheng, 1979, "The Crisis of Chinese Consciousness: Radical Antitraditionalism In The May Fourth Era" 林毓生著、穆善培譯《中國意識的危機：五四時期激烈的反傳統主義》，貴州人民出版社印行，一九八八年一月，第一版，貴州。

⑫　關於此，請參看D.W.Y.郭〈科學主義在中國，一九〇〇～一九五〇〉，轉引自林毓生，前揭書，頁280。

態下理解的，它亦以爲諸如他所說的〈大學之道〉或者「道統哲
學」是文化的基本預設，是不證自明的公理，它足以將所有的實在
都安排在一個自然的秩序之內，更利害的是，這樣的一套哲學是超
出一切之上，而成爲科學之源的。如果順這樣的語脈去理解，我們
或許該這麼說，蔣氏所謂「科學的學庸」義下的「科學」，亦不只
是「科學主義」下的「科學」，而是「主義科學」下的「科學」。

　　「科學主義」下的「科學」，總還要說出個「什麼是科學？」
來，它只是將某種素樸的自然科學方法，擴大化廣泛的使用，以爲
其爲萬能，有所錯置而已。然而，「主義科學」下的「科學」，則
以「信仰」主義的方式，將我所信仰的東西就叫做「科學」，當然
「主義」就是「科學」的，而所說的《大學》與《中庸》經由蔣氏
的詮釋，他「不僅是中國正統哲學，而且是現代科學思想的先驅，
無異是開中國科學的先河！……不僅是心物並重、內外一貫，而且
是知行一致的最完備的教本，所以我乃稱之爲《科學的學庸》」
（蔣著，頁62）。這明顯地是超出原先還要去說出「什麼是科學？」
來的思考，相反地，他斬釘截鐵的告訴你「科學就是什麼！」比較
言之，丁文江、胡適之等的「科學主義」比起國民黨的這種詭異而
奇特的「主義科學觀」，那眞是小巫見大巫！

五、結語：專制倫理中心主義的解消

　　科學、玄學的論戰雙方，對於「什麼是科學？」都有著素樸的
理解，在這種素樸的理解下，一方擴大化的使用，強調客觀性的重
要性，而另一方面則強調人生觀有其不可免的主觀性在，這個爭論

還擴及到彼此對於宇宙及人生的不同理解，但問題的嚴重性是彼此對於「什麼是科學？」並沒有恰當的理解，又因之而落入淺薄的科學主義立場中，反對的一方，則又不免在此立場的對立面，亦難脫其思考方式。這雙方都影響了中國當代科學的發展，使之遲滯而緩慢，人文科學與社會科學所受之負面影響更是格外嚴重。

其實，經由黨政軍權力集於一身的蔣介石宣稱「科學就是什麼？」這樣的「主義科學觀」比起「科學主義」對於中國近現代以來的科學發展危害更大。這危害在人文科學及社會科學上可以說是無與倫比，而看起來與它聯成一體，也被說成科學的《學庸》以及其他的經典，一並構成了「黨國儒學」，在這黨國儒學的含概下，儒學所受的危害可以說是致命性的。在黨國體制強盛之日，以其黨國而說的「主義科學」這樣情況下的「科學」是偽科學，不過儘管是偽科學，它還是可以憑著黨國之力，而有其力；黨國儒學之有力量當亦在此脈絡下來理解。當然，在這樣的奴役下，黨國是「主」，儒學是「僕」，儒學幫忙妝扮「天子皇上」成為賽過堯舜的「聖賢」，儒學已不再是儒學，它幾乎成了一被掏空的靈魂存在。一旦黨國體制瓦解，這被掏空靈魂的儒學，以其孱弱之軀，還要帶著原先的黨國氣息接受來自各方的批判，這危機絕不下於民國初年以來所遭逢的意義危機。

不過，話說回來，當「黨國儒學」瓦解了，儒學也不必再背著「黨國」的包袱，可以清楚的釐清其分際，讓儒學在原先的文化土壤中，有其甦醒更新的可能。更重要的是，原先從傳統的「帝皇專制」到近現代以來的「黨國威權」下，所造成的「倫理中心主義」，亦將隨著這一波的瓦解，而讓我們有機會重新去理解這「倫理中心

主義」所含帶的是些什麼樣的成分，它與「專制」、「咒術」乃至
儒學所強調的「良知」有何關係，這將是值得我們更進一步去瞭解
與注意的。

第六章 「儒家型馬克思主義」的一個可能
——革命的實踐·社會的批判與道德的省察

〈本章提要〉

　　本文旨在經由對「正統馬克思主義、社會批判理論及儒家哲學」全面而概括的反省與考察，指出「革命的實踐」與「社會的批判」必須植根於「道德的省察」，這樣的革命與這樣的批判才不會泛濫無所歸趨；而中國儒家傳統所強調的「道德省察」亦必須接受馬克思主義哲學的考驗，才能免於種內省式的道德自我鍛鍊，而真正勇敢地向豐富多姿的政治、社會、經濟等實際層面開放。

　　再者，筆者分述「馬克思主義式的革命實踐」、「法蘭克福學派的社會批判」、「中國儒家傳統的道德省察」，經由理解、詮釋、批判，並試圖將三者融鑄爲一體，以做爲整個中國未來所要追求的目標，並由此去構想一「儒家型馬克思主義」的可能。

關鍵詞：馬克思主義、法蘭克福學派、儒家、革命、批判、
　　　　　道德省察

一、問題的緣起

馬克思學（Marxology）與馬克思主義（Marxism）的區分不僅

是國際上研究馬克思主義哲學的人士所強調的，這幾年來，國內研究馬克思主義學的人士亦極強調這點。❶於是我國學者一改以前的混淆，不再將馬克斯主義與列寧主義、斯達林主義等同起來，渾視之爲「馬列主義」。而大談馬克思哲學的分期及演變。

　　大致說來，許多學者相信 "青年馬克思" 的「一八四四年經濟哲學手稿」（The philosophical and Economic Manuscripts of 1844）❷充滿了人道主義的精神，認爲這與老年馬克思截然不同，與後來經過列寧、史達林策略化的「馬列主義」更不可等量齊觀。就筆者看來，馬克思主義哲學之被劃分爲幾個階段，其思想史的意義重於哲學的意義。青年馬克思與所謂的馬克思主義（或馬列主義）雖或有不同，但並不可截然分開。因爲很清楚地可以看到推述引申 "青年馬克思" 的 "批判理論"，事實上仍不免「以今證古」或「以古證今」。換句話說：青年馬克斯儘管含有人道主義的胸懷，但這與後來的馬克思主義並不能分別看待。從青年馬克思思時即已蘊蓄著其「無產階級革命」的種子，而這種「紅色天堂夢」的思想。與後來的「馬列史毛主義」一連串實踐的異化與失誤有其密切的關連，此絕不容忽視。

　　換句話說，馬克思學（Marxology）或可有時代的差異，類型

---

❶　胡秋源、鄭學稼、姜新立、陳璋津、馮滬祥、洪鎌德、李英明等專研馬克思主義的學者均同意這樣的區分。

❷　"一八四四年經濟哲學手稿" 在廿世紀，三十年代被發現，六十年代最爲流行。其主題是「異化論」。國內於民國六十八年十月，由胡秋源先生翻譯，刊於中華雜誌。在此以前，高承恕先生引入 "社會批判理論"（Social critical theory）即已對此手稿極爲注意。

上的區別；但無疑地，馬克思主義（Marxism）是一個整體，不容斷裂。他想經由 "革命的實踐"（revolutionary praxis）達到一共產的天國。

至於從青年馬克思思想所衍伸出來的 "批判理論"（critical theory）❸則認為由於工業和技術的發展，資本主義已逐漸變為富裕的社會或發達的工業社會，馬克思的工人階級貧困化理論已經過時，所以轉而對馬克思主義進行深度的再反思，並提出新的理論。強調這時候的革命已不是社會革命，而是心理的革命或本能結構的革命。因為人受到各種社會文化的宰制（domination），而不能自由發展，故處於異化狀態，而要克服這種宰制和異化，就要從事意識型態的批判，建立一非宰制的文化，建立一沒有衝突的社會。❹

整個看來，不管馬克思主義的革命實踐，或者批判理論的社會批判，筆者以為他們於人性的價值根源之反省似乎都不夠切當，他們仍不能植根於道德的省察。他們雖然強調人的重要性，但他們這樣的「人本主義」與中國傳統之儒家型之「人文主義」畢竟有別。

本文的目的，即在概括簡略的通過馬克思主義哲學的省察指出

---

❸ 批判理論（critical theory）並不完全從青年馬克思衍伸而來，它還加上了 "存在主義"（existentialism)與弗洛依德的心理分析（Psycho-analysis）以及其它重要思想的流派。有些批判理論學者強調必須「由馬克思重返黑格爾」，關聯如此來說，「批判理論」與其說和馬克斯主義密切關連，毋寧說他與黑格爾左派思想接近。

❹ 關於 "批判理論"（critical theory）的緣起及發展，請參閱： "The Dialectical Imagination",Martin Jay (Boston: Little, Brown, 1973).

「革命的實踐」與「社會的批判」必須植根於「道德的省察」，這樣的革命與這樣的批判才不會泛濫無所歸趨；而中國儒家傳統所強調的「道德省察」亦必須接受馬克思主義哲學的考驗，才能免於一種內省式的道德自我鍛鍊，而眞正勇敢地向豐富多姿的政治、社會、經濟等實際層面開放。最後筆者要指出「革命的實踐」，「社會的批判」以及「道德的省察」三者如何緊密的結成一體，做爲整個中國未來所要追求的目標，並由此去構想一「儒家型馬克思主義」的可能。

二、馬克思主義式的革命實踐

「革命的實踐」（revolutionary praxis）強調全面性，由下而上的重新構造，在馬克思的心目中，這是無產階級的無上使命，也是人類超克資本主義必然的途徑。

就馬克思的整個哲學看來，理論（哲學）和實踐（革命）是結合成一體的，而其全幅哲學的氣力則建立於他對人類異化問題的研究之上。由於其時代背景，使得他對異化問題的分析走向經濟的層面，最後則集中在階級的對立，並進而強調工人階級乃是尋求解放的主體。

早在一八五九年，馬克思在其「政治經濟的批判」（Kritik der politischn Okonomie；Critique of Politic Economic）一書的序言裡便概括的說出其整個哲學的內涵及目的。他說：

> 在人們從事社會的生產中，人群進入特定的，必需的，不受
> 其意志左右的關係裡。這種關係可稱之爲生產關係。它與其

物質的生產力一定的發展階段相稱。這些生產關係的總體造成了社會經濟結構，也即實質的基礎。在此基礎之上矗立著法律的與政治的上層建築，並且有與實質基礎相配稱的特定社會意識型態之存在。物質生活的生產方式絕然地決定著社會的、政治的與精神的生命過程。並不是人群的意識決定其存在，而是其社會的存在決定其意識。在發展的某一階段裡，社會的物質生產力與其現存的生產關係——以法律字眼來表達即財產關係——造成矛盾難容……這種生產關係突然由生產力的發展形式中變成後者的桎梏。於是社會革命的時期不旋踵而降臨。隨著經濟基礎的變遷。整個巨大的上層建築也跟著作或慢或快的變化」。❺

　　這段話很清楚的呈現了馬克思的人性論、歷史觀、世界觀以及其革命的理想與熱情。

　　在馬氏的眼中，人並不是一如黑格爾所謂的精神存在，而是一勞動的存在，（勞動的目的是求生存），因此必須從事生產，由於生產而導致社會的形成。而社會是以生產關係所造成的社會經濟結構做為基礎，這便是一個社會的下層建築，而相應於這個下層建築之上則有法律、政治等上層建築，並且有一與此相應的社會意識型

---

❺　Karl Marx, Kritik der politischen Okonomie，原屬簡稱Marx/Engels, Gesamtausgabe MEGA, Ost-Berlin: Dietz-Verlag, 1958, Bd.13,S.8-9；英譯Robert C. Tucker, The Marx-Engels Readers and ed., N.Y.: Norton, 1978, pp4-5.此處中譯引自洪鎌德先生著「馬克思與社會學」，頁二一。遠景出版。民國七十二年二月出版。

態之存在。換句話說，馬氏事實上並不祇認爲人是一勞動的存在而已，「在實際中，人乃是一社會關係的總合（das Ensemble der gesellschaftlichen Verhältnisse）」❻。人除了會使用工具，製造器具外人更有其使用符號（symbol）的層次。不過馬克思將這兩個層次渾而爲一，而且以勞動（Labour）來涵攝後者。也因此他便可直接斷言「物質生活的生產方式絕然地決定著社會的、政治的與精神的生命歷程」，「並不是人群的意識決定其存在，而是其社會存在決定其意識」。換句話說，馬克思的經濟決定論與其人性論觀點密切關連。而這種經濟決定論在馬克思的觀點看來則是動態的發展的，於是關連著歷史來講成了一種「歷史唯物論」（historical materialism）。

馬克思認爲他已超克了德國古典唯心論以及機械唯物論的缺陷，而提倡一種實踐的唯物論（practical materialism）或辯證的唯物論（dialectical materialism）。他批評黑格爾，還有費爾巴哈（Feuerbach），還有英國的經濟學家，乃至烏托邦社會主義者，他盡力的釐清這些問題，開始構作一套實際的理論來道出實際的、革命的變革（practical, revolutionary transformation）。❼人不祇是被社會歷史（Socio-history）所決定的存在，人更是

---

❻ Marx. Die Frühschriften, hrsg. S. Landshut, Stuttgart: Kröner, 1971, S.340，英譯本Writings of the Young Marx on Philosopby and Society, ed. & trans. L.D. Easton & K.H. Guddat, Garden City, N.Y.: Doubleday, 1967, P.402.此次譯文引自洪鎌德，前揭書頁一百廿三。

❼ 參見"The Philosophy of Praxis"，Adolfo Sanchez Vazquez, First Published in Great Britain in 1977 by The Merlin Press, London, 1976, p96.

歷史的主人。

　　但由於馬克思是一個唯物論者，因此他強調唯有物質的力量改變，那麼這個世界才可能改變，而改變物質的力量則惟有訴諸物質的力量才有辦法。因此他貶斥黑格爾式的批判，而大聲疾呼「批判的武器永遠代替不了武器的批判」❸。在「德意志意識型態」裡，他極清楚的指出：「歷史的動力以及宗教、哲學和任何其他理論的動力是革命，不是批判」。在《費爾巴哈論綱》裡頭，馬氏更以帶有使命感的語氣說「哲學的任務不祇是對世界做一詮釋，更重要的是引領去改變這個世界」。❾

　　無疑地，就馬克思而言，人類行動的目的，在於改變自然，更動社會，這已成了其哲學的重心。換句話說：馬克思哲學的核心並不是歷史唯物論，也不是人性論，而是實踐（praxis）❿。

　　再者，馬克思貶斥諸如德國觀念論傳統所強調的實踐(praxis)，認為這仍然祇是實踐的日常意識(The ordinary consciousness of praxis)，它們仍然停留在限制和神祕的端點上，吾人必須努力克

---

❸　見Marx's Critique of Hegel's philosophy of right(1843)，此處引文摘自　　Adolfo Sanchez Vazquez前揭書p99.

❾　此處引文摘自前揭書，p2.

❿　古希臘用 "praxis" 這個詞去指稱 "行動"（action）自身，在英語世界通常　　則使用practice這個詞。但目前Praxis這個字眼已成為哲學上的特殊限定用　　法，它指的即是社會的實踐（Social praxis），或者更具體的說，可以指的是　　"革命的實踐（revolutionary praxis）"。竊以為praxis似可改譯為 "劍履"　　這個詞，蓋取「劍及履及」之意也。如此則可避免與practice這個詞的中文譯　　名相混。因為就Marxism來講Praxis即是Revolution,而革命是動刀動槍的事，　　故似宜改譯此名。

服，最後達到實際行動並符合歷史客觀的發展，他認爲這樣子才可能眞正的將思想和行動有力的結合起來。更清楚的說：「革命實踐的理論」強調須要促發日常的無產階級意識，叫他們眞正去了解理論和實踐的理憐，這樣才可能對實踐有一正確的了解。⓫

馬氏眼中的日常實踐意識，乃是反對革命行動的東西，他們反對人類行動改變的可能性，否定社會──歷史的實在性，甚至他們剝奪了歷史和人類行動的所有任何意義。譬如叔本華（Schopenhauer）的悲觀的反理性主義（pessimistic irrationalism）⓬。因爲日常意識雖亦想到實際的行動（practical acts），但並未見及「實踐」（praxis）──轉變社會的行動。⓭

馬氏認爲日常的意識從不可能造成眞正的革命實踐，除非他能將這“日常的意識”經由反省改造轉化成一實踐的哲學。馬克思在「費爾巴哈論綱」（Theses on Feuerbach）裡明顯的指出實踐乃是知識的基礎（Praxis as the basis for knowledge），而且也是眞理的判準（praxis as a criterion of truth），而且環境的變動及人的變動的統合形式便是所謂的「革命的實踐」。⓮因此他說「人的思維是否具有對象的眞理性，這個問題，並不是一個理論的問題，而是一個實踐的問題，人應該在實踐中證明自己思想的眞

⓫　參見Adolfo Sanchez Vazquez前揭書，p4.
⓬　同上，p5.
⓭　同上，p6.
⓮　同上，參見p17-125.

理性，即眞實性和威力現實性」**⑮**。

　　從上面所述及的實踐（praxis），我們或可歸納出「眞正的實踐概念：它預設了人類整個歷史乃是一實踐的社會的存在，而且整個的歷史必須是一人類不斷求生存的鬥爭史」。

　　整個看來，馬克思的確是有人道主義胸懷的，他清楚的面對了前期資本主義社會所產生的異化（Alienation）現象，並試圖去拯救這個現象。但他並沒有眞正的去瞭解異化的本質，而祇是簡略的將他銷歸成歷史社會，尤其是經濟的因素所造成的。但另一方面，在馬克思的思想裡頭，他又預取了一個「眞人」（Authentic　Man）的觀點，認爲人類能夠除去「異化」的困境而回到這裡。而如何除去異化的問題，馬克思認爲唯有喚醒無產階級的革命意識始有可能。

　　換句話說：馬克思雖然一再強調人是有血有肉的，具體的，感性的存在，但事實上他背後早已預取了一個極爲形上而抽象的人性，不過馬克思不像黑格爾一樣祇將它視作精神辯證發展的主體；而是認爲人類經由一物質辯證發展的歷史，最後一定可以達到的境地。在馬克思的眼中，一切問題都祇是歷史發生學下的問題，即如形上層次的根源性問題亦可化做歷史發生學的角度來處理，或者更強調的說，根本沒有所謂本質的問題（馬克思似乎將人性的終極目標視作革命的終點）。在他的著作裡強調的是一種發生學式的人類異化問題。這問題清楚地在歷史中展開，並且將爲歷史所解決。馬克思之所以

---

⑮　Marx's　Theses　on　Feuerbach，引自姜新立先生著 "馬克思主義哲學的貧困"，頁四百五十八。黎明文化事業公司，民國六十九年五月。

如此，根本原因在於他取消了宗教的形上界，將人性的問題劃歸歷史學來處理。換句話說：馬克思想以歷史來代替宗教，並認為人要相信歷史是可預測的，祇要能與人的實踐步調配合，便能消解人類異化的困境，進而達到一理想的烏托邦世界。**⑯**

三、法蘭克福學派的社會批判

事實證明，馬克思主義並沒有真正解決異化的問題，共產主義及其黨非但未達到所謂的烏托邦，更嚴重的是，經過策略化而為職業革命家黨所推展的馬克思主義已造成更嚴重的異化（alienation）現象，他帶來的社會宰制（domination）情形並不下於資本主義社會。

邁入廿世紀初期以後，原本自由的資本主義一變而為組織式的自由主義（organized Capitalism）。早先馬克思所強調的階級剝削及對立的問題已不是最嚴重的問題，代之而起的是意識型態的僵化，人成了機器的奴隸，人與人之間的宰制情況愈來愈嚴重的問題。更簡明的說：由於工具理性的過分發達膨脹，致使人失去了自由主體的意義。

所謂的社會批判理論（Critical Theory of Society）〔或者

---

⑯ 請參見Karl Popper對於馬克思的批評，見The Poverty of Historicism「歷史定論主義的貧困」，李豐斌先生譯，附錄二，「社會科學中的預測與預言」。見頁一八九～二〇五。亦可參見王耀宗先生 "波柏爾對馬克思主義的批評"，鵝湖85.1982年7月.頁卅四～卅九。

稱為：法蘭克福學派（Frankfurt School）〕便真切的體會到以上所述種種問題⑰。馬克思是從經濟問題來解決「異化」的現象，但批判理論學者則清楚的掌握到異化現象不祇是經濟問題而已，而是人整個實存情境的問題，因此其注意的焦點從馬克思的階級鬥爭論轉變到人心與存在情境的衝突上來理解。

批判理論（critical theory）首先與傳統理論（traditional theory）嚴格區分。就時空背景而言，批判理論學者認為傳統理論把自己投身於現存社會的專門化勞動過程裡頭，從固定不變的既定事實出發，得出一與現存社會秩序相協調的理論。這理論根本上是順從現存社會的，不過它卻裝扮著堂皇的外衣——像實證論，觀念論便是。但批判理論則把自己放在現存社會的專門化過程之外，使人更清楚的了解當前社會種種禁制的情形，並提出其批制。批判理論不同於傳統理論（尤其指的是實證論者）將其認識理論植根於當代的科學之上，它的認識論基礎是人與整個實存情境的辯證歷程，它所著重的是人道主義的立場，極力的反對人被「外化」「物化」。⑱

---

⑰　最先法蘭克學派並未使用“社會批判理論”這個名詞，而是以“唯物主義”（materialism）名之，直到1937年，霍克海末（Max Horkheimer）發表「傳統理論與批判理論」（Traditional and Critical Theory）論文時，才第一次使用這個名稱，並以它為馬克思主義的代名詞。而法蘭克福學派，便以批判理論著名於世。此學派早期以霍克海末（Max Horkheimer）、阿多諾（T. Adorno），馬古士（H. Marcuse）、佛洛姆（E. Fromm）等為代表，而當代則以哈柏瑪斯（J. Habermas）最為著名。

⑱　以上所論請參見Max Horkheimer，"Traditional and Critical theory" in his Critical Theory，（N.Y.: Herder & Herder, 1972）。此處大抵根據王振寰“早期法蘭克福學派對工具理性的批判”一文，刊於東海社會學評論第一期，民國七十年十一月，頁卅六～卅八。

　　批判理論不僅涵有人道主義的色彩，而且強調必須從馬克思回
到黑格爾，因此我們也可說他含藏了許多唯心的種子。於是他們更
重新解釋馬克思理論，希望將馬克思主義改造成一種「沒有無產階
級的馬克思主義」。這點在佛洛姆（E. Fromm）表現得最爲清楚，
他說：馬克思實際上堅決反對當時在許多極進步的思想家中流行的
一種哲學唯物主義。這種唯物主義認爲，應當在物質和物質過程中
尋找一切思想和精神現象的依據。這種唯物主義以其最庸俗和最淺
薄的形式，把感覺和觀念全部解釋成具體化學作用的結果，認爲腦
子分泌思想就像腎臟分泌尿液一樣。馬克思對此種機械的，資產階
級式的唯物主義，即那種排除歷史過程的，抽象的自然科學的唯物
主義，進行鬥爭。馬克思確實說過他自己的辯證法和黑格爾的辯證
法不同，其不同即在他的辯證法的「唯物主義基礎」。而他所說的
「唯物主義基礎」強調的是「人類生存的基本條件」，並不是一抽
象而空洞的物質而已。**⓳**馬克思的唯物論當然應與庸俗化淺薄化的
機械唯物論區別開來，但是馬克思所說的「唯物主義基礎」又豈祇
是「人類生存的基本條件」而已。而馬克思又豈是佛洛姆筆下所說
的「並不關心收入的平等」，而其實馬克思一樣的是在「關心使人
從那幾已毀滅人的個性，使人變形爲物、使人成爲物的奴隸的勞動
中解放出來」。佛洛姆對馬克思的詮釋未免稍嫌武斷。**⓴**

　　批判理論者不同於正統的馬克思主義者，前者頗重視上層建築

⓳　E. Fromm "Marx's Concept of Man" New York, 1966, p9.

⓴　關於佛洛姆（E. Fromm）對於馬克思的詮釋，柯拉柯夫斯基（L. Kolakowski）
　　在 "Main Currents of Marxism" vol.3.有詳細的批評。

的問題，而後者則重視下層建築的問題，並且以爲上層建築決定於下層建築，因此透過下層建築的革命，便能解決所有的問題。反之，前者認爲須針對上層建築——意識型態加以批判，才能解除宰制（donimation）的問題，消解異化（alienation）的現象。❷

就整個 "批判理論" 的人性論觀點而言，大概可以這樣描述它：「人是一理性的存有（being），此存有基本上對自由有渴求，視快樂爲最高的善，基於這個普遍的預設，人乃有不斷往前的推動力。所以，他具有革命的氣質，強調對理性，自由及快樂的需求」❷。從這段話可見，批判理論是一十足的人本主義者，他們關心的是現實世界中人的潛力、自由、快樂與權利。而落實於政治經濟層面上，他關心生產過程中的人際關係，產品分配問題及人在整個政治經濟系統中如何參與等問題。

在批判理論者的眼光下，「眞理永遠與社會實體連在一起」❷。換句話說：眞理必隨社會的變遷而改異，因此眞理不是絕對的，而是相對的。但相對的眞理如何成爲社會批判的基準呢？霍克海末（Max. Horkheimer）便說「任何理論必須保持批判性的存疑，它必須與時俱遷。批判理論沒有教條式的內容，今日沒有，未來也不會有。……批判理論的穩定性要建立在社會的不變因素上」❷。

---

❷ 柯拉柯夫斯基（L. Kolakowski）對於「批判理論」在各時期一貫的通性分析的極爲深入。參見前揭書，pp341-342。

❷ 參見Herbert Marcuse, Negation,（Boston: Beacon Press, 1968）p.208.

❷ 參見Max Horkheimer前揭書，p237.

❷ 前揭書p.234.

而這裡所謂要建立在「社會的不變因素」上，指的乃是對於歷史社會有一全體的把握，甚至相信有一歷史理性或社會理性使爲一切的判準。這樣的眞理觀，使得批判理論著重在「破」的層次，而較忽略「立」的層次。因此「否定」（Negation）這個詞語在批判理論中便佔有極重要的地位。

批判理論者深切的體會到思想與存在，觀念與現實之間的緊張，認爲要消除這種緊張必得批判存在，批判現實，以喚起實際的否定力量，來改變存在與現實。他們極強調「否定性思考方式的力量」（the power of negative thinking）㉕。他們認定辯證的過程就是不斷否定的過程，所謂「辯證的思考方式就是一種否定式的思考方式（negative thinking），面對社會政治現象，就是透過不斷的批判、否定而使社會現實朝向合理的方向變化。

批判理論者認爲後資本主義社會，其異化（alienation）的問題，歸根究底乃來自於人群的分裂以及人宰制人的情況，因此必須透過否定的辯證予以批判，如此人便能在平等的基礎上形成一般的意志（common will）或共識（consensus），以引導及規範整個社會的行動。

批判理論者更清楚地了解到當代的異化（alienation）現象，除了人群的分裂及相互宰制外，更根本的是：整個「工具理性」（或技術理性）（instrumental rationality或technical ration-

---

㉕　像阿多諾（T.Adorno）便有一題爲《否定的辯證》（Negative Dialetios）的書，而馬古士（H. Marcuse）亦有一題爲《否定》（Negation）的論集。從這裡當可看出他們如何重視否定性的思考力量。

ality）過份高張與氾濫的問題。當代人在這種籠罩氣氛下，試圖將一切生活實踐及制度安排等問題都化約爲技術性的問題來處理。認爲科學的技術足以解決一切的問題，認爲科學的思考方式是唯一合法的思考方式。套用韋伯（Max. Weber）的話，由於「工具理性」的氾濫，科技的心態已使得人們逐漸痿縮了「實體理性」（Substantive rationality）。因而面對著價值、目標、道德倫理等無法由工具理性解決的「殘餘問題」，現代人於是徬徨不安、迷失惆悵，空虛難耐，所謂「意義的危機」（crisis of meaning）便由之產生了。批判理論者認爲問題雖然這麼麻煩，但解決之道並不是對科技文明作浪漫式的否定，而是要透過對工具理性的批判，使人能成爲科技發展的主人，來駕馭力量龐大、發展神速的科技。如此，科技才可以造福人類，才不會危害人類。❷⑥

前面曾提及批判理論所隱含的人性論及眞理論的預設，這論題直到哈柏瑪斯（J. Habermas）才予以體系化的建構，提出「三種認知趣向」（Three Interest of Knowledge）來建構其知識論，並進而提出社會溝通理論，去重建人類的溝通能力（Communicative competence），尋得這個實踐性的設定（practical hypotheses）做爲社會批判理論的起點。❷⑦

---

❷⑥ 關於法蘭克福學派的簡述，請參見黃瑞祺先生著「法蘭克福學派簡述」一文，見氏著《批判理論與現代社會學》，頁61-78，巨流圖書公司出版印行，一九八五年二月，台北。

❷⑦ 關於哈柏瑪斯（J. Habermas）的學說，在T.A. McCarthy所著 "The Critical Theory of Jurgen Habermas"（Boston: Beacon Press, 1978）一書有極爲詳盡的介紹。又請參見黃瑞祺「社會批判理論的基礎——哈伯瑪斯學說的旨趣」一文，見前揭書，頁117-142。

　　正統馬克思主義（Orthodox　Marxism）強調無產階級革命的必
然性及神聖性，結果落得一黨獨裁，而最後則變形爲一人獨裁（如
史達林）。無產階級非但沒有達成其「歷史的任務」，反倒成了專
政獨裁的「工具」，這恐怕是當初踽踽道途的馬克思未曾想見的。
而資本主義社會的自我調整，削弱了階級對立，泯混了鬥爭界限，
淆混了人們的心性，表面進之以諸如福利政策的推行，這恐怕也不
是馬克思所想見的。

　　早期法蘭克福學派，面對後期資本主義社會的種種情形，認定
馬克思所謂的「階級貧困化」已經過時，進而重新發掘青年馬克思
所潛蘊的人道主義情懷及批判理論線索，形成學派。最初幾位學者
仍然強調「革命」的重要性，但他們的革命已由階級革命轉換成社
會批判性的革命。而到最近的哈柏瑪斯則強調「溝通」的首要性。
這在在顯示，他們所企求的已不在革命，而是在批判。

四、中國儒家傳統的道德省察

　　從正統馬克思主義的「革命實踐」，轉變爲法蘭克福學派的
「社會批判」。這裡可看出馬克思主義研究者關連著當前的問題，
重返黑格爾的路數。從這個路數可看出他對意識型態──上層建築
的重視。儘管我們也可看見當代的批判理論者（如哈柏瑪斯〈J.
Habermas〉）對於知識已有一套更爲完整周全的說明，也爲人類的溝
通問題做了極嚴密的研究。但在我閱讀思考的過程中卻不能對此無
所疑。

　　馬克思揚棄了黑格爾從精神心靈的層面來看待人，代之以具體

的、感性的、有血有肉的層面來看待人。認爲人就是一個「社會的
存在」（Social being），而整個社會乃是生產關係的總和，而且
由於私有制的作祟，使得異化的問題變得極爲嚴重。人因而落實到
社會就變成一「異化的存在」（alienated being）。但人有一股
力量想去克服它——解放的力量，因此他相信祇要除去私有制便可
克服異化，而達到一烏托邦的境界。就如前面所提的，馬克思認爲
一切都是歷史發生的問題，都可透過歷史的辯證而取得完全的解
決。

　　批判理論者雖已較能重視異化問題的本質面（而不像馬克思從發生
面來看它而已），但他們卻想從心理層面乃至生理欲望層面來解決這
個問題❷，即如後來的哈柏瑪斯（J. Habermas）雖然大談溝通理
論，但仍不免落在語言的層次而已。個人以爲之所以如此，乃是馬
派學者對於人性的見解仍然有所囿限。而他們對於人性的把握之所
以有所囿限，這一方面由於時代的限制，另一方面則由於西方文化
傳統的限制。

　　馬克思幾乎完全接受費爾巴哈（Feuerbach）的看法，認爲應
將「上帝」取消。他們以爲上帝祇是人類心靈異化所造的對象而
已；祂是人類自家的投影，人類祇是藉此滿足某種偶像崇拜罷了，
而這種情形將造成人類更爲嚴重的異化情形。但是取消上帝之後的
西方式人文主義，卻出現了一連串的問題。因爲一個沒有彼岸的世
界，祇有當下的現實，人的意義危機感便隨之而生，而且似乎很難

---

❷　早期批判理論學者，霍克海末（Max Horkheimer）重視前者，而馬古士（H.
　　Marcuse）則重視後者。

克服。而馬克思取消了「神的彼岸」，卻又代之以「歷史的彼岸」。「神的彼岸」與「人」是以祈禱信仰的內在屬靈去契接，而「歷史的彼岸」與「人」則以革命實踐的活動去完成。就前者而言，基督教的傳統，人永遠祇是上帝的子民而不是上帝，神人兩橛觀仍然永遠無法打破。就後者而言，正統的馬克思主義者誤用了科學，將它導入了歷史，而製作了一個歷史決定論（historical determinism），以爲歷史是可預期的，是循著規律的，它勢必會邁向一終極的烏托邦。但事實已證明這樣的預期是有問題的。㉙

　　事實上，馬克思的烏托邦理想乃是基督教上帝之城的變形罷了。但這裡卻可以看出馬克思對於神人兩橛觀感到的不滿與徬徨，因而力求克服之道。馬克思雖很精緻地將科學的標籤黏貼在其對人類歷史的期許與信仰上，但結果卻失敗了。問題是上帝之城固然遙不可及，歷史的烏托邦也是渺茫難知，他們二者在現實上都不可能。所可能的祇有當下的「人性烏托邦」，但它不緣於馬克思主義式的「革命實踐」，也不緣於法蘭克福學者的「社會批判」，它緣於中國儒家傳統的「道德的省察」。㉚

　　儒家典籍對於「人性烏托邦」的描繪很多隨舉數則如下：

> 「爲政以德，譬如北辰，居其所而眾星共之」（論語爲政）
>
> 「舜，躬己正南面而已」（論語，爲政）

㉙　關於對馬克思歷史決定論方面的批評，請參見李豐斌先生譯，karl Popper著 "The Poverty of Historicism" 一書。聯經出版，1981年。台北。

㉚　參見林安梧著「當代新儒家述評」（上＊下）一文，有關「當代新儒家的人性論、歷史觀與世界觀」一節，中國論壇154.155期，七十一年二月廿五日，三月十日。後收入拙著《現代儒學論衡》，業強出版社印行，一九八七年，台北。

「克己復禮，天下歸仁焉」（論語，顏淵）

「以德行仁者王，王不待大」（孟子，公孫丑）

「誠意、正心、修身、齊家、治國、平天下」（大學）

「唯天下至誠，爲能盡其性。能盡其性則能盡人之性，能盡
人之性，則能盡物之性，能盡物之性則可以贊天地之化育。
可以贊天地之化育，則可以與天地參矣」（中庸）。

以上所引這些句子，看起來好像都在指陳一個「道德理想的國度」，而且這個理想國度是當下可以呈現的，祇要人心的眞幾能做一道德的省察，便可領悟這種人性烏托邦的意義。就儒家來講，人性的烏托邦並不在「神的彼岸」，也不在「歷史的彼岸」，而是在「人世的此岸」，或者更恰當的說，無所謂「彼岸」與「此岸」之分，此岸與彼岸是關聯成一個整體的，而這就在當下（here and now）人心之呈現。這是實在活現的，不是虛渺難知的，因此他們認定中國古代老早已有過所謂的理想政治——堯舜之治。

儒家這些認定乃源於其「人性論」——肯定人性內在的「幾希」（孟子曰：「人之異於禽獸者幾希」）乃是一切價值的根源，做爲一個人要去開發這個「幾希」，致其四端（惻隱、羞惡、辭讓、是非），便可以成就天地間萬事萬物。換言之，儒家傳統肯定一道德的心，認爲它是普遍存在的，而且可以隨時指點出來的，它便是我們一切言論行動以及判斷一切言論的起點與判準，一切活動，一切實踐都不能離開這顆道德的心。❸祇要我們時刻能「操存」此心，「保

---

❸ 參見，牟宗三先生著"道德的理想主義"，理性的理想主義一章及道德的理想主義與人性論一章。頁一三～卅八。

任」此心,「擴充」此心,那麼便能達到「萬物皆備於我,反身而誠,樂莫大焉」(《孟子》)的境地,也能達到「致中和,天地位焉,萬物育焉!」(《中庸》)的境界。

　　無疑地,儒家傳統也感受到異化(alienation)的困結,但他偏向於將這問題納為人性本質面的問題,而忽視對其歷史發生的起源做一實際的分析。他往往泯沒了現實界極為嚴重的問題,認為這祇是個人心靈與德行實踐的問題而已。儒家傳統最重視的是道德人格的問題,認為從這裡出發,每個人都做道德修養工夫(至少統治階層要有道德修養工夫),那麼所謂「人性的烏托邦」,它將不祇是個人內心的理境,而且也能成為人間世實際的國度。❷

　　再者,當代新儒家對這問題卻有一更深切的省察,他們清楚的區分了道德與政治的範疇,所謂「人性的烏托邦」祇不過是一切政治的理想罷了,而現實政治則不能與此相混。當然,當代新儒家並不是放棄其強調「德行優先性」的傳統,而是努力的去開發這個線索,廣闊的接納各種沖擊,釐清了道德與其他生活組織及社會政治結構的關係。❸

---

❷　今文學派──公羊家的政治理想是從「據亂世」、「昇平世」而達到「太平世」的。當代新儒家熊十力先生在其「原儒書」「原外王」一篇即對此論題有精彩的敘述與發揮。

❸　早期的當代新儒家學者如梁漱溟、熊十力三先生仍然不免於傳統儒者的方式,將道德與政治濟觀,尋求一道德烏托邦的當下可能。參見梁著"中國民族自救運動之最後覺悟"一書,又參見熊著,前揭著。而後繼者,如牟宗三、唐君毅、徐復觀、張君勱等先生則有一嶄新的發展,大體說來,他們雖亦強調「道德的理想主義」,但他們對於道德與政治的範疇劃分的很清楚。請參見林安梧,前揭文,第四節當代新儒家的政治論。又參見林安梧"舊內聖的確開不出新外王"一文,中國論壇151期,七十一年元月十日。

如同批判理論學者一樣，當代新儒家也深刻的感受到現代社會（後資本主義社會），科技理性過度高張的問題，也體會到人間世的社群組織所隱藏的宰制現象。但由於儒家傳統的道德理想主義對於人存在的「異化」現象，採取一種本質性的處理，直接將它視作「主體性的分化現象」，它根本是個人主體的問題（尤其是道德主體的問題）罷了。就儒家看來道德主體有覺知與呈現本來面目的能力，要克服「異化」便應致力於修身等內在工夫。當代新儒家仍然著重這樣的層面。更值得注意的是：當代中國所遭遇的問題不祇是科技理性過度高張的問題，也不祇是人與人之間宰制的問題，而是有一極難處理的問題——傳統面對現代、老大的民族文化面對資本主義帝國侵略——。當代新儒家企圖重新建立一「倫理精神象徵」（ethico-spiritual symbolism）來穩住中國民族。也因此他們著力於這個「建本立極」的工作，而較忽略了對現實世界實際的分析。

五、結語：邁向「儒家型馬克思主義」的一個可能

儘管如此，但儒家傳統所穩立的道德本心以及人性烏托邦的企求卻足以給馬克思主義及社會批判理論帶來新的啓發。而且牟先生所建構的兩層存有論，除了融攝中國儒釋道三家的系統外，當亦可以伸出其觸角去接觸當今的社會、歷史、經濟與政治。除了安立道德理性外，更進一步的安立歷史理性與社會理性。[34]換句話說：道

---

[34]　牟氏的 "兩層存有論" 思想請參看氏著「現象與物自身」一書，學生書局，民國六十四年初版。

德的省察所預含的人性論基礎必然得成爲社會批判以及革命實踐的基礎，否則社會批判將因沒有一道德人性論的提挈而陷入一平面無歸的困局，最後逃入心靈領域，甚至生活欲望領域，不得善終。中國儒家傳統「人性烏托邦」足以對治西方「上帝的烏托邦」及馬克思主義式的「歷史的烏托邦」。中國儒家傳統的「道德人文主義」足以涵攝西方傳統的「宗教人文主義」，也足以消融自費爾巴哈（Feurbach）以階的「唯物人本主義」。當然這不是說中國儒家傳統所強調的「道德的省察」已足以涵蓋「社會的批判」及「革命的實踐」；相反的，這祇是說，儒家傳統強調「道德的省察」足以做爲社會批判及革命實踐的基礎，而更重要的是敦促當代新儒家學者們去向社會批判理論開放，去面對馬克思主義，展開新的挑戰與融合。

透過對正統馬克思主義（Orthodox Marxism）、社會批判理論（Critical Theory of society）的瞭解與省察，我們重新肯定了儒家傳統的道德人性論及人性烏托邦，並進而肯斷「道德省察」的重要性。同樣的，我們通過馬克思主義及社會批判理論可照見儒家傳統偏向於內省式的人道主義其缺失何在，並企求補偏救弊之道。

近十數年來，國內學者大談「傳統」與「現代化」如何接榫的問題，仍然不免陷入現代化的意識型態之中，也恐仍掙脫不出「成長的迷思」（Myth of Growth）。而中國大陸十年浩劫陷入了嚴重的「革命的迷思」（Myth of Revolution）裡頭，雖然，目前大陸大輻的改革開放，但連帶的卻問題叢生。

個人以爲此時做爲一個中國知識分子更應冷靜理性的去面對紛擾雜多的問題，解消成長與革命的迷思，並積極地自我省察，進而

批判社會，締造一「儒家型的馬克思主義」，去展開一革命的實踐，邁向理想的社會。

第七章 「革命」的孔子
——熊十力儒學中的「孔子原型」

〈本章提要〉

　　本章旨在經由熊十力儒學的曠觀，並落實於其經學脈絡中來審視；特別環繞其晚年所著《原儒》一書，加以考察。首先以繫年及總體的理解，闡明「經學系列」與「哲學系列」在熊氏學問中的關係。再者，對於熊氏所謂的「原儒」究何所指，其意義結構爲何，做一概括的詮釋；指出其所謂的「原」並非一「事實眞相」之原，而是一「理想價值」之原。熊氏以孔子「五十以學易」、「五十而知天命」以爲斷，而區分「小康之儒」與「大道之儒」，這可以説是其體驗的洞見所在。緊接著，在隨文點示中，指出其「革命的儒學」之提出，本根據於中國文化長久以來的「隱匿性傳統」，當然，熊氏雖承繼於此，但卻有一新的開展與創造，又與此傳統有所區別。最後，則闡明「革命的孔子」之形象到底爲何，其思想與意義又何在，並指出此與「六經注我」方法論及韋伯「理想類型」的方法論有何異同，並預示此方法論之限制。

關鍵字詞：熊十力、原儒、革命的孔子、公羊學、六經注我

一、問題的緣起

　　依熊十力的著作年表看來，其作品大體可以概括爲兩個不同的系列，其一爲「經學系列」，另一爲「哲學系列」，此兩者相爲羽翼，構成一不可分的整體。由《中國歷史講話》（一九三八）、《讀經示要》（一九四五）、《論六經》（一九五一）、《原儒》（一九五六）等構成熊氏哲學的經學思想，旨在依據中國經學爲背景而開顯一嶄新的內聖外王之道，而歸本於孔子。由《熊子貞心書》（一九一八）、《新唯識論》文言本（一九三二）、《破破新唯識論》（一九三三）、《新唯識論》語體文本（一九四〇）、《摧惑顯宗記》（一九五〇）、《新唯識論》壬辰刪訂本（一九五二）、《體用論》（一九五八）、《明心篇》（一九五九）等則構成熊氏體用哲學的思想，它大體是經由與佛家唯識學的辯析議論，而凸顯儒家易傳所隱含的「翕闢成變」、「全體大用」之哲學核心。❶

　　若以熊先生慣用的體用範疇來說，前者所重在「用」，而後者所重在「體」，「即用顯體」、「承體啓用」，即用而言，體在用，即體而言，用在體，體用相即，如如不二。❷或亦可用彼常用

---

❶　以上編年多據蔡仁厚《熊十力先生學行年表》（明文書局，一九八七），又參見郭齊勇《熊十力與傳統中國文化》（天地圖書，一九八八），見林安梧〈熊十力的孤懷弘毅及其《原儒》的義理規模〉（做爲《原儒》重印版之〈代序〉，頁5-6，（明文書局，一九八八年，台北。）

❷　關於「體用」之言，請參見林安梧《存有、意識與實踐：熊十力體用哲學之詮釋與重建》，第二章「邁向體用哲學之建立」，頁25-54，東大圖書公司印行，一九九三年，台北。

「眾漚」、「大海水」的比喻來說，眾漚即是大海水，大海水即是眾漚，兩者不可分離，是一而二、二而一的關聯。體用相即、辯證的關聯成一不可分的整體，這「兩端而一致」的思維方式，通貫於熊氏學問系統之中，隨處可見。自《新唯識論》以下的「體用哲學」系列，旨在窮本溯原，參贊造化，入於證量境界；而自《讀經示要》以下的「經學系列」，則明顯的呈現一原儒風姿，開展新外王，冀望世界大同之來臨。入於證量境界，境識俱泯、渾歸於一，此皆依於「性智」（如同陽明所謂的「良知」），冀望世界大同之來臨，開啟新外王，此在在凸顯一「革命」的孔子形象。

如此言之，吾人可以知之，此「革命的孔子形象」乃依於「性智」所成之「證量境界」。此所言之證量境界顯然地是一理想境界，而非一事實境界；此革命之孔子形象是熊氏依其心意證成者，此是一理想之事實，或說是一宗教之事實，而不必爲歷史之事實也。我們亦可說，這樣的「革命的孔子」是一「理想類型」（Ideal-type），但如此之理想類型與韋伯（Max. Weber）所言略有所異，韋伯所言是方法論層次，而此所言則不只是方法論層次，更及於工夫論及存有論之層次。此革命的孔子之造像當然與韋伯義下的理想類型迥然不同，在方法論的運用上，大體應是受宋明以來「六經皆我註腳」的影響。❸

---

❸ 韋伯的「理想類型」請參見Max. Weber "The Objectivity in Social Science and Social Policy"一文，又請參見林安梧〈方法與理解：對韋伯方法論的理解與反省〉，文收入《契約、自由與歷史性思維》，頁91-111，幼獅文化事業公司印行，一九九六年，台北。關於「六經皆我註腳」，此是陸象山語，請參見林安梧〈象山心學義理規模下的本體詮釋學〉，收入《中國宗教

　　如此說來，所謂的「孔子原型」並不是果真孔子就只是這樣子，而是熊氏的一個理解，甚至可以說是獨特的理解。本文的目的即在彰明此獨特理解之孔子原型，概括而言，究何所見；如此之理解，在當代思潮中有何意義，在熊十力哲學系統中，又有何意義；其理解的方法論獨特性何在，又有何限制。

二、熊十力的「原儒」理想及其義理規模

　　大體而言，熊十力與宋明儒者所同者，皆出入佛老，終而歸本儒家。所不同者，宋明儒於佛學之素養多較淺，總用宣示性的語句說釋氏「以心法起滅天地，以生死恫嚇眾生」，說佛老是虛，儒學是實，「實可以載虛，虛不可以載實」；熊十力則深入佛法空有兩宗，抉擇、批判、融通，終歸於儒學大易的傳統，由空宗般若系統「平鋪的真如」，由有宗唯識系統「橫面的執取」，轉而為儒學大易哲學「縱貫的創生」。❹依熊氏自己所說，他在造《新唯識論》之後，「擬撰兩書，以為新論羽翼，曰量論（即知識論），曰大易廣傳」，而「大易廣傳，原擬分內聖外王二篇，宗主大易，貫穿春秋以逮群經，旁通諸子百氏，斟酌飽滿，發揮易道」，唯「遭逢日寇，負疾流亡，……感精力疲困，……偶一用思，腦悶微疼，長夜

　　　與意義治療》一書，頁51-80，明文書局印行，一九九六年，台北。至於兩者
　　　的異同，後詳說。

❹　請參見林安梧前揭書，第六章〈從平鋪的真如到縱貫的創生〉、第七章〈從橫
　　　面的執取到縱貫的創生〉，頁151-218，東大圖書公司印行，一九九三年，台
　　　北。

失眠，尤不可耐，人到衰境，記憶力減退，向時胸際所含藏而未及抒發者，今乃日益失亡，不復可追憶。時或考文徵義，莫憶來歷，每至苦搜不獲，故大易廣傳今亦決不能作，老來遺憾，此爲最甚。……余既不獲脩易傳，因欲寫一極簡略之小冊，爲儒學粗具提要，名曰原儒，約爲三分，一原學統，二原外王學，三原內聖學，每下一義，必有依據。……」❺

　　熊氏深深感慨清季迄民國，後生遊海外者，其議國學之根本缺點，所論者三，一無科學思想，二無民主思想，三無持論系統。其初熊十力亦與之同調，後漸深入國學，年四十以後，始自悔其淺妄。彼爲此憂心勵志，寫下無數篇章皆在在證明如此浮議根本謬誤。其最爲深切的理由在於「由孔門六藝及諸子百家之書，並亡於秦漢，而呂秦以前之中國文化學術，其眞相不可得而明」❻《原儒》一書之作，其實正要回應這問題，正要指出先秦的學術眞相，更而繪出一新的孔子圖象，而此新的孔子圖象，當是原始儒者的圖象。如此一來，面對一般遊海外者對於國學根本缺點的質疑，熊十力的答案大體是這樣子的——中國非無科學思維之可能，唯秦漢之後斷送了；當然中國傳統之科學思維亦不必同於西方，而可以有其不同的發展。中國非無民主思想之可能，唯秦漢以後斷送了，當然中國傳統之外王學亦不必同於西方，而可以有不同的發展。中國非無持論系統，唯秦漢以後斷送了，當然中國傳統之持論系統亦不必同於西方，而可以有其不同的發展。

---

❺　引文見熊十力《原儒》〈緒言第一〉，頁16，明文書局印行，一九八八年，台北。

❻　同上註，頁19。

　　如上所述之三大疑點（民主、科學、理論能力），可以說成了中國當代知識分子所爭論的焦點所在，反傳統主義者認爲此皆爲中國本無，而且中國文化傳統根本是妨礙其發展的；傳統主義者則肯定中國文化傳統是可以與此不悖的，甚至古已有之。熊十力的《原儒》可以說偏向於對中國文化傳統做一理想性的詮釋與建構，強調其古已有之，且其有之是一獨特之類型；相對而言，後來唐君毅、牟宗三、徐復觀等第二代的新儒學者則強調如何的接榫傳統與現代，做一轉化創造的工作，最爲著名且引起爭議的當推牟先生的「民主開出論」與「良知坎陷說」。若擴大比較論之，第一代的熊十力、梁漱溟、馬一浮、張君勱諸先生於此疑點，所見亦多有不同。第二代的唐、牟、徐三人雖或有稍異，但基本論點都肯定當從中國文化傳統開出民主與科學。總的來說，熊十力的論點是極爲獨特的，他與整個公羊學的隱匿性傳統有密切的關聯，值得注意；若站在文化傳統的立場來說，其詮釋、揀擇、批判與重建，當具有進一步發展的可能，弔詭的是，這反而是新儒學的後起者所忽略的。

　　熊十力的《原儒》〈原學統〉，如彼所言，其旨有三：一、上推孔子所承乎泰古以來聖明之緒而集大成，開內聖外王一貫之鴻宗。二、論定晚周諸子百家以逮宋明諸師與佛氏之旨歸，而折中於至聖。三、審定六經眞僞，悉舉西漢以來二千餘年間，家法之墨守，今古文之聚訟、漢宋之囂爭，一概屏除弗顧，獨從漢人所傳來之六經，窮治其竄亂，嚴覈其流變，求復孔子眞面目，而儒學之統始定。❼

───────────────

❼　參見熊十力於《原儒》所作之〈序〉，頁一。

　　依熊氏所見，孔子之學乃是鴻古時期兩派思想之會通，一是
「實用派」，指的是由堯舜至文武之政教等載籍，足以垂範後世
者。二是「哲理派」，指的是由伏羲初畫八卦以來，窮神知化及辯
證法之傳統。❸熊氏並以孔子所言之「五十而知天命」及「假我數
年，五十以學易」爲斷，認定孔子五十以後，其思想界，別開一新
天地，從此上探羲皇八卦，而大闡哲理，其思想因之有一大的突
變。❾孔子生當晚周，烽火甚矣！民生困憊，因而深知唐虞三代之
法制，不得不隨時更變，更思改造思想爲要圖，進而創發貶天子、
退諸侯、討大夫之學說，居野講學，不爲世用。❿熊氏以爲孔子五
十以後，因參透天命，故於內聖、外王之道皆起了大變化，五十以
前偏於家天下的小康思想，一以孝悌爲主，而五十以後則擴及於公
天下的大同思想，則進至人人皆有士君子之行，此當可以說是以仁
義爲主。⓫

　　顯然地，熊氏此見與其後起者唐、牟諸先生，迥不相侔。唐、
牟諸先生，雖亦言孔老夫子是以殷之質而救周之文，是面對周文罷
弊，而開啓新的哲理探討，但只偏在內聖學的探討，而未接上公羊
學的隱匿性傳統，另開新外王。⓬唐、牟、徐等大體強調如何由
「舊內聖」再轉出「新外王」，所謂的「新外王」則是西方世界傳
來的民主、科學，此與熊氏迥異。唐、牟、徐等大體重的是《論

❸　前揭書，頁23。
❾　前揭書，頁32。
❿　前揭書，頁83。
⓫　前揭書，頁526。
⓬　請參見牟宗三《中國哲學十九講》第三講「中國哲學之起源問題以及先秦諸子
　　之起源問題，頁45-68，學生書局，一九八三年，台北。

語》、《孟子》，再以此涵攝《中庸》、《大學》及《易傳》，其
主要學脈重在宋明的心學系統。熊氏則重在《易傳》及《春秋》，
更而擴及於《禮記》、《周官》、《詩經》、《書經》再以之涵攝
《論語》、《孟子》。或者我們可以說唐、牟、徐等第二代的當代
新儒家重的是宋明以來的「四書傳統」，而熊十力重的卻是宋明以
前的「六經傳統」。第一代的當代新儒家博厚，而第二代則轉向高
明，其重在高明，但相較於第一代卻博厚不足。

　　依熊十力所做的詮釋，《禮記》〈儒行〉仍然存有「革命行
動」之儒在，而六國昏亂，唯儒家有革命一派，能繼述孔子之志。
儒者當六國時，已有密圖革命者，至呂政統一後，諸儒自當不懈所
志，雖其黨與不盛，而其影響已在社會。呂政不能不重摧殘之，以
絕其萌，此坑儒所由作也。漢初，帝制既已穩固，諸儒以秦時焚坑
之惑爲戒，大都變易前儒之操，一致擁護帝制，於是改竄孔子之六
經，以迎合時主。熊氏舉出即如司馬談《論六家要旨》中論及儒者
說「然其序君臣父子之禮，列夫婦長幼之別，不可易也」，以爲此
是三綱之始。三綱之壞，是在於以父道配君道，無端加上政治意
義，定爲名教，因而有所謂「王者以孝治天下」、「移孝作忠」等
教條，於是孝道成了大盜竊國之工具。這與《論語》中，孔子答門
人問孝，是從至性至情不容已處發，迥然不同。❸熊氏對於漢初以
來盛行的三綱五常論、天人感應論、陰陽五行論，全面闢之爲擁護
帝制之教義，而六經亦因之被全面竄亂，使得忠君思想壓過一
切。❹

---

❸　熊十力，前揭書，頁86-87。

❹　熊十力，前揭書，頁91。

我們大體可說依熊十力看來，有革命之儒、有帝制之儒，革命
之儒是繼承孔老夫子大同理念而發展成的儒學，帝制之儒則是被秦
漢以來帝制所篡竊而發展成的儒學。其實相對於此革命之儒、帝制
之儒，生長於民間，爲廣土眾民所生息之儒學，此或可稱之爲民間
之儒。此亦可以與吾多年來所說儒學之三面向：批判性的儒學、帝
制式的儒學及生活化的儒學，相提並論，彼此雖略有所異，但畢竟
則類似矣！❺依筆者所見，儒學大體緣於原先「血緣性的自然連
結」（「父」爲最高象徵）、開啓一新的「人格性的道德連結」（「聖」
爲最高象徵），而卻又扼於「宰制性的政治連結」（「君」爲最高象徵），
到頭來一切以「宰制性的政治連結」爲核心，宰控了「血緣性的自
然連結」，利用了「人格性的道德連結」。儒學成了一專制化的儒
學，民國以來，多數學者以爲解放了儒學便能解放專制，此工夫全
是倒做。因儒學亦是被帝皇專制茶毒柔化的對象，且在此過程中起
了一定的調節性作用。今人反以爲儒學造成了專制，因而必欲去之
而後快，結果是原具有調節性作用的儒學亦被取消了，專制非但未
得解消，只是更爲赤裸暴力而已。此自民國以來之反傳統主義所行
所事，非無助於專制之解消，而反助長之也，且其所行所事，亦一
專制之行爾！

　　如此說來，我們當可以清楚的知道熊先生所謂的「原學統」並
不是要去釐清中國儒學之統的源流，而是要去樹立一個眞實而理想

❺　此儒學之三大面向，筆者大體從一九八九年起即做如是之倡言。關於此請參見
　林安梧《儒學與中國傳統社會的哲學省察》第八章「論『道的錯置』：血緣性
　縱貫軸的基本限制」，頁131-156，幼獅文化事業公司印行，一九九六年，台
　北。

的儒學之統，此是彼所謂「所承乎泰古以來聖明之緒而集大成，開
內聖外王一貫之鴻宗」，其統之爲統，蓋統於孔子者也。正因其折
中至聖，故彼亦由是而要審定六經的眞僞，當然這時候所謂的眞僞
不是事實意味的眞僞，而是價值理想意味的眞僞。他想做到的是
「求復孔子眞面目」，當然所謂的眞面目是一終極而永恆之理想依
托，他並認爲如此「儒學之統始定」。無疑地，這裡所說的儒學之
統，其實指的並不是系統之統，而是整個儒學精華所聚結而成統體
之統，當然這仍統於熊氏所肯認的孔老夫子之統。⓰

　　「儒學之統」既定，我們便可以揣知熊氏所謂的「原外王」究
何所指！熊氏採「大易」、「春秋」、「禮運」、「周官」四部經
典，融會貫通而成。無疑地，從熊先生的取材與詮釋中，我們可以
發現他旨在豁顯所謂的「大道之學」，務期具有革命及民主的性
格，使它能和現今的社會、政治、經濟等各方面的學術資源有一會
通的可能。大體說來，他強調的是《易傳》所隱含的「社會發展
觀」及「參贊格致說」，前者以闡明日新富有之奧義，而後者則聯
結西方之自然科學。順此《易傳》之思想核心，盼其日趨進化，達
於「群龍無首」的境界，他一方面極力的宣揚《春秋》「貶天子、
退諸侯、討大夫」的批判精神，並強調如何的從據亂世而昇平世，
更而及於太平世；另方面則闡釋「禮運大同篇」的宏偉理想，並將
此規模經由「周官經」而落實。他認爲「周官經」強調以和諧原理
爲根本（即「以均爲體」），以互動原理爲實踐之指標（以聯爲用），這

　⓰　請參見林安梧《當代新儒家哲學史論》，頁91-92，明文書局印行，一九九六
　　　年，台北。

是一部撥亂起治之書，承襲著據亂世衰敝之餘，奮起革命而爲太平世開端立基。它主張本之於大易格致的精神，發展工業，並逐漸消滅私有制，取消王權而達到天下爲公的境域。❼

　　由上所述，可以準知熊先生的外王學免不了穿鑿附會及過度引申，亦夾有許多社會主義烏托邦的想法，但值得一提的是熊先生所強調的是根源於本心良知而開展的道德理想主義，他要的是以每一個人爲目的建立的道德理想王國。儘管熊先生這篇外王學的構造仍嫌粗糙，但令我們汗顏的是：相較於彼，今之論談社會經濟、政治理想者又有幾人能留意到數千年來中國人所凝鑄而成的外王學傳統，更遑論其資源之開發者矣！筆者以爲儘管這已是四十餘年前而且又祇是一個中國本土學者所提出的一些見解，但仍是值得我們去重視並尋求更廣闊的開發之可能，讀者若以其穿鑿而輕忽之，甚而嘲笑之，此徒見其欲自絕而不知量罷了，是又何憾焉！❽

　　或者，我們可以發現熊十力的《原儒》〈原外王〉所透露出來的外王理想頗具濃厚的社會主義氣息，因爲它至少一直在顯示兩個社會主義式的指標：一是生產與分配的社會化，二是一種眞正根源於人性的自由。前者衍申出一中央集權式的計畫經濟，而後者則希望一人性烏托邦的來臨。雖然熊氏所接觸的政經書籍並不多，對於資本主義及共產主義所造成的問題了解亦不多，但我們卻可以從其極具洞見的分析與闡釋中，看出他對「人存在的處境」有一極爲深刻的洞見，這洞見的根本癥結是：如何去解決人存在的異化的問

---

❼　林安梧，前揭書，頁92-93。

❽　林安梧，前揭書，頁93。

題。這是當代新儒學面對實存的困境所共同掘發的議題，值得吾人
重視。

依熊先生所言，《原內聖》乃是發大易之奧蘊，旨在講明內聖
外王大備之鴻歸。換言之，所謂的「內聖」原是不離外王的，內聖
必然要通向外王。蓋內聖之所重乃人性之自律自由，外王則此自律
自由之充極而盡的表現，必然達於一道德的目的王國。實則，依儒
者之義說來，此道德的目的王國並不是在彼岸，而是即於當下的此
岸而證成者。由是而知，外王實即當下之內聖，《論語》「一日克
己復禮，天下歸仁焉！」其斯之謂歟！⑲

事實上，我們可以說熊先生的《原內聖》隱含著圓頓之教的理
念，正因這樣的理念，他強調「本體、現象不二」、「道器不二」、
「天人不二」、「心物不二」、「理欲不二」、「動靜不二」、
「知行不二」、「德慧知識不二」、「成己成物不二」。⑳儘管這
些綱目其所標舉的層次、面向容或不同，但是值得注意的是，熊先
生又由宋明理學家所著重的合一論，再透入至不二論。一般說來，
「合一」論者仍強調兩端之互有優劣先後，並常以其優先之一端而
統攝劣後之一端；「不二」論者所強調的是兩端之互為辯證而達於
一統一的狀態，或者強調此統體之體即隱含兩端之複雜性。當然，
如果更仔細的去理清熊先生的思想脈絡，我們將會發現他之強調
「不二」觀，是從早年之強調「合一」觀發展而來。這可以說是由
陸王心學傳統走向橫渠船山氣學傳統，再調適而上遂於彼所強調的

---

⑲　林安梧，前揭書，頁93-94。

⑳　見熊十力《原儒》〈序〉。

孔子傳統。像熊先生所走這樣的曲折路子，做爲後繼者的新儒家們並未承述之，這是極爲可惜而令人慨歎的。**㉑**

　　大致說來，熊先生所提出的「不二觀」，其後繼者則以所謂「一心開二門」的義理規模代替之。這樣的路子，一方面是再回溯到陸王心學的核心，另方面則又思由此核心再坎陷開出，牟先生所主張「良知的自我坎陷以開出知識之知」，即此之謂也。熊氏是基於社會實踐的要求，而修正了儒家心學系統對於本體的理解，進而思由社會實踐論的締造，去面對當前的世界，並寄望儒學由是而有一嶄新的開展。牟先生則重新建構了陸王心學的傳統，穩立了其兩層存有論的義理規模，並藉由「一心開二門」的格局，思由此去穩立內聖外王的分際，而重建外王學的超越基礎——即內聖學。就當代新儒家前後兩位具有代表性的理論建構者來說，從「新唯識論」到「現象與物自身」縱有蛛絲馬跡可尋，但熊、牟二先生其所建立的體系卻各代表兩個不同的類型，這是無庸置疑的。**㉒**

　　如前所述，熊先生的路子極爲曲折，他從陸王心學走向橫渠船山，然後調適而上遂於孔子，終而建立其《原儒》範典。之後，他對於歷代儒者則極力批評，他深知唯有批評才能清楚的顯豁其所建立的原儒範典。自孟子以下，荀子、程、朱、陸、王，皆在受批判之列。就以內聖學的修養工夫論來說，熊先生雖取於陸王爲多，但又不滿陸王，因而兼攝程朱，當然他亦不滿程朱，雖有時近似船山，但又不是。大體說來，他對於道德本心的強調近似陸王，但義

㉑　林安梧，前揭書，頁94。

㉒　林安梧，前揭書，頁94-95。

理的構成方式又近乎船山，對於人性負面的省察則又頗似程朱。筆者以爲熊先生之爲可貴的是：他以其眞實的生命去締結了一個眞實的系統，儘管這系統有其麤略處，但卻可能因此更待後人去闡揚深入承述的。換言之，與其說熊先生給你一個新的儒學系統，毋寧說他給你一個新的儒學方向；與其說他給你一個新的方向，毋寧說他喚醒你去擁有一新的生命。㉓

三、「革命」的孔子形象

　　自民國以來，一般知識分子總以爲孔子是保守的、頑固的，是對於既得利益階層提供其保護的；甚至有以爲中國傳統專制就是儒家害的，而孔子就是儒家的創立者，所以要批孔、反孔、反儒、反傳統，這樣才能免於中國傳統專制，亦才能發展出所謂的「民主」與「科學」來，中國才能邁向現代化，躋身於國際文明國家之林。一提尊孔，就被聯想與袁世凱，乃至其它諸軍閥，及當權者相關，總而言之，儒家似乎難免其爲官方意識型態控制者的角色。熊十力的孔子圖象與此迥然不同，他所宣示的是一「革命的孔子」圖象。這革命的孔子圖象大體貫穿熊氏所有的著作，而且隨著其年歲的增長，更有增無減，值得注意。

　　依熊氏體察，孔子早年當無革命與民主等思想，他還是承唐虞三代群聖的遺教，而欲得君行道。其早年確是服膺小康禮教的模範人物，孔子四十歲以後，漸有革命思想，熊氏以爲「四十而不惑」，

㉓　林安梧，前揭書，頁95-96。

猶有深意焉！再者，從五十以學易，到七十四臨終，廿餘年間，他的內聖學較之五十以前更有變化，整個外王學思想，也必然根本改變了從前欲依靠統治階層以求行道的想法。❷這關鍵點在於孔老夫子參透大易生生之哲理，默契道妙，入於造化之源，而得聖人之證量，故而能不為時代所強調之宗法封建所限制，而能回到「人人皆有士君子之行」的立場上去設想。熊氏以為「易備內聖外王之道，春秋特詳外王，而根源在易」❷，由此可見參透大易，這是形而上的體悟，另方面，孔老夫子由歷史的理解與詮釋中，更而開啓了一為制新王的理想，此即是「春秋」之作。熊氏以為孔老夫子自明其作春秋之志曰：我欲載之空言，不如見之行事之深切著明也。《春秋》雖是空言，但此空言卻隱含著強健的實踐動力的，是欲見之行事的。熊氏深切的指責「漢以來奴儒說春秋者，其解釋不如見之行事句，則謂孔子以為不如托之古史所載君臣行事，而筆削褒貶以垂戒，如是則與空言何異，明明背叛聖文」，他自解釋曰：「空言云云，謂空持理論，不如實行革命之事，其道乃深切著明也」。❷

　　關於《論語》所載孔子及其弟子之言，最有疑議而爭論者，當是〈陽貨篇〉所載稱公山弗擾以費叛，而佛肸以中牟叛，使人召孔子，而孔子欲前往襄助之事。此段雖後人有疑其為偽者，但《史記》〈孔子世家〉卻載之甚詳，不能無因也。熊氏於此大做詮釋，他說佛肸及公山弗擾，一為魯大夫季氏之邑宰，一為趙氏之邑宰，

---

❷　見熊十力《原儒》，頁525-526。
❷　見熊十力《原儒》，頁96。
❷　見熊十力《原儒》，頁194。

兩者皆叛其大夫，這在當時看來是以臣叛主，世之所謂亂賊
也。然他們召孔子，孔子卻欲往而助之，何哉？熊氏以爲大夫之邑
宰與農民最親近，孔子之欲往說二者，領導群衆以討大夫，這是消
滅第一層統治階級，實現民主之理想。孔老夫子後來之欲往而未
往，依熊氏所言是知二者之不足與謀，而民智未開，亦未可驟圖
也。這麼一來，所謂的「春秋貶天子、退諸侯、討大夫，以達王事
而已」就有了一番新的義蘊，言貶、言退、言討，「討」字下得最
重，討者討伐，必以兵力誅滅之也。熊氏以爲其辭獨重乃因爲周室
東遷以後，天子虛擁王號，諸侯國之政，又多操之大夫，如人民起
而革命，則以干戈誅其大夫，而天下事易定矣。天子但損去之，諸
侯但廢黜之已耳。顯然地，熊氏不同於歷來的春秋學者重在筆削，
而彼則轉爲革命之意圖。他一再的指責秦漢以下擁護帝制者，多爲
「奴儒」，奴儒妄侮聖人耳！**㉗**

　熊氏更言《春秋》之竄亂，並不始於漢，而七十子後學早已有
所改竄，即如曾子、孟子一派，亦被熊氏指爲孝治思想，是小康之
學。《孟子》〈滕文公〉云「世衰道微，邪說暴行有作，臣弒其君
者有之，子弒其父者有之，孔子懼，作春秋，春秋，天子之事也。
是故孔子曰：知我者其惟春秋乎？罪我者，其惟春秋乎？又曰：春
秋成，而亂臣賊子懼。」熊氏以爲孟子此不善學於孔子也，此以爲
孔子作春秋，只是以刀簡誅伐亂臣賊子，而亂臣賊子果然由此恐
懼，此乃厚誣了孔子。因孔子做春秋是要「貶天子、退諸侯、討大
夫」，此是要「改亂制」，何休對於公羊傳的發揮，於「改亂制」

　㉗　見熊十力《原儒》，頁200-201。

三字頗有其可注意之處，不可不知也。正因此「改亂制」乃涉及於
進一步的致王者太平之事，故言之恐得罪於朝廷，故公羊氏乃隱沒
孔子改亂制之底本，而詭稱爲漢制法，此亦可見其實情若何
也。若春秋只是對東周列國二百餘年間之君臣，有所譏刺，此與漢
廷便無觸犯，也就不必說其如何爲漢制法了。又熊氏更言司馬氏之
受學於董生，而肯定春秋是「貶天子、退諸侯、討大夫」，此正是
改亂制所在，但董生所作之《春秋繁露》乃以徙居處、更稱號、改
正朔、易服色爲改制，這顯然又與原先所論似相違背矣！這在在可
見「漢學陽尊孔子，而陰變其質，以護帝制」之一斑也。❷❽

　　熊氏對於《春秋》所隱含之微言大義，復有其獨特之看法，他
以爲原先《漢書》〈藝文志〉所說「昔仲尼沒而微言絕，七十子喪
而大義乖」，這裡所說的「微言大義」是值得吾人重視的，這可以
理解成一儒學的隱匿性傳統。他對於清末以來康有爲開啓的公羊
學，採取嚴厲的批評。康有爲以爲所謂的「大義」即是小康之禮
教，而孟軻言誅亂臣賊子之類，皆指此也。所謂的「微言」則是禮
運大同之說，此與春秋太平之義相通。熊氏認爲將「微言」、「大
義」區別開來，這是不當的。因爲春秋之義，是要由「據亂世」而
「昇平世」，進而進到「太平世」。熊氏更舉《論語》〈憲問篇〉
中爭論「桓公殺公子糾，召忽死之，管仲不死，曰未仁乎？」孔老
夫子回答子路說「桓公九合諸侯，不以兵車，管仲之力也，如其
仁，如其仁。」又子貢亦質問「管仲非仁者歟？桓公殺公子糾，不
能死，又相之。」，子曰「管仲相桓公，霸諸侯，一匡天下，民到

---

❷❽　見熊十力《原儒》，頁137-141。

於今受其賜，微管仲，吾其被髮左衽矣！豈若匹夫匹婦之爲諒也，自經於溝瀆，而莫之知也。」熊氏申言，春秋時候，雖以人臣之死君之難爲仁，否則爲不仁，此乃據亂世之大義，子貢與子路皆爲孔門高弟，仍執此大義以責管仲，但孔子則直斥兩子之非，而揚管仲匡天下之功，不以爲君而死之奴德爲貴。這可見孔子並不以據亂世之大義爲唯一之大義，來教其弟子，因此，並無所謂的「微言」與「大義」的區別。㉙

熊氏以爲「孔子脩六經當在晚年，大易、春秋、周官三經之作，或更後。晚而已知道之不行，思著書以開後世。六經爲孔子晚年定論，其思想自是一貫，斷無大義、微言，渾亂一團之理。余敢斷言，聖人心事如白日，決不至以大人世及以爲禮，與天下爲公，兩種不同之說，是非莫定，而苟且成書，誑惑後人。六經爲內聖外王之學，內聖則以天地萬物一體爲宗，以成己成物爲用，外王則以天下爲公爲宗，以人代天工爲用。」熊氏更而認爲「天下爲公，必蕩平階級，故大人世及之禮制不容存，同時必作動人民自主之力量，如尙書言。協和萬邦，黎民於變，周官言作民，大學言作新民皆是」㉚。

熊氏更而區別何休與公羊壽、胡母敬所述之公羊傳三世義之別，熊氏列表區別之：

㉙　見熊十力《原儒》，頁164-165。

㉚　見熊十力《原儒》，頁172。

（甲）何休所述孔子三世義	
所傳聞世	見治起於衰亂，是為據亂世
所 聞 世	見治升平，是為升平世
所 見 世	見治太平，是為太平世
（乙）公羊壽與胡母敬所作公羊傳之三世義	
所 見 世	臣當懷君深恩
所 聞 世	以義繩臣道
所傳聞世	世遠、不以恩義論

熊氏以為兩說對照下，公羊壽、胡母敬師弟所說三世，明明倡君臣恩義之論，為統治階級作護符。這與何休所述之三世義，迥然不同。熊氏斷言，公羊氏本世傳孔子春秋學，至壽及弟子胡母始偽造為漢制法之《公羊傳》，公之於當世，後孔子之真春秋，只有藉口說流行。何休所傳者，乃公羊氏門人散佈之口說也。可惜的是，何休仍不敢破偽顯真，而仍為《公羊傳》作注，如此使得真偽雜揉，後學莫辨。但熊氏仍盛贊何休，以為幸有此舉，尚可簡瓦礫，以識真金也。此何休之功也。❸

　　熊十力以為此「三世本為一事」，都是「撥亂世，反之正」，不可以當成三個不同的世代，又繼之以運會推演之說。他認為「據亂世」，見治起於衰亂之中，用心尚麤角，此為革命之初期，此限

❸　見熊十力《原儒》，頁206-207。

於國內，詳內治、愼外交，務求其國有以自立，而後可以與諸夏以公道相感，通力合作；經由據亂世革命之後，方可進而圖升平之治。等到諸夏固結，夷狄不得逞志，小國昂首，與大國平等，凜凜著生平之烈，始可進而修太平之洪業，完成革命大計。總的來說，春秋說三世，是革命而蘄進太平盛世之總略。值得注意的是，他以所見世爲太平世，這即是彰明孔子期於在據亂世舉革命之事，而及於身親見太平盛治之成就。㉜熊氏一再強調「聖人革命之志，要在造時，毋待時也」，所謂的「造時」是懲過去與現時之弊，與其頹勢之所趨，而極力撥去之。並極力的順群情之公欲公惡，行大公至正之道，以創開一變動、光明、亨通、久大之新時代。所謂「先天而天弗違」即是如此。㉝如果，用王船山的話來說，「太上治時，其次先時，其次因時，最下迺違乎時，治時者，時然而弗然，消息已以匡時者野。先時者，時將然而導之，先時之所宗者，因時者，時然而不得不然。」㉞我們可以發現熊十力於此是遙契於王船山理勢合一論的歷史智慧的。

　　依熊十力看來，《易》爲五經之原，《春秋》僅次於《易》，以視他經，則又獨尊焉！熊氏更而對於《孟子》書所說之「王者之跡息，而後《詩》亡，《詩》亡而後《春秋》作」作了其重要的詮釋，他以爲所謂的「詩亡」乃在孔子晚年，列國昏亂日甚，民間不

㉜　見熊十力《原儒》，頁211-212。

㉝　見熊十力《原儒》，頁213。

㉞　見王夫之《周易外傳》，卷七，頁一○，廣文版《船山易學》，頁1029，廣文書局印行，一九七一年五月，台北。關於傳船山「理勢合一」之問題，請參見林安梧《王船山人性史哲學之研究》，第五章〈人性史哲學的核心論題〉，頁118-129，東大圖書公司印行，一九八七年，台北。

得以怨聲上達，故謂《詩》亡，也因之而有廢除統治階級之思，而作春秋。熊氏認定孔子五十學《易》以後，思想大變，觀察事變日深，於是才作《易》、《春秋》、新禮諸經（新禮謂禮運周官），且之後，必將重理早歲《詩》、《書》舊業，予以改造。他之刪定三百篇及做《詩傳》，也就一定本大易吉凶與民同患，及《春秋》改亂制之旨，其刪定《尚書》，及作爲《書傳》，必本禮運天下爲公之大道，不以小康爲可慕也。熊氏以爲由孔子早年思想言之，《詩》《書》爲最先，由孔子晚年定論言之，《易》、《春秋》爲最先。❸❺

　　自秦漢以下的六經多所竄亂，此乃「曲儒」、「奴儒」，已非原貌；經由熊氏所釐清扭轉的「六經」，彼以爲此方是「原儒」。這樣的「原」，當然是一「理想之原」，而非「現實之原」，是一「價值之原」，而非「事實之原」，是熊十力在六十歲左右，「深有感於孔子內聖外王之道，誓以身心、奉諸先聖」❸❻，體驗而得。這樣的體驗方式已然超出了宋明儒的體驗方式，用熊氏自己的話來說，簡直是深入「乾元性海」了。這樣的「原儒」自然處處充滿了革命的意味，「六經」不只是「改制」之書，更是寓含了革命。熊氏云：〈乾〉卦六爻，從外王學的觀點看去，正是通六爻而總明革命、民主之義。他歷舉〈乾〉卦以爲例，他說「〈乾〉之初爻曰潛龍，〈文言〉曰潛龍勿用，下也。此言群衆卑賤處下，不得展其用，乃受統治者壓抑之象。」「二爻見龍在田，則革命潛力已發展於社會，是爲見龍之象」「九三，君子終日乾乾，大功未成，不得不乾乾也。」「九四，或躍在淵，或躍則幾於統治，而奪其大柄矣！

---

❸❺　見熊十力《原儒》，頁551-552。
❸❻　見熊十力《原儒》，頁557。

然又未能遽逐，故曰在淵，仍處下也」「九五，非龍在天，則大功竟成，主權在人民，上下易位矣，故爲非龍在天之象。」「上九，亢龍有悔，明統治崩潰，乃天則之不爽也。」熊氏以爲通六爻而玩之，由潛而見，而乾乾、而躍、而飛、明明是庶民群起，而舉革命、行民主之事，無可別生曲解」。相較於漢以下諸《易》家所做之詮釋，簡直有天壤之別，漢《易》家以九五爲飛龍、爲聖人登天位之象，於是以初爻潛龍，爲文王困於羑里之象，九二見龍，謂聖人有君德，當上升於五。九三君子終日乾乾，則以終日之日字爲君象。九五飛龍，聖然始升天位，如此說來，則通六爻純是說天子之事。故「首出庶物」被解釋成「大君專制於上，而萬國安也」。熊氏以爲此甚荒謬，而將之改解爲「天下無數庶民，始出而共和爲治，故萬國咸寧也。」。此與「群龍無首」之義相通，而「群龍無首」，正是〈乾〉卦爻辭的總結之語，依熊十力言，此「群龍」正以比喻全人類皆有士君子之行，彼此互相協和，互相制約，一味平等，無有首長也。**㊲**

　　相對於熊氏所提出這樣的「革命」的孔子形象，讓我們回想起漢代的孔子是一「制法之主」，是一「素王」的形象。就中國學術文化史而言，漢朝人王孔子於漢初，並於漢初爲孔子建立起一個名爲春秋的王朝與朝代，而這春秋王朝之爲王朝，乃經由「體天之微」而作成者，更進一步的是，漢朝人想進一步向上帝之朝及上帝之國推進，這即是要將孔子神道化與上帝化，將之提高到一創造主的地位。要昇春秋王朝爲上帝之朝的是董仲舒，而要神帝化孔子，

㊲　見熊十力《原儒》，頁559-564。

將孔子提到創造主的是讖緯家之言，這些讖緯家們多半帶有宗教般的虔誠，但卻又雜有政治的動機，懷著爲漢王朝及劉氏利益而服務的目的。董仲舒與公羊家們的立場與後來的讖緯家們的政治立場不同，這裡形成了兩個水火不容的鬥爭，最後則無可懷疑的，走向徹底的專制化之儒學。原先隱匿性傳統的公羊家們也就難見天日了。❸

「制法之主」或「素王」的孔子，以及伴隨而生的儒學乃是一帝制化的儒學，是相應於此，則是漢代的「天人感應說」；此與「革命的孔子」並不相同。相應於「革命」的孔子，則是由宋明儒學的心學系統所強調的「己分內事即己分內事」、「己分內事即己分內事」，「吾心即宇宙，宇宙即吾心」的傳統。❸「天人感應」啓動點在「天」，而「天」是至高無上的、絕對的威權，「人」則成了被動的，這是由宇宙論中心，推極而上，成了以神道般的上帝做爲一切的核心。這不同於陸王心學以來的傳統，再經熊氏的體驗與提昇，轉成了每一個人都做爲一個不可化約的主體，而這樣的主體自有其生命的動源，此生命的動源是通極於宇宙之動的。用熊十力體用哲學常用的比喻，我們可以說，衆漚不離大海水，大海水不離衆漚，每一個體都分受了整體，且這每一個體的主體，才是啓動宇宙造化的動源。吾人回顧前所謂之「乾元用九，群龍無首」，

---

❸ 有關孔子之爲制法之主與素王，請參見羅夢冊《孔子未王而王論》，第三篇「孔子未王而王」，頁125-196，台灣學生書局印行，一九八二年十一月，台北。

❸ 以上所引多爲陸象山語，見《象山先生年譜》，頁487，臺灣商務印書館印行，一九七九年四月，台北。

所謂「人人皆有士君子之行」則可更清楚發現熊氏所重構之「革命的孔子」，是有其劃時代意義的。

四、詮釋方法論及其他相關問題

如《韓非子》所言「孔子歿後，儒分為八」，何者為真孔子，本已不可得。即在孔門弟子間，在孔子之後，亦頗有所爭議，《孟子》書即載有「子夏、子張、子游以有若似聖人，欲以所事孔子事之」，並且「彊曾子」（勉強曾子），曾子曰：不可。（曾子並不答應）。❹其實，從《論語》書中所見只有曾子與有子稱「子」（先生），即可見此《論語》乃以曾子及有子兩大派的門下弟子所編纂而成，且從兩子之言論亦可見有子所述重在傳經之儒，其工夫入路由「孝悌」入手，而曾子之所重則在「忠信」。孝悌所重在家庭之倫理，而忠信則更推而及於社會之道德，而有子亦是「傳經之儒」的代表，曾子則是「傳心之儒」的代表。舉出這樣的例據，是要闡明根本沒有一所謂的「原版之孔子」，孔子之為孔子，就其生前亦在一發展的歷程中，當他留傳下來的「文本」，亦在詮釋的過程中，而有其生長與發展的不同方向。當然，彼此所根據的詮釋方法論也就有所異同。

相對於二千年的專制傳統，儒學之由漢武帝、董仲舒之提倡而獨尊之，這罷黜百家、獨尊儒術的「帝制式儒學」自成了顯向性的

---

❹ 見《孟子》〈滕文公〉上，朱子《四書章句集注》，頁260-261，鵝湖出版社印行，一九八四年，台北。

傳統，相對來說，做爲帝制的另一個對立面的「批判性儒
學」，或者更進一步「革命的儒學」則成了隱匿性的傳統。這「隱
匿性的傳統」一般即將之與所謂的「公羊家」、「今文經」的傳統
連著來理解，其實，這隱匿性的傳統是多層的，世傳所謂的「公羊
學」系統，仍不免染有帝皇專制的氣息。這問題的關鍵點在於這兩
千年的專制是一結構性的問題，而不只是枝節的問題而已。熊十力
所謂「漢以來二三千年，皇帝以孝治天下，鼓勵人民移孝作忠，…
…此爲奴化人民之善策，吾在清季，猶見此習。吾國帝制久，奴性
深，不可不知。」❹熊氏所提「革命的儒學」當然也是應運而生
的，這是繼康有爲之後的另一個大轉進，康氏仍不免限於帝制式的
儒學來周旋思考，思考其變法維新的可能性，放在大結構下來思
考，這難免其失敗的命運。羅夢冊於此有極精彩的論述，他說：

> 康有爲心目中的孔子，並不是那一位懷著「有聖人之德者，
> 應居王者之位」恐的自覺和自責之孔子，於春秋之世，曾經
> 恓遑一世，盡其可能，起而作新王，以澄天下之滔滔，而所
> 謂「制法之主」的孔子，自隱然含有要孔子爲清室制法的意
> 圖。也唯其如此，康有爲儘管是提出了孔子改制考，而並以
> 當代的孔子和當代的聖人自居，然他卻絕未主張過，天下者
> 乃天下人之天下，中國者乃中國人之中國，王者之政權的轉
> 移，是應當走著以聖禪聖，以賢讓賢的禪遞，而其本人，更
> 無任何的跡象，是曾有意於起而作新王者。相反地，他竟爲

---

❹　語見劉述先編《熊十力與劉靜窗論學書簡》，頁80，此函爲一九五一年十二月
　　所寫，時報出版公司印行，一九八四年，台北。

世襲王朝制之忠誠擁護者，以致終逃不出一位保皇黨首揆的命運，隨著王朝之沒落而沒落。**㊷**

擺在這樣子的脈絡來看，熊十力的革命儒學自有其一嶄新的開展，其《原儒》自有其孤懷宏毅在，不容抹殺。這些年來，港台多數新儒學者並不諳此儒學的隱匿性傳統，又囿限於時代的因素，因此對於所謂的「革命的儒學」頗不能接受，特別是對於熊氏所著《原儒》多不能恰當理解，殊為可歎。**㊸**當然，我們這麼說，並不是說熊氏的《原儒》十全十美，相反地，做為一具創造性的作品，它是漏洞百出。這在其摯友也是論友的梁漱溟便充分的有所指出，於此我們暫略，或者俟諸他日，再行討論。**㊹**

如前所述，我們說熊氏在方法論上，是根於其自家對於大易哲學的體會，參透了造化之源，當然熊氏是否果真已證得乾元性海，是否已進入到無分別相的境域，默契道妙，此我們無法驟下定論，但熊氏之相信有此證量之境界，此似可以在其理論系統裡成立。這也就是說，熊氏是根源於其「體驗」，由經驗（包括生命的、學問的乃至其它種種經驗）而上達於道體，達到一本體的睿見，再由此睿見而擬諸形容，成就一孔老夫子的形象，造就了所謂「革命的孔子」。如前所述，這樣的「革命的孔子」是一「理想類型」（Ideal-type），

㊷ 見羅夢冊前揭書，頁292。

㊸ 郭齊勇於此論之甚詳且當，參見氏著《熊十力思想研究》，第五章「熊十力的經學思想」，頁220，一九九三年六月，天津人民出版社印行，天津。

㊹ 見梁漱溟著「讀熊著各書書後」，收入氏著《憶熊十力先生》，頁5-79，明文書局印行，一九八九年，台北。又郭齊勇亦有精闢之分析，見氏著前揭書，頁223-226、235-239。

但如此之理想類型與韋伯（Max. Weber）所言略有所異，韋伯所言是方法論層次，而此所言則不只是方法論層次，更及於工夫論及存有論之層次。此革命的孔子之造像當然與韋伯義下的理想類型迥然不同，在方法論的運用上，大體應是受宋明以來「六經皆我註腳」的影響。值得注意的是，宋明儒所謂的「六經皆我注腳」仍是置放於「帝制式的儒學」下來思考的，這與熊十力之「革命的儒學」是不同的。宋明儒仍只是境界型態的居多，而熊十力則強調走向生活世界與歷史社會總體。換言之，熊氏經由體驗的工夫，上達於道體，所思考的是「乾元用九」，是「群龍無首」，是「人人皆有士君子之行」，而不只是「陛下心安，則天下安矣！」的思考。

顯然地，如果我們說熊十力述及一「革命的孔子」這樣的形象，其所運用的仍是一「理想類型」的方法，這與韋伯所說的「理想類型」頗為不同，須得分述清楚。韋伯所說的「理想類型」當可以這樣來理解，理想類型並不是一理想的規範概念，其意義亦不能落實，它祇是對於任何現象合法的去建構一理想型態。這理想類型並不是對於實在的描述與定義，而且也不是假設，但它卻是用來解釋這個實在的。它是一純粹的概念，在實在界裡找不到這樣心智的建構物，它是一個烏托邦（Utopia）。理想類型一方面是純粹的，而另方面則又是經驗的，因此我們可以說它是一「綜合的純粹概念」。就其純粹的而言，其功能可類比於康德所說的「範疇」（Category），但它又不像康德所說的範疇是先於經驗的，倒還是從經驗的強調而來。顯然地，理想類型是純粹的概念，但不是先驗的（Apriori）概念，它是透過具體的問題，做一經驗的分析而慢慢形成（sharpened）、修飾（Modified）和創造（Created）成的，但

它卻又回過頭來使得經驗知識的分析變得更為清朗明晰。**⑮**

　　顯然地，韋伯關於「理想類型」的提出，在闡明如何成立一客觀的人文社會學問之可能；韋伯重的「客觀的知識」，而熊氏所重則在一「主體的證悟」。客觀的知識面對的是一「事實的揭示」，而主體的證悟所重的是「價值的開啟」。韋伯是通過做為Utopia的理想類型，去深入生命所及的歷史社會總體，而建構其知識系統；熊十力則經由生命的體驗，深入中國文化的經典之中，以「六經注我」的方式，而去揭示一理想的Utopia。韋伯的Utopia是做為方法論起點的，而熊氏的Utopia則是做為實踐工夫所證成的境界而說的，正因如此，熊氏即以這樣的方式而形象化了孔子，使之成為一「革命的儒者」。

　　熊氏這樣的詮釋方式，令人想起早在二千多年前的孔子與師襄子學鼓琴的故事公案。依據司馬遷的記載說：

> 孔子學鼓琴師襄子，十日不進，師襄子曰：可以益矣！孔子曰：丘已習其曲矣！未得其數也。有間，曰：已習其數，可以益矣！孔子曰：丘未得其志也。有間，曰：已習其志，可以益矣！孔子曰：丘未得其為人也。有間，曰：有所穆然深思焉！有所怡然高望而遠志焉！曰：丘得其為人，黯然而黑，幾然而長，眼如望羊，如王四國，非文王其誰能為此也！師襄子辟席再拜曰：師蓋云文王操也。**⑯**

---

⑮　請參見同❸。

⑯　請參見司馬遷《史記》〈孔子世家〉。

孔老夫子是由「數」（旋律、次序、方法）進至「志」（定向、目的、意義），而想見其爲人，擬塑了這首曲子作曲者的「形象」；若套用傅偉勳教授對於詮釋學的諸多層次理解，有所謂「實謂、意謂、蘊謂、當謂、必謂」，熊氏這樣的詮釋學亦可以稱之爲某一獨特類型的「創造性的詮釋」。❹這些年來，筆者亦嘗經由典籍傳述的諸多體會中，闡明了中國的詮釋學所可以釐清的幾個層次，依次是「言」、「形」、「象」、「意」、「道」，言上有形，形上有象，象上有意、意上有道，由言而及乎形，由形而見其象，由象而見其意，由意而入乎道。相應於「言」是語言文字的構成，重在了別作用；相應於「形」是意義的整體結構，重在把握作用；相應於「象」是在意義結構之上的總體意象，重在想像作用；相應於「意」是在此意象之上的「意向」作用，重在體驗心意之指向；相應於「道」是在此意向之上的無分別相的空無狀態，重在體證道之本體。❹或者，我們可以說熊氏的革命的孔子之形象即是以其個人生命之體驗，而及於道之本體，再由此本體彰顯爲一理想的形象爾！

---

❹ 關於「創造性的詮釋學」請參見傅偉勳《學問的生命與生命的學問》一書所作的自述，又此議題傅氏首先以 "Creative Hermeneutics" 發表於Journal of Chinese Philosophy，Vol.3，1976，PP.115-143。

❹ 筆者此處所論，實與近年來常提之「『象在形先』的中國形而上學」密切相關，亦與筆者近年來所述之《道言論》相關，蓋「道顯爲象，象以爲形，言以定形，言業相隨，言本無言，業本非業，同歸於道，一本空明」。關於中國的詮釋學，筆者以爲可求之於四，一乃「經傳之注疏學傳統」，一乃「體驗之心性學傳統」，一乃「歷史之詮釋學傳統」，一乃「藝術之品鑒學傳統」，總的來說，都可以「因而通之，以造乎其道」，與中國之形而上學的風格有密切的關聯。所論於此暫略，請俟諸他日。

五、結語：批判與重建的可能向度

近數年來，面對當代新儒學之傳承與發展，筆者提出由「牟宗三而熊十力」，再由「熊十力而王船山」的發展路向問題。筆者以為由「熊十力而牟宗三」此是「順遂其事，合當其理」，由「牟宗三而熊十力」此是「上遂於道，重開生源」。若由「熊十力而王船山」，則更而強調歷史社會總體的落實與開展，是人性史之重新出發也。（案：此處只就哲學之大類型而視之，至若其他先賢之爲哲學家者夥矣。可借鏡處甚多，非敢疏略也）❹這樣的發展路向亦可以理解成是：重新解開主體主義的限制，而回溯到宇宙的生源，進而將此宇宙之生源敷布於廣大的生活世界與複雜的歷史社會總體之中。實在的去面對兩千年來的專制傳統與儒學的複雜關係，釐清顯向性的傳統，重新掘發隱匿性的傳統；理清血緣性的縱貫軸所隱含的糾結，開發人格性的道德連結，限制血緣性的自然連結，開啓一契約性的社會連結，瓦解宰制性的政治連結，開啓一委託性的政治連結。

熊十力的哲學系統是獨特的，他不同於牟先生之總攝調適康德哲學；他開啓的是「見乃謂之象」，直契道體本源的「現象學」；他處於前現代，但其哲學卻含有處理後現代的一些可貴苗芽，這恰巧與其由「唯識學」走出而重新去體會闡揚「大易哲學」有密切相關，這或許不是熊十力所料及，但它的確充滿著生長的可能性。再者，熊氏的哲學系統與經學系統是合而爲一的，他開啓的原儒思

---

❹　以上所談，請參見筆者《存有、意識與實踐：熊十力體用哲學之詮釋與重建》一書之〈卷後語〉，頁373，東大圖書公司印行，一九九三年，台北。

想，是繼承原先儒學的「隱匿性傳統」，這裡可以開啓一套革命的
實踐之路，此竟然不爲當代新儒學之後起者所重視，甚爲可惜。當
然，他所開啓的革命儒學，總因時代的限制，仍不免落在
道德烏托邦的理想中，他運用的方法，以及使用的材料，在「創
造的詮釋」過程中，仍多所穿鑿附會；他不免主觀的體驗過多，
客觀的理解太少。但總的來說，熊氏仍以其個人生命的體驗獨契於
「道」，在歷史發展的嶄新脈絡裡，他重新舒活了儒學的筋骨，並
開啓儒學自家隱匿性傳統所具有的「解構性思維」。這樣「解構——
——批判——重建」的活動是值得重視的，特別對於兩千年來的帝皇
專制的傳統，熊先生批之爲「奴儒」，眞是振聾發聵，千古鐸音。

　　最後，筆者想徵引《孟子》〈公孫丑上〉之文字以爲總結，「宰
我、子貢、有若，智足以知聖人，汙不至阿其所好。宰我曰：『以
予觀於夫子，賢於堯舜遠矣。』子貢曰：『見其禮而知其政，聞其
樂而知其德。由百世之後，等百世之王，莫之能違也。自生民以
來，未有夫子也。』有若曰：『豈惟民哉？麒麟之於走獸，鳳凰之
於飛鳥，泰山之於丘垤，河海之於行潦，類也。聖人之於民，亦類
也；出於其類，拔乎其萃。自生民以來，未有盛於孔子也。』」（丁
丑年二月十六日於象山居）

第參篇‧廣論

第八章　《論語》與廿一世紀的人類文明

──交談、啓示與文明治療

〈本章提要〉

　　本文旨在豁顯《論語》一書的根本智慧，並對比點出她與廿一世紀人類文明的關聯。首先經由「交談性經典」與「啓示性經典」的對比，指出《論語》一書之爲一「交談的哲學」、「場所的哲學」，重視的是人之做爲一「活生生的實存而有」這樣的存在。

　　再者，經由宗教社會學的考察，對於現代「合理化」社會的心靈機制和危機，做出解析與闡釋；指出在「人」與「上帝」的巨大張力下，如何的開啓一工具性理性的合理性，並進而試圖去宰控世界，終而墮入「異化」的境域之中。

　　再者，點示出所謂的「新世紀運動」如何面對「異化」的問題，是如何的由人之「實存的有限性」進而深透到一「實存的奧秘性」之中，並進而瞻望廿一世紀未來的嶄新可能性。

　　其次，再回顧《論語》及其所展示的「生活世界」，並指出其獨特的「孝道宗教觀」。最後，則以台灣海峽兩

岸之中國文化傳統爲核心，而論東亞在邁向世界史過程中所可能的自覺。

關鍵字詞：論語、交談性經典、啓示性經典、文明衝突、現代性

一、「交談性經典」與「啓示性經典」的類型對比

《論語》這樣的一本書跟人類的廿一世紀文明有什麼相關呢？能有何重大的意義關連呢？如何詮釋而能使之活現呢？在人類邁進這充滿新可能性的廿一世紀前夕，我們試圖提出這麼一個充滿可能性的問題意識——「《論語》參贊廿一世紀人類文明的可能性」。

《論語》一書，從某個意義上說，乃是在呈現人與天地人事物間最眞實的生命交談。何謂生命的交談？生命，它從來就不是一個孤零零的主體知覺或抽象的本質存在，生命的實存現象之眞實總是在整體的具體中，世界就是一個具體而整全的世界，而一切萬有就交融涵蘊在此天地世界之中（Being in the world）；於此，人與世界中的一切存有總是在隱顯中起著感通的共振和滲透，而這個共存於世界之中的共在（Being with）現象，即是實存的具體生命，而這個交融感通的鳴喙合和，即是生命的具體交談。可見，生命之本來和整全就是在交談中呈現，而交談正是生命如實流動之本身。

將此交談所成的世界之總場域敞開來說，人跟人之間的互動是一種交談，人跟上蒼的互動也是交談，人跟內在靈明中的互動也是交談，人跟整個存在的世界（動物、植物⋯⋯乃至其他各種事物）有其關連互動，那也是一種交談，可見，交談是一種場所哲學思考

下的生命眞實，而《論語》就是一種場所思考下的交談哲學之具體示現❶。而這種場所、交談的哲學，其實是爲了生命的完成和智慧的彰顯，通過對話的方式讓智慧彰顯、讓那「道」彰顯；而這個「道」是個相互成全的共通之道，在這個交談所開啓的共成之道中，「說者」是一種開顯而不是一種指向對象的宰制，「聽者」是一種開放而不是一種指向對象的被決定，如此，「聽者」的開放成就了「說者」的開顯，「說者」的開顯完成了「聽者」的開放，聽、說之際完成了一個圓的循環，生命於是共生於斯、共長於斯、共成於斯。

　　《論語》這樣一部生活化、交談式、場所性的經典，它跟一神論的宗教是大不相同的，一神論宗教的經典多半會強調說，他們的經典是「啓示性的經典」，相對來說，《論語》是一部「交談性的經典」。「啓示性的經典」所強調的是來自唯一的、超越的絕對者對人類的啓示，它的重點在於它是通過語言、命令來向人類頒布律法，是自上而下、是無限者對有限者的指示，因此而帶有制約的律令性，和主體對象化活動下的主客二元性。「交談性的經典」強調的是人在天地之中，且以其道德而參贊企慕於道，故重點在人的內在德性之踐履，且由此盡己而盡人，盡物而知天；而在盡己與盡人

----

❶　場所哲學強調的是生活世界的回歸，而生活世界乃是西方那種知識、科學的抽象作用介入前，那個主客二元性思考的存有論基礎，簡單地說，它只是原來那個互爲感通共在的現象眞實和原初經驗。而不管是場所哲學所強調的原初經驗、或現象學所主張的回歸生活世界，就某個核心意義說，它們都是迴向中國一向體會的那種：天地人我物爲一體交融的境域感；只是前者重在哲學系統相的反省，後者重在生命全然的領受。

的生命交談中，它強調的是聆聽者的開放而讓出場域，然後說者得以在此安居而有所開顯，如是才共成一《論語》的生活世界，可見，它著重的是一種互為主體性，或說是一種「氣的感通」而有的一體之感。❷所以，「啓示性的經典」我們可以說它是由上往下的、來自「天國的福音」，但是「交談性的經典」我們應該把它理解成是互為一體的、「人文的智慧」。

二、現代「合理化」社會的心靈機制和危機

人類的文明從十六世紀到廿世紀，近數百年來（特別是近二、三百年來），整個來說是西方現代文化當令的時代，也就是我們現在一般所說的「現代化的社會」。這個「現代化的社會」背後有一個「合理化」的精神機制，而這個「現代化的合理性」其背後有西方文化的基礎在支持著，或說是跟這個合理化的思維和過程連結在一塊的。基本上，從某個思維的基礎和深度來考察，我們可以說是西方的形上學思考(metaphysical thinking)傳統和基督教傳統，再配合歷史的境遇，因而決定了、開啓了這個以「合理化」取向為

---

❷ 關於透過言說（Logos）而指向對象的這種一神論類型之創造說，其實挾帶有主體對象化的傾向，因此它在教相的呈現上，也就常伴隨著二元性、戒令性……等現象；但它也在這種若即實離的心靈張力中，特顯一信仰、企望的熱力，和被包容、寬恕的救贖感應，此雖不好說是自力教，但它可能在一極謙卑的放下中，讓上帝之說開啓了你；雖如此，問題的癥結還是存在的，即上帝與我的關係仍只是在二元格局中再度連結而已，是故在天人關係的類型上，似不能居於「合一」的飽滿圓型。

主導的現代社會❸。如此，這個「現代化的合理性」背後其心靈免不了有這三個層面：一個是從猶太而來的基督宗教，一個是從羅馬而來的法律，一個是從希臘而來的哲學，以及後來發展的科學。這三者就其起源來講並不同，而且差別很大，但後來卻融攝爲一個整體，而這個整體就構成了所謂二十世紀末，到目前爲止，西方人所強調的現代化下的合理性。

「現代化下的合理性」是強調這個「現代化」有其「合理性」在，而這種「合理性」背後的思維工具和方式，就在於理性的計算能力和控制欲求，用佛家的名相說即是一種「分別智」的執取❹，即它是用這個主體的「表象思考」（representative thinking）、「對象化活動」（objective action）去架構、範鑄、置定那個物理世界；也可說是用言說論定、名以定形的方式去攝握、確定客體世界，由此而構成一套非常嚴密的、可計算的語言符號系統，如此美其名爲求「眞理」的「科學」❺。顯然，科學背後的思模式就在

---

❸　所謂的合理化，是指以工具理性和計算理性取代和凌駕了目的理性和價值理性，結果這個現代化的合理社會，漸走向以利用最大效能爲首要取向，於此，人的自由和價值反而有被化約和宰控的危機，而韋伯所宣稱現代化、合理性的解咒性，又成了另一種更形嚴密的鐵寵。參見韋伯《宗教與世界──韋伯選集二》、康樂、簡惠美譯，遠流出版、新橋譯叢，一九八九年。

❹　關於西方「純粹理性」的特性及其與佛家「分別智」的層次相應……等詮釋，參見牟宗三《現象與物自身》、《中國哲學十九講》，學生書局出版。

❺　其實科學這種以客體對象來符應主體判斷的確定性，其實是一種人類中心、理性中心所成就的知識，此時眞理被本質給取代了，而本質乃在於判斷與對象的符合，而不是事物本身的開顯。參見M. Heidegger, "Being and Time", tr by J.Macquarrie and E.Robinson, NY.1977, p257

於「分別智」，而這種主體的對象化活動去統治這個世界所形成的
一套合理系統、嚴密的控制系統、可將一切化約爲工具性之物的系
統，由於它背後是這樣一種極弔詭而麻煩的心靈機制，因而帶有一
種「一往不復的悲劇性」，即是說它似乎已成了「命運」的意味，
而當年海德格憂患的「科技是西方人的命運」，如今更是成了「科
技是人類的命運」；什麼是「一往不復」呢？就是說這個問題這樣
往前走的話，是回不去的，是一個線性的思考，是一個往下趨的徵
向；什麼是「悲劇性」呢？就是明知會如此，想要避免、轉向、調
整似乎都很難，它幾乎有了它自己的運作邏輯而自己在決定自己，
人反而成了隨其流轉的一個輪，這就好像古希臘的悲劇精神所隱含
的一個「無可奈何的必然性」。

　　「現代化的合理性」背後的心靈機制，除了有古希臘的形上學
思考傳統，以及它所逼顯的近代科學傳統，還有就是整個基督宗教
文化在改革的過程中，從路德教派到後來的喀爾文教派，其間有一
個非常關鍵的曲折發展，這個曲折發展徹徹底底地封閉了「天、
人」或者「神、人」的關係；或者說，用另一種「無可奈何的必然
性」來取代原先有還帶有「神祕主義色彩」的傳統。原本的「神祕
主義」（Mysticism）相信，人們經由一種心靈祈禱的訴說和聆聽
的實踐活動，或者經由其它的特殊工夫管道，而能夠跟超越於這個
人間世之上的神冥契或合一，也就是，人們能夠經由自己內在的力
進而可以跟那個超越者（神）冥合。可是，特別到了喀爾文教派的
時候，徹底地把這個「神祕主義」給摧毀掉，不強調人們可以經由
一種神祕的管道去跟超越者合一，反而強調人是一個絕對有限的存
有者，而且這個有限是被上帝決定的、人是決定的有限，甚且連與

上帝的關係都是被決定的：你是不是永劫沉淪？或者你可以獲得上帝的拯救？這都已是早在上帝的預先決定中了，這就是喀爾文教派的「預選說」（或者譯成「預定論」）。❻

事實上，這乃將內在修持的問題轉成了預定救贖的問題，而且弔詭的是，喀爾文教徒式的宗教心靈是很曲折的，因為誰也不知道自己是否是上帝所預選的；但是，做為一個虔誠的教徒，無論如何總要相信自己是被上帝所擇取的，否則就等於承認你被上帝所放棄，顯然，這種相信必然是人性上、宗教心靈上的自然企求之願力；問題是，這種相信的願力可能會不斷地在肯定與懷疑中辯証不定，然人的救贖信仰又必然要求確定，如何可能呢？上帝的心思是無法猜測的，這時人必須証明自己、說服自己是值得被救贖的，而且可能必須是一個不斷証明的歷程，即人必須不斷地克服懷疑、不安的心，以確定被救贖的基礎；如此一來，預定救贖的問題又被轉成証明救贖的人為問題。

問題的徵結在於，喀爾文教式的人為証明已不再是「神祕主義」式的內在靈性之實踐，而有了一種根本的轉向和歧出，也就是往「俗世化」和「禁欲主義」兩者詭譎結合的道路走去；從此，人只能不斷的經由努力又努力，以人間世的成就來彰顯上帝的榮耀，而証明自己為上帝所正選，這麼一轉，俗世的財富和成就不但不歸凱撒所管，反倒成了上帝的轄地了，如此弔詭地，原本俗世的價值竟在宗教觀念的作用下被轉化了（有趣的是，或許我們會認為喀爾文教派

---

❻ 關於喀爾文教派的「預選說」，以及本論底下所論述的有關基新教與西方資本主義的關係，參見 Max Weber, The Protestant Ethic and The Spirit of Capitalism, NY.1958, The Free Press

將神聖給俗世化了，但當時喀爾文教徒或許會自認爲他們是將俗世給神聖化了，此暫不論。）於是，配合著工業革命的發展、科學的進步，人們愈發相信人門唯有嚴密的了解自己，更嚴密的了解這個世界，人們才能夠很徹底地用一種工具性的方式來把握世界，而取得更多生存的資源，最後讓自能夠具有更大的力量來彰顯上帝的榮耀。

　　順著這個俗世化的邏輯和歷程滾下去，爲了得到最大的利益計算和確定，人們以嚴格的方式來理解自身，要把自己理解成是一個非常可理解，而且有次序、可控制的一個生命個體；當然，理解週糟的人事物、以至於世界時，也都採用這種確定、利用的方式，用韋伯的話說就是：「工具理性」漸取得其獨立性，甚至膨脹到取代了「價值理性」。❼於是整個近代西方這三、四百年來的發展，突飛猛進，科技是這樣嚴密地控制這個做爲資源庫的世界，世界也徹底地成了油料站（gas station）一般，而變成站立在我們面前只待利用的能源場；如此以我之嚴密的工具理性去宰控世界、征服世界，內心就越興發一種安全的確定感，由是也愈加証明「我」是被上帝所預選的。所以，西方心靈的內在意識常潛藏一種深層的結構是：當我在從事俗世的事業時，同時也就是在彰顯上帝的榮耀，因此也是在完成上帝對我救贖的証明之志業；但是隨著人間的實際福祉愈來愈大，俗世的誘惑也勢必愈來愈強，爲了不斷保証自己沒有

---

❼　關於韋伯對工具理性和價值理的說明、以及兩者間的弔詭關係，合理化過程所造成理性的衝突，以及韋伯對西方理性未來發展的悲觀；可參見施路赫特《理性化與官僚化》、顧忠華譯，聯經出版、七十五年。陳曉林《學術巨人與理性困境》、時報出版、七十六年。

墮落，一方面只好採取對自己更強的禁欲張力，另一方面又將累積
的財富不斷地再投資到俗世事業中，結果，原本如此弔詭的宗教心
靈之糾結，和西方資本主義的形成有著密不可分的關係。然而，這
個愈成功就愈禁欲、愈嚴密就愈壓抑的心靈糾結和拉扯，是那整個
西方現代化、資本主義、以及科學發展過程和背後的特殊心靈機
制。

三、「新世紀運動」的新未來可能性

　　而在十九世紀末、廿世紀初以來，就有一些思想家已經在面
對、思索這些問題了，從某個核心的問題意識來看，尼采的哲學、
佛洛依德的心理學、馬克思的社會經濟學……等等，都是由各種不
同的向度去揭露同一問題的嚴重性。尼采是從其對基督宗教和道德
的反省和批判，以及對整個西方理性文明、重智哲學的傳統，給予
非常強烈的衝擊和解構；佛洛依德是探入理性意識底層更廣大、更
基礎、甚至更具決定力的潛意識層，而這個做為冰山底層的潛意識
是「非理性」的，如此而給予理性樂觀者嚴重的打擊；而馬克思著
重在對整個社會階級的分析，通過經濟學立論的理解，而開啟另外
一套革命的想法。這是整個西方現代化所面臨的種種問題，而其關
鍵就在這種「工具理性」的高張狀況底下，使得人們的價值感、存
在感都無法貞定，而陷落在一種平庸化（average）、甚至極端不
安的心靈狀態中，這種極端不安的狀態就是人在外馳、追逐對象化
的勢用時，不斷地離開自己的價值根源所扭曲成的存在樣態，這種
游離的存在情境就是所謂的「亡其宅」（not at home）❽；而這

種「內不在己」的「亡其宅」,就是一種根源義的「異化」(alie-nation),且由此進而喪失了人跟人之間眞實的互動與感通的那種感動力,這就造成了「外不在人」的「異化」,甚至造成了「上不在天」(神)、「下不在地」(自然)的整個存在世界的異化。❾

　　總之,這就是生命的一種「異化」、「疏離」的存在狀態,一種恍惚不安、莫知所之的狀態,而現代化的社會裏,人們就是處在這種「道、器分而爲二」、「理、勢分而爲二」、「身、心分而爲二」、「理、欲分而爲二」的二元分裂中的;顯然地,這種來自二元世界觀、身心觀所一步步造成整體文化的疏離、張力困境,已不再是經由一種言說、命令所頒布的誡律這樣的一神論宗教所能夠徹底處理,這就是爲什麼在廿世紀中葉以後,整個西方興起了非常重要的所謂「新世紀運動」(New Age Movement)。這個「新世紀運動」是把東方的智慧,特別是禪宗、道家、佛教,以及古印度教,乃至伊斯蘭教中主神祕義的傳統、基督宗教中神祕主義的傳統,整個構成了一個回歸根本、徹底治療的運動,而它不同於一般西方知

---

❽　《孟子·告子》:「仁者,人之安宅也。」,我們將孟子此義引申發明爲:只要人離了道的總體狀態、悖離人性價值的根源狀態,此時生的異化即是一種「亡其宅」的游離情境。筆者近年來頗關心於「價值的異化」、「文化的異化」以及「存在的的異化」,且思以東方儒家的「意義型治療」、道家的「存有型治療」、佛家的「般若型治療」,期使其歸於安宅、復全之道。參見筆者《中國宗教與意義治療》、文海哲學叢刊出版,一九九六年。

❾　唐君毅曾指出:存在主義哲學的興起,可以說是原於感到現代人不能安居「天、地、人、我」之四者中,而形成所謂「內不在己,外不在人,上不再天,下不再地」。參見唐君毅全集卷八《中華人文與當今世界·下》、學生書局,頁一四二至一五七。

識份子那種或社會學式、或政治學式、或經濟學式、甚至不同於心理學式、存在主義式…………反省批判的層次，亦即它既不是理性的層次、也非跳到理性對面的反理性的層次，它強調回歸二元性的存有論基礎來思考問題，顯然這是一種深度的、根源的基礎性思考，其中蘊含著徹底復全之道的心靈洞見，其思想內涵有待學界注意，而且它所掀起的各層面心靈運動之實際影響，也非常值得再三觀察。❿

其實，這樣的運動基本上可以把它理解成人們在面對整個西方現代化的過程中，所興起的第二波運動了，而第一波運動正是所謂的「存在主義運動」。這第一波存在主義式的反省，所強調的是「存在先於本質」，主張人實存總體的優越性、基礎性，不認為可以通過理論的、邏輯的、一種本質主義式的思考方式，來抽象地決定人的存在本性，而認為人應該正視：「人是做為一個活生生、實存而有的生命個體」，而這樣的生命個體是具體存在的總體；不再用古希臘如亞里斯多德以來，那種以「類」加「種差」的定義方式，將人確定成、決定成「人是理性的動物」之判斷，反而正視人的種種存在樣態、有限性、可能性，我們可以說，存在主義式對人的把握不再強調靜態式的「本質」（essence）與存有（beings），

---

❿ 基本上，我們是將近年來有關思考深層心靈課題者，且由此面對現代人處境的思想內容、思想家，總括地稱其為「新世紀運動」，而不是只以《新世紀運動》叢書做為唯一的代表。而目前哲學界對此運動的注意和正視，似乎頗為有限，除了近日已故學者傅偉勳先生曾在其遺著《道元》（東大出版、世界哲學家叢書，八十五年）一書的結尾處，略將克里虛納穆提和道元做比較外，似乎仍乏人問津、殊為可惜，或且是在蘊蓄待發中。

而著重在動態式的「可能性」（possibility）與生成（becoming）；
這裡顯然有一種革命意味的轉向，即從「思想的優位性」轉向「實
存的優位性」，我們或可將之比擬為「存有論的哥白尼革命」、以
區別於「知識論的哥白尼革命」。

「新世紀運動」其實可說是繼承了、或者說繼續了這個存在主
義式的反省，而且進一步地深透到「人實存的奧秘性」；其深義是
在於把人重新放回到大宇長宙中，跟宇宙重新復歸原來的一體之
觀、切身之感，而原先存在主義式的反省所強調的「實存有限性」，
則是把人跟整個大自然、大宇宙割裂開來，所以當人孤獨地面對宇
宙存在的無限性時，這個肉身主體就似乎被時空壓縮在渺茫的一個
黑點上，加上朝向死亡（toward to death）、與必有一死的怖懼，
人生的相對價值系統都有被虛無化、荒謬化的危機，這裡，我們可
以看到存在主義式思考的限制，甚至它在某個意義上說仍與科學思
考的模式有其同質性，雖然它本身是反對科學主義。

而「新世紀運動」的思想家們，像克里希那穆提（J. Krishina
murti）、奧修（Osho）、索甲仁波切（sogal Rinpoche）……等
等，當他們反省現代人的文化危機、存在困境、環境危機、精神壓
力、心靈貧乏、生活重建、動物解放……以及生死、自由等重大問
題時，其所汲取的思想資源大都來自東方古老的智慧傳統，並且最
強調人是偉大的、尊嚴的、自由的實存奧祕；這個思想運動的深度
很徹底，其帶動的反省層面很廣大，想必這是因為他們能直契到生
命中那屬於最核心、最基礎的存有智慧，然後從此阿基米德般的支
點而發出關懷，自然能有一相當全面性、革命性的觀照視域。譬
如，當我們提出這類似簡單很基礎的問題：現代性的合理化機制，

其結構果真那麼合乎人類所欲追求的價值實現、生活世界嗎？朝向死亡、必有一死是否就是生命的全部？人生是否就是前後際斷的生、老、病、死而已嗎？新世紀運動的思想家們強調將生前死後連續在一塊，越過生死斷裂的二元觀，主張天人的連續性、生死的連續性、身心的連續性、人己物我的連續性……等等，由此而開出各種向度的關懷，而漸漸滲透到各層面的人物心靈中，蘊蓄著一種新可能的清新氣象。

那麼我們觀看廿一世紀人類文明的未來新可能，這裡顯然是一個極重要的新起點。廿一世紀的人類文明已經不再是從十七、十八、十九、廿世紀這三、四百年來，以科學為主導的、以一神論為主導的、以一個文化傳統為主導的、以某一個或某兩個政治意識型態為主的國際關係，和西方文化中心為主的人類文明發展方式。譬如，蘇聯解體、東歐變色，中國大陸也在改變，美國如果現在還是獨強的話，是因為美國不再只是用原來的思考方式在運作而已，而且它也在轉變中，甚至美國獨強的現象也已經漸漸褪祛中，而亞洲已經悄然在地球另一端昇起了。所以我們曾比擬說，用「叉子的文明」漸漸失去獨大，用「筷子的文明」正冉冉昇起；「叉子的文明」就是比擬主體對象化的文明，基本上也就是不把那對象物當成活生生的生命體，所以常從人類中心、自我中心、理性中心出發，以一種強烈干預、宰制、實用的方式，嚴密地而精確地控制對立的對象，這種叉子文明發展到廿世紀正是個巔峰。而「筷子文明」就很不同，筷子跟那個對象物最重要的關係不是一種征服的對立，而是和諧共成的關係，互相成全以達到一種實踐活動的圓滿開顯，顯然這是一種場所、交談的哲學，其欲完成的是有關共通之道的開

顯。

　　人類廿一世紀要走向一個新關係的重建，就是族群跟族群、文化與文化，以及種種其它的關係一起朝向多元而和諧的狀態；多元而和諧的關係是什麼意味呢？最簡單的說法就是讓各各不同的族群保有其個別性在，什麼叫「和」呢？就是「和而不同，不同而和」；最大的不同、最大的和，在中國來講就是「太和」，「太和」就是活生生的「道」之呈現，就是「太極」、就是「太初」。「太和」是就總體的和諧狀態講，而用一個字去稱呼它就是「道」，「太極」是指一切最高、至高無上的圓滿，「太初」是就時間來講、指最原初的存有狀態。總之，未來人類要走的新路是這種「太和」的大道路，絕不再是「征服」的胡同巷，而最能夠表達「和諧原理」的一種眞理開顯方式，即是我們所強調的「交談式的經典」，而這種屬於「交談式經典」，就人類文明整體來講，最完整而且最早的、不是斷簡殘篇、一直留傳到目前爲止，獨獨《論語》一部而已。

四、《論語》所展示的「生活世界」與「孝道的宗教觀」

　　做爲「交談式經典」的《論語》，其所呈現的是非常人間性、非常合理性的生活世界；而這種合理，不是西方科學主義下的那種工具性的合理，它是一種「人間情理的合理性」。而這個「人間情理的合理性」從那裡開始呢？它是從家庭開始的；在《論語》書裡，談家庭最重要的倫理就是「孝弟」之道，推而擴充之，在社會中就講「忠信」之道，或者「忠恕」之道；特別是《孟子》的時

候，已經從「孝弟」之道，進一步講「仁義」之道；後來繼續發展，把整個人放在大自然之間，《中庸》就講「誠」：「誠者，天之道也；誠之者，人之道也。」。而《論語》書裏，孔老夫子講「默而識之」、「天何言哉，四時行焉，百物生焉。」，人是用一種「默而識之」的方式去參贊天地之造化，也就是後來宋明理學家所講的「默契道妙」。所以，從親我家庭、到人我社會、到天地自然，一層一層的舖展，人的整個生命有一個非常恰當的護養、長成過程。

　　《論語》一書基本上是強調人與人之間、人與物之間、人與天地之間的眞存實感。這個眞存實感的意義，就是打破了主客兩橛觀的思考、科學主義式的思考、工具主義式的思考、效益主義式的思考，這些一旦打破了，進一步就是打破了「生命的斷滅觀」，而以「生命的連續觀」取代這種斷滅觀。而這個「生命的連續觀」在《論語》所表現出來的，並不是用一個靈魂觀的方式去連接，當然它也蘊育在原先古道教傳統裡頭所強調的「魂魄說」，但是它有了一種創造的突破，即是將生命永恒性的存有收攝在內在的「德」，而且它涉及到人爲的修養，故轉向了內在的「德性說」。❶

---

❶　這裏所謂的古道教，乃是指中國文明源頭的原始宗教或巫教，而古道教一詞乃聞一多所指出：「我常疑心這哲學或玄學的道家思想必有一個前身，而這個前身很可能是某種富有神祕思想的原始宗教，或更具體點講，一種巫教。……我們可暫稱爲古道教……」〈道教的精神〉收入《神話與詩》、參見聞一多全集（一）》。其實，原始巫教的薩滿通天地經驗、與生死連續觀‧‧等，皆同是儒、道「天人合一」形上思想的源頭，只是儒道各有其工夫上不同類型的內在轉向。

　　從德性的存有觀、連續說來看生死這一類終極關懷的問題，它可說是一種體悟到：「即死言生、即生言死、死生一如、以生爲主」。這就是《論語》書中爲什麼要說「未知生，焉知死」的道理。而「未知生，焉知死」並不是說孔老夫子都不關心人的生前、死後，只關心現世而已！孔子講「未知生，焉知死？」、「未能事人，焉能事鬼？」這裏頭，還是隱含著有「事鬼」、還是要「知」死的。相對於「生」，還是有個「死」；相對於「人」，還是有個「鬼」。只是要人「敬鬼神而遠之」，而不是「避鬼神而遠之」，它不適合被理解爲一般的無神（鬼）論、或不可知論。

　　這種讓人跟鬼神的關係成爲「禮、敬」的關係，是要把它導到一個「德性化」上來處理，用「道德的理性化」來理解貞定，以免讓它流於令人畏避的外在對象而已。所以，已經過世的人，要葬之以禮──安頓其死，要祭之以禮──其死猶生。這樣整個來連接生死幽冥，連接過去、現在，乃至開啓未來，其中最重要的活動莫過於祭祀活動。人的生命能通生死幽冥，能通過去、達於現在、並指向未來，這樣的生命就是一個配乎天地，既博厚又高明的生命。人的存在狀況如果不是個單薄的、斷裂的存在狀況，他就不會流蕩而無所歸，這也就是《論語》說的「愼終追遠，民德歸厚矣！」「愼終」，是講安頓死者；「追遠」，是講祭祀那死者，把死者其死猶生這樣的奉祀他。「民德歸厚矣」，是說人們那個內在存在的底據──德性，就非常非常的豐厚，而能安定、感通和生長了。

　　這時候，我們若用哲學概念來理解這樣的一整個生命觀，那麼它是一個什麼樣的生命觀？其實就是「孝道的生命觀」。而這個生命觀背後隱含了一種終極關懷和安頓，就此來說它實亦深具宗教向

度的作用，只不過它並不同於彼岸式、天國式、一神論式等宗教模態，它強調的是人間的、人文的宗教精神，由此際的道德感通而契接天地人物、連接生死幽冥和過去、現在、未來，如此而可名之爲「孝道的宗教」。

「孝道的宗教」，就是從對於父母的尊敬、奉侍起，一則溯源、再則推擴，而最後達於天地，也把「天地」當成父母一般。且不只如此，我們更了解到所謂的「天地」不只是自然現象的天地而已，人的生命是在一個人文的天地裏生活。而人文的天地，是古代的聖賢一代累積一代、一代傳一代，更進一步闡揚、開顯、創造它，而形成一個人文化成的價值天地。試想，如果不是在聖賢教化所形成的天地、歷史、價值等文化視域下學習、薰養，我們有限的生命如何在掛空中去領會薰習於古老的智慧傳統。所以，就這一點來講，聖賢是如同我們的父母一樣；父母是我們血緣生命的根源，而聖賢就是我們文化生命（或者人文教養）的根源，而天地是整個人活在大自然間的一個自然生命的形上根源；因此，中國人談到「孝道」的時候，到最後是要通極於「父母、聖賢、天地」，講「祭祀」的時候，一定是「祭天地、祭先祖、祭聖賢」。這背後正是隱含了一個非常重的「孝道生命觀」，而「孝道」在中國來講，就是中國人最重要的宗教。

《論語》強調的是從家庭倫常的「孝弟」說起。「孝」，是對於我們那個生命根源的崇敬、追溯、以及往下延續，這是個「縱線的邏輯」。而「弟」，是依循著那個共同生命根源而繼續把它開展出來，落在人世間裏頭把它實踐出來，這是個「橫面的邏輯」。所以這一縱一橫就構成了一個座標系，而開啓了我們存在的整個生活

世界之場域。

　　由「孝弟之道」的「孝」落到我們自身上來說，生命的根源就是內在的本心──你那內在的心靈深處。而當你面對自己內在心靈深處，這就是一個「忠」的實踐活動，也就是你把那「時間的縱貫性思考」變成一種你「內在的縱貫性思考」；追溯其根源，追出「本心、良知」。如果再把「忠」推而擴充之，用自己的內在本心去感通於他人的內在本心，即將「己心比他心」、「他心比己心」、「他心、己心不二」，這就是「恕」。由「孝弟之道」的「弟」開展出去，在社會之間人跟人彼此的互動，經過語言的傳達，它要有一種誠摯和信諾、一種必然性的肯定的連結，這就是「信」。所以，就此來講，《論語》書強調的「孝、弟」重點在家庭倫理，但不侷限在家庭，它還是自然要推擴出去而及於社會的；而強調的「忠、信」重點在社會倫理，但也不侷限在社會，它還是要回到跟家庭連在一塊的。

　　那麼我們現在通過「孝、弟」、「忠、信」這樣講下來，就可以清楚地思考那整個未來廿一世紀──我們所強調人類未來的宗教氣象，儒家應當而且能大有發展的可能。而儒家在終極關懷上可能發展出的這個宗教型態，就是「孝道生命觀」體現下的宗教。儒家所強調的「孝道」，乃至「忠、信」………種種，其背後都隱含了可以開啓一個非常廣大博厚的教化系統，這背後都有一個非常深切的終極關懷，而就其終極關懷來說，可以說是一個宗教。

　　《論語》在未來的廿一世紀的文明，我們說它扮演著一個非常重要的角色，還因爲它是用一種交談式的這樣的思考來取代用一種語言、命令頒布誡律的方式的這種「啓示性的經典」，是用人間的

文化教養的這種薰習來取代一種啓示的，以及帶有強烈性的、獨佔性的、排他性的這個宗教系統。我們說未來的世界己在整個變化轉型中，而這樣的一個變化，它會使人類達到什麼樣更好的理想境地呢？我們認爲，如果它能朝《論語》這個交談共成的理想努力的話，那麼就可能可以保有《易傳》所說的氣象：正所謂「各正性命」、「天下同歸而殊塗、一致而百慮」；如是各依其族群、文化、思想…………種種差異而如其自身地生長之，這是整個全人類的理想趨向，而《論語》正足以參贊之、開啓之。

五、結語：中國文化的未來──邁向世界史的自覺

　　整個華夏文化傳統做爲一個傳統來看的話，人類的幾個大文明從來沒有一個文化傳統是那麼完整的。只是最近近一百多年來這個傳統是衰頹的，而整個西方文明統治了、控制了全世界，並且在十九世紀，乃至到廿世紀初的時候，甚至還是有一大群人誤認爲人類文明就只要朝向所謂「現代化的文明」走就好了，但是廿世紀中葉以後，這種想法的人就愈來愈少了。所以當我們在思考人類文明何去何從的問題，在思考台灣前途的時候，我覺得應該放在這樣的人類文明歷史的脈絡裏去看。台灣在全人類文明的發展上是可以扮演至少比現在重要的角色，甚至可能扮演更重要的角色。現在我們台灣談國際化，如何才可能國際化呢？以及如何讓華夏文明進入到全人類的國際論述裏？台灣是可以扮演一個很重要的中介者的角色，但是這個角色三年、五年、十年之內不去扮演，就可能沒有機會扮演了，而就只有可能被整個華人文明別的有力地區，或者別的政權

進入到國際論述所控制著。

　　台灣爲什麼有可能做爲整個華夏文明進入到全世界很重要的一個連接點，或者是中介點呢？整個人類文明的發展就世界史的角度來講，很明顯的，世界史並沒有停留在黑格爾的《歷史哲學》中所說的──日耳曼民族就是世界史的終點，已經達到最高的精神發展。但是世界史隱約的好像如同黑格爾所指出的：從東方一直發展、發展到西方；但是並不如黑格爾所判斷地終點只停留在西方，它顯然又繼續往前發展，跨過了大西洋、發展到美國，現在又跨過了太平洋，重新回到了東方。

　　台灣就在整個太平洋西岸的島弧地帶的一個非常重要的中站，它是華人大陸文明伸向海洋的一個非常重要的一個凸出點。而這個凸出點它擁有著兩千萬的人民，有早先四百年前的漢人，以及原來這裏的原住民所一直保存下來的，還有從一九四五、一九四九年之後再加進來的幾百萬的整個中國大陸內地的華人，種種多樣性、豐富性而構成了兩千萬人的這樣的族群。如此所形成的一個很重要的這個中站，它是繼續有原先華夏文明的儒、道、佛三教的傳統，以及在這幾百年接受到整個歐洲，乃至東洋………乃至種種其他的衝擊，特別最近這五十年來，已經可以說跟整個西方的世界有更多的互動，而開啓了一個新的現代化社會。當然，這個現代化的社會跟整個西方那種非常成熟的現代化社會是不能完全相提並論的，其類型也不太一樣。因爲它背後所隱含的歷史文化傳統的積殿和視域不一樣，所以類型就不太一樣。而這背後所隱含的儒、道、佛有非常豐富的調節性力量、和諧性的原理❷，而它既是自我安頓的一股力

──────────

❷　關於東方的：萬有在道論、和平、仁愛、情氣、感通、無執著性、互爲主體

量，也可以成爲進入到整個國際論述而促使國際安定的力量，以及被運用來安定人類文明發展的一股理想力量。

在如上所述的這種狀況下，我們應如何自處呢？在整個政治上，要有一個「華人與全人類一體」的理想。而這個「華人與全人類一體」的理想，在現實的政權上就能夠跨很多東西，即使現在海峽兩岸有一些困境，從總體來說，也沒有問題的。而這個沒有問題要怎麼講呢？就是我以前常講的，以前是「保台灣以存華夏文化之統」，現在則要「存華夏文化之統以保台灣」，以維持兩岸和平、以促進人類文明之發展。而這時候有一個很重要的關鍵點一定要注意：就是由於中國近一、二百年被西方列強所攻擊、所挫敗，甚至要摧毀中國，然而中國的民族主義，就因之而被打了出來，「民族主義」形成一個強而有力的符咒，這時候我們千萬不要去對抗它，因爲「中國民族主義的符咒」是受不了你跟它說「我要跟你分裂」。所以這時候要「爲政不在多言」，要「處無爲之治，行不言之教」，要教之以「華人與全人類一體」做爲我們共同的理想。

華夏文化是多元的、不是單元的，不是單指漢族的文化，它也包括整個台灣原住民的文化、跟整個中國大陸的很多原住民的文化，這裏面有什麼樣的相關連呢？是有很多可以追溯的，而它背後可以構成一個什麼樣的新的華夏文明？！那麼台灣做爲一個新的華夏文明跟原來舊的華夏文明連結在一塊的，它代表一個華人邁向世界的一個新起點。這時候，在政治上模糊任何的口號，在思想上、在理念上提升到一個全人類的高度，去面對我們自己內在的眞誠，

化、調節、和諧、根源、整體……等觀念的相互關連，參見筆者《儒學與中國傳統社會之哲學省察》、幼獅出版、八十五年。

而真正重視我們這個生活世界、這個天地，來思考如何安頓我們的個人、家庭、社會、國家、乃至歷史的總體生命；這樣子一來，也就無所謂統獨的問題了。統獨的問題，常常被捏在一個非常現實的那種面子上的問題，而這個現實面子問題的背後，隱含著更嚴重的符咒和問題，那就是「民族主義的符咒」，和「是可忍、孰不可忍」、「是可為、孰不可為」的問題。所以這時候我們要避開它、要跨過它，而不能夠又退回去還是在族群的矛盾衝突裏頭打轉的層次。

關連到我們所說廿一世紀未來人類的文明，台灣因為擁有的資源很特殊，所以是大有發展的可能。但是很可惜的是最近這十年來，我們的教育、我們的傳播、我們的社會，總的來講，雖然有些有進步，但是惡化的也很厲害，現在已經到了一個臨界點，也就是它可能是一個很嚴重的危機，但同時也是個轉機。這時候我們可以看看像古代的經典——《論語》，看看在這個生活世界中人跟人之間是多麼的真正以惻怛之誠相見，師生之間又用怎麼樣的真實的情感來互動。孔子提出這個「仁」來點化人與人之間的禮文，其最重要的意義就在於它是我們生命的源頭活水，就是我們內在生命中的光明。我們今天重新來面對《論語》，重新來思考人類廿一世紀的文明未來，這裏應該有一些線索。我們現在去讀聖賢教養的經典並不是對古人的緬懷、也無關保守的復古，它其實是代表著一個由過去、現在而瞻望未來的「連續生命觀」的開啓。

未來人類會怎麼走，當然並不是我們能算計的，但是我們可以從這個大勢上看，要即其勢而成其埋，再以理導勢⓭，那麼這個世

⓭　此有關王船山的「理勢合一論」，參見筆者《王船山人性史哲學之研究》、東大出版，頁118-129。

界是有可能更進一步地好好發展。爲朝向這好好發展、更進一步的「太和」理想，我們更強調「交談性經典」較之於「啓示性經典」的重要性、開顯性、未來性、可能性，且主張以一種「和諧性的原則」替代「強制的規範性原則」，於此觀之，《論語》亦正可以是一部最好的經典。

（按：本文原於一九九六年二月廿八日即席講於華山講堂課上，後經許霖元先生紀錄成稿，再經由賴錫三先生增刪補註完成，最後經筆者重新修訂完稿。一九九七年五月十五日完稿於台灣之大林南華哲學研究所。）

第九章　走向生活世界的儒學
——儒學、《論語》與交談

〈本章提要〉

　　本文旨在傳述筆者十七年來閱讀、講習《論語》的心得，首先對於「儒學擴大化」做一反省，並對經典特性展開釐清，闡明「交談、傾聽」與「辯論、言說」的異同，指出閱讀《論語》，重要的是要深切而妥貼的體會，以「交談」的方式來閱讀《論語》，萬不可從「辯論」的觀點來看《論語》。

　　進一步，吾人指出「經典之爲一生活世界」乃是一「天地人交與爲參贊的場域」，而此即是一切存有學、知識學、實踐學的基礎，實乃中國哲學最爲重視、最爲首出的智慧，亦是一切「圓教」之可能基礎。

　　其次，則究「言」、「形」、「象」、「意」、「道」五者逐層，揭示一經典之詮釋方法論，以爲此五者有其互動之交談與相會，彼既有平面的互動，復有縱面的昇進，此值得吾人注意。再者，以《論語》書中「直在其中矣！」章，做爲例示，闡析「公義與私義之分際」。最後，則以「走向生活世界的儒學」做爲總結。

關鍵字詞：儒學、生活世界、公義、解釋學、圓教、參贊、傾聽

一、問題的緣起

「儒學」或「儒家」一辭，現在常有被擴大化（一方面說是擴大化，但不當的擴大化，其實就是另一意義下的狹隘化）的解釋。最常見的是將整個中國文化的弊病都歸之於儒家，而儒家又以孔子作爲代表，自然孔老夫子就要負起責任來；從五四以來的徹底反傳統，到文化大革命、批孔揚秦，都是在這個調子下進行的。它之所以被擴大化並不是沒有原由的，這著實與兩千年的帝皇專制文化有密切的關係；更重要的是兩千年來的帝制，基本上並不反對儒家，他們常常利用儒家，回過頭來，儒家也轉爲另一種符合於帝制的意識型態來，回過頭來維護帝制。這也就是說，儒家與帝皇專制形成一奇特的共生體，於是許多學者就將兩者混淆在一起，以爲儒學是用來維護帝皇專制的。

其實，這也很容易理解，儒學與帝制原是兩個不同的範疇，但這兩個範疇被擺在一起，而且又成了一不可分的總體，且這兩個範疇在現實上是由帝制來統制一切的，作爲弱勢一方的儒學所能發揮的力量便只能是附屬的調和，而不能是對等的辨析。再者，這樣的調和常會隨著時日的長久，愈趨疲軟無力，儒學成了與帝制不可分的一部分，而且這部分常常是以表皮的方式出現，這便形成了以「儒學」包裹「帝制」的狀況。

以「儒學」包裹「帝制」，在表皮上是儒學，但骨子裡卻是帝制，即所謂的「陽儒陰法」，或者說是「儒學法家化」的情況❶。

---

❶ 關於「儒學法家化」之問題，請參見余英時〈反智論與中國政治傳統：論儒、

然而，因為表皮上是「儒學」，而且儒學相對於帝制而言是處在弱勢；因此，在革命的年代，對於帝制與儒學所形成的共生體之突破點，自然會落在儒學上，「儒學擴大化」的解釋於焉造成。儒學擴大化的解釋極易使人忽略了原先「陽儒陰法、儒學法家化」的結構。當代許多學者，特別是反傳統主義者，多半對於儒學都是以這樣的擴大化方式來理解，這可以胡適之作為代表。最近這些年來，有關共產黨的倫理道德乃至毛澤東思想的研究，乃至國民黨人蔣介石思想之研究仍常有牽扯到「儒家」或「儒學」者，多半仍在這樣的氛圍下構成的。❷

從這裡，我們可以發現一個知識社會學上的有趣問題，亦即「知識」與「權力」的構成中，權力往往扮演了絕對者的角色，它的位移方式是值得我們檢討的。如果，我們忽略了這個「位移」，很可能是將矛頭指錯了，到頭來，很可能並沒有去瓦解你所要瓦解的對象，而且恰相反地，反助長了這要瓦解的對象。民國以來，帝制形式雖已被巔覆，但帝制的幽魂卻以更嚴厲、更粗暴的方式表現出來，值得我們戒懼與借鏡。❸

道、法三家政治思想的分野與匯流〉，收入氏著《歷史與思想》，頁1-46，聯經出版公司印行，一九七六年九月，台北。又請參見拙著〈中國政治傳統中主智、超智與反智的糾結〉，收入林安梧《現代儒學論衡》，業強出版社印行，一九八七年，台北。

❷　即如劉青峰、金觀濤皆仍屬於此調子下的研究，見氏著《興盛與危機：論中國社會超穩定結構》，中文大學出版社印行，一九九二年，香港。

❸　關於此，請參見林安梧《儒學與中國傳統社會之哲學省察》，第十章〈順服的倫理、根源的倫理與公民的倫理〉，第三節「近代新專制之構成」，頁179-180，幼獅文化事業公司印行，一九九六年，台北。

從一九七九年講授文化基本教材、《論語》、《孟子》以來，至於今已十七年矣！這些年來，我個人覺得儒學之做為一門通識教育，它最困難的地方，在於整個教育的氛圍，不管正反兩面，總一直處在「儒學擴大化」之中，讓儒學負了太重的擔子，難以開顯其恰當而應開顯顯的道理。筆者一直以為還原到儒學本身是必要的，去正視儒學的原典是應該的，而《論語》所具有的「交談」性格是值得重視與發揚的，而且《論語》之可貴的是其「交談」是在「生活世界」中開啓的。本論文的目的即在豁顯《論語》一書的交談性格，並由具體文獻事例，而彰顯其源泉滾滾、沛然莫之能禦的根源性動力。

二、經典特性之釐清：「交談、傾聽」與「辯論、言說」

《論語》乃是孔子及其弟子、時人之間的問答與交談，由其弟子及其再傳弟子所編纂而成。像這樣的交談方式，我們在佛經、柏拉圖的對話錄，還有宋明儒者、禪宗語錄中也常看到。這樣的表達方式有一個特點，就是不離生活，不離天地，它可以說是哲學表達的原型，可以說是真理開顯的原型。

「交談」不同於「辯論」的是：「交談」的特質在於「傾聽」，而不在於「言說」，它雖然也是一種言說，但這樣的言說並不是指向對象的言說，而是回到自身的言說，它終極的歸趨則是「默契」。「交談」的特點並不是有一個主體怎麼「說」，而另一個對象怎麼「聽」，由主體說給對象聽；「交談」是兩者互為主體，任何說的

一方，當他開啓說的時候，心裡總存著對方，視對方爲一個主體，而且他展開說的時候，是預想著對方的「說」，這也就預取了自己的「聽」。換言之，當「交談」開啓時，他正指向於自己的「傾聽」，並相信由這「傾聽」而彰顯了「存有」（「道」）。

相反地，「辯論」的特質就在於「言說」，其言說是一指向對象的言說，是放置在「主——客」兩橛下的言說，是由主體「說出」，而由客體「聽受」。再者，主體之說出是有其一定「立場」的，他重要的是要對方接受這個「立場」，而並不是要對方去「傾聽」眞理。或者，他根本就以自家的立場當成眞理，不過，這顯然犯了範疇上的謬誤。

「辯論」的目的是要屈服對方，因此其使用的「語言」，並不是用來釐清所謂的「道理」，而是用來承載（或裝運）道理的。語言像箱子一樣，有一定的標籤，這標籤便標示著裡面承載、裝運著什麼，當然它不一定就裝運承載那樣的東西，不過，它可以宣稱仍是裝運、承載著那樣的東西。這也就是說，「語言」與「道理」不同的地方，在於「語言」可以是離開權力的，但語言卻可能更緊密的和權力連在一起，特別「辯論」所使用的語言定是與權力結合在一起的。當然，「辯論」者不只是運用權力讓彼方接受，他也可能是在某一氛圍下，爲了要維護自己的立場，回過頭來，以辯論的方式來宣示自己的立場，並對於時下的權力展開抗爭。

閱讀《論語》，很重要的是要深切而妥貼的體會如上所述的「交談」，萬不可從「辯論」的觀點來看《論語》，否則即使你做出了多偉大的理論，那仍將只是「鑄成大錯」而已。

「交談」亦不同於「獨白」，《論語》中似乎有獨白之語，但

值得注意的是，這並非獨白，它仍然是處在「交談」的脈絡下而開啓的，因此究其底而言，應是「交談」，而不是獨白。比如孔老夫子慨歎「莫我知也夫。……不怨天、不尤人，下學而上達，知我者其天乎！」（見《論語》〈憲問篇〉）顯然地，這隱含著「孔子」與「天」的交談。即如他在〈學而篇〉第一章以獨白的語氣說「學而時習之，不亦說乎！有朋自遠方來，不亦樂乎！人不知而不慍，不亦君子乎！」這都隱含著對整個學術生命、文化生命、內在生命的發問與交談。

三、經典之為生活世界：「天地人交與為參贊的場域」

《論語》之作為一部經典，不是天啓式的經典，而是人間交談式所編纂成的經典，這樣的經典，自也就有其人間性，而且人間性與其交談性是不可分的。有人間、有交談，故有生活世界，在生活世界中的人間交談並不是一般所以為的雜談，是即於當下，而上及於「道」的交談。這麼說來，這裡便隱含著「人間」與「存有」（或者亦可以說是「人」與「道」）的關係。這也就是說《論語》一書中的「人間交談」是有本有源的交談，或者說是道的彰顯，而不只是平面的交涉而已，它更且是立體的透入。

天啓式的經典並不是就沒有交談，只是彰顯的方式是由上而下的方式，這與人間交談式的經典不同，它是由下而上的開顯。或許，我們可以說這正是孔老夫子所謂「人能弘道，非道弘人」的意思。「人之弘道」，是「人」之做為一個活生生的實存而有，進到

世界之中，使得這世界成爲一「源泉滾滾，沛然莫之能禦」的生活世界，這生活世界即是道的彰顯與流出。❹若說「道」之彰顯與流出是即寂即感的，那我們可進一步說此生活世界實不外乎此道，如此一來，我們實可以說「人」做爲一個「弘道者」，同時也就是契及於道，並因之而彰顯此道的。在這裡，我們可以發現「人」、「道」、「天地」是打成一片的，是渾然一體的，不宜分、不可分、不當分。

講「三才」時，可以說其「天、地、人」，而這「才」既有「材」之義，亦復有「能」之義，還有「裁」之義，廣的來說我以爲可以將之理解成「參贊義」。一般的理解是「人參贊天地之化育」，其實人之參贊天地，同時是天地之參贊人，天地人是交與爲參贊。在交與爲參贊的情況下，取其「總體義」、「根源義」，說其爲「道」，由此「道」之彰顯而形著之，其於物與人皆可以說之爲「德」，至若推極而說此「道」，著重其普遍義則說之爲「天」。就此「天」之彰著流行處，則說之爲「命」，如其天命之流行，而形著之於人與物則謂之「性」。「性」是內具義，其於「人」則重在「創生性」上說，其於「物」則重在「生成性」上說。落實於「人」，再就此人之「靈覺」處，說其爲「心」。❺中國經典中，

---

❹　關於「活生生的實存而有」一辭，乃筆者詮釋中國哲學傳統所至爲強調者，請參見林安梧《存有、意識與實踐：熊十力體用哲學之詮釋與重建》，第二章，頁25-54，東大圖書公司印行，一九八七年，台北。

❺　大體來說，中國哲學是由「生」而講「存」，並不是由「是」而說「有」，就「生」來說，可如其根源以說，亦可落實於事物以說，前者就「創生義」說，後者就「生成義」說。此皆是可歸之於「生之謂性」的老傳統。

對於這些概念範疇的使用是極為清晰確定的，並不含混，只是今人解釋經典時，常不能回到此「天地人交與為參贊的場域」來理解；再者，日常生活語言與經典概念性語言沒有真切的溝通，個自發展的結果，是雙方壁壘日深，經典被揭示的可能性就日低，豈不可惜。❻

　　人居天地之間，人參贊天地之化育，人再以此參贊而取象之，取象於天，取其高明義，取象於地，取其博厚義，此「取象以見義」，都必基於前面所提及之「參贊」，如此方為可能。這也就是說人之取象是「參贊」之取象，此取象並不是「認知」，而是「知道」；「認知」是橫面的認取與執著，而「知道」則是由橫面的執取更而及於道體的彰顯。在這樣的脈絡下，自然而然可以理解到為何「天行健，君子以自強不息；地勢坤，君子以厚德載物」（見《易經》〈繫辭〉）。「君子」是做為一「活生生的實存而有」（或者說做為一「在世存有」（being-in-the-world）），他是「天地人交與為參贊場域」下的理解及詮釋的源動者，亦是實踐的啟動者，天行之健，地勢之坤，即寂即感，當下顯豁，一時明白。

　　換言之，意義的理解與詮釋活動之開啟，並不是由「主體」之指向「客體」或建構「客體」，也不是「客體」之做為一個對象，就擺在那裡，而為「主體」所認知；相反地，它原是由主客不分、境識俱泯的狀態下而開啟的。在主客、心物、境識渾淪為一的情況下，人的心靈與此天地是渾合為一的，然心之靈覺則是一啟動點，

---

❻　當然，中國哲學之諸多範疇本可以再由此而繼續展開，此當另為文以誌之，此暫略。

這啓動點才使得由「境識俱泯」，而「境識俱顯而未分」，繼而「境識俱顯而分別」，並「以識取境」，構成所謂的「知識」。這樣的知識都通極於天地人我萬物，最後則通極於道，因一切知識不只是平面的執取而已，它更且是縱貫的融通。此即余嘗言之「道顯爲象，象以爲形，名以定形」的活動。「道顯爲象」是存有的彰顯，是如其道的開展。當然，所謂的「道」是「天地人交與爲參贊的場域」，是即寂即感，當下之整全，並不是一夐然無待之形上實體。「道顯爲象」即易傳所謂「見乃謂之象」，是如其自如之顯現，此是由本體而發之現象，兩者如如不二。「象」仍是主客渾淪不分的，但它隱含著走向分別的可能，此即所謂的「象以爲形」，或即如易傳所謂「形乃謂之器」。「名以定形」是經由「名言概念」以一主體的對象化活動，而指向對象、構成對象，知識之了別，於焉構成。

　　「天地人交與爲參贊的場域」做爲一切存有學、知識學、實踐學的基礎，實乃中國哲學最爲重視、最爲首出的智慧，亦是一切「圓教」之可能基礎。在這樣的理解架構下，才不會產生一些不必要的諍議：如諍議《中庸》與《易傳》是否爲宇宙論中心？孔子是否只重視倫常日用之實踐，而不及於心性論與宇宙論？即如《大學》之「格物致知」雖或有所諍議，但到得頭來，應是可以圓融通貫的。徹底的來說，根本沒有一徹底橫攝的認知系統，所有橫攝的認知系統都通極於縱貫的系統。❼

---

❼　最明顯的例子是朱子，他的「格物補傳」雖有橫攝的認知系統之傾向，但整體言之，這橫攝系統仍通統於縱貫的系統。關於此，請參見拙著〈知識與道德的辯證性結構〉，收入《現代儒學論衡》，一九八七年，業強出版社印行，台北。

四、詮釋方法論的豁顯

　　如前所說，「天地人交與爲參贊的場域」做爲一切存有學、知識學、實踐學的基礎，實乃中國哲學最爲重視、最爲首出的智慧，亦是一切「圓教」之可能基礎。實則，這裡所說的「參贊」即如前所說的「交談」相似，用馬丁・布伯（Martin Buber）的話來說，這是由「我與你」（I and Thou）這個範式下構成的，不是在「我與它」（I and it）這樣的範式下構成的。❽當然，因爲其背景宗教的異同，布伯所提「我與你」的交談，其歸結自與其猶太信仰相關，至於《論語》則與中國文化傳統之巫祝傳統相關。當然，其相關亦不是直接的相關，而是經由轉化與成全後的相關，因爲儒家並不停留在原先的巫祝傳統，而是由其中做一轉化的創造，由「神威顯赫」轉向「祖德流芳」，由「巫祝信仰」轉爲「祖先崇拜」，繼而由「祖先崇拜」再轉而爲「孝悌仁義之教」，而所謂的「孝悌仁義之教」原是從周代宗法封建的境況發展出來的。值得注意的是，雖是由此宗法封建的境況發展出來，但又不限於此，而得進一步發展爲人間普世之教，此即如前所說的「天地人交與爲參贊」之義。《論語》中孔老夫子云「敬鬼神而遠之」，此即可見它如何地從「巫祝傳統」轉爲「敬德傳統」。此是「敬鬼神」而非「無鬼神」，只是不近而敬，是敬而又遠之，這即是一道德理性的轉化創造。❾

---

❽　請參見Martin Buber "I and Thou"，translated by Ronald Gregor Smith，Part 1，pp.1-34，The Scribner Library，1957，New York.

❾　請參見林安梧《儒學與中國傳統社會之哲學省察》，第六章〈血緣性縱貫軸下「宗法國家」的宗教與理性〉，幼獅文化事業公司印行，一九九六年，台北。

　　道德理性的轉化創造是將一切放置於「天地人交與爲參贊的場域」下來思考的，這麼一來，自然而然也就將原先帶有「超越意識的思考」轉而內在化於人的生活世界之中；尤甚者，它將死生幽冥、過去、現在、未來皆通而爲一，以一存有的連續觀來理解、詮釋。這裡，我們就可以發現中國人的歷史意識特強，而其歷史意識是通極於道的。誠如司馬遷所說「通古今之變、究天人之際、成一家之言」；「通古今之變」是要指向「究天人之際」的，前者是「歷史」（形下之器），而後者則指向「造化之源」（形上之道）。《論語》有言「溫故而知新，亦可以爲師矣！」，又言「因不失其親（新），亦可宗也」，由故到新，此是一交與爲參贊、相互滲透、融通通貫的連續體。這裡亦可見中國所重歷史意識不是橫面的歷史事實之認知，而是要通向縱貫的歷史之道的體會。孔老夫子有關因革損益之言，亦當置於這脈絡來理解，方爲恰當。

　　點出「天地人交與爲參贊之場域」，乃是筆者多年來於經典之閱讀與體會之所得。筆者以爲如此才能對於《論語》乃至其它典籍中那些「無頭柄」的話眞有所見。此與陸象山之體會應是相近的，他說：

　　　　《論語》中多有無頭柄的話，如「智及之，仁不能守之」之
　　　　類，不知所及所守者何事。如「學而時習之」，不知時習者
　　　　何事。非學有本領，未易讀也。苟學有本領，則知之所及
　　　　者，及此也；仁之所守者，守此也；時習之，習此也。說者
　　　　說此，樂者樂此，如高屋之上，建瓴水矣！學苟知本，六經
　　　　皆我注腳。⑩

----

⑩　見《象山先生全集》，卷三四，商務印書館印行，頁三九三。

「無頭柄」即無諍議相，無固定之對象相，只是平實的交談，只是簡易的生命交會，是人生於天地間，使得此天地成爲一生活天地，使得天地進到人的生命之中而開啓了眞切的生活。若不是入了道體之源，經典亦只不過是語言文字符號的堆疊而已；能入得了道體之源，自乃所謂的「本領」，這是「高屋建瓴」，是「學苟知本」，當然六經亦只是注腳而已。

「學苟知本，六經皆我注腳」，象山之所言即是，若以此而論中國之詮釋學，則可以釐清爲幾個層次，依次是「言」、「形」、「象」、「意」、「道」，言上有形，形上有象，象上有意、意上有道，由言而及乎形，由形而見其象，由象而見其意，由意而入乎道。相應於「言」是語言文字的構成，重在了別作用；相應於「形」是意義的整體結構，重在把握作用；相應於「象」是在意義結構之上的總體意象，重在想像作用；相應於「意」是在此意象之上的「意向」作用，重在體驗心意之指向；相應於「道」是在此意向之上的無分別相的空無狀態，重在體證道之本體。「言」、「形」、「象」、「意」、「道」五者逐層有其互動之交談與相會，彼既有平面的互動，復有縱面的昇進，此值得吾人注意。這五層則又皆縮歸於「天地人交與爲參贊之場域」，並即此而可說其縮歸於道也。

如上所述，《論語》之爲一經典，我們展開的理解與詮釋最後是通極於道的，而其理解與詮釋是環繞著「天地人交與爲參贊之場域」而開啓的。這「天地人交與爲參贊之場域」可以是「歷史社會總體」、可以是「生活世界」、可以是通「死生幽冥」、「過去、現在、未來」而交與參贊所成者。既如此，我們讀《論語》、展開

理解與詮釋時，必得與此「天地人交與爲參贊之場域」關聯一體，因此如何調適而上遂之，便是一極爲重要的活動。往昔士人君子之讀《論語》，多半以個人身心體之的方式待之，這原是恰當的，但筆者想要說的是，不能僅止於此，宜留意到其他各個面向，否則仍不免偏枯了。當然，更重要的是要能歸返到《論語》本身，融會貫通，取精用宏，從中抽繹出其存有觀、知識學以及實踐之指向等等。不過，這只能是在尙友古人、相與交談，主體互攝下，步步轉進，方得以成；千萬不可執著一個知識的量尺，去構畫建築，否則會落到如莊子書中「鑿七竅」、七竅成，而渾沌死的地步。讀《論語》如此，而學習儒學亦當如此，此不可不知也。

五、閱讀《論語》的一個例子：公義與私義之分際

A、文義講述：

《論語》〈子路篇〉有一章非常特殊，一般來說這樣的一章，通常談《論語》的人儘量可以避開就避開，不過我想，既是《論語》裡頭的章節，而且流傳了一兩千年，一定有它重要的地方，所以特別挑了這一章想跟各位朋友一起來討論討論。

> 葉公語孔子曰：「吾黨有直躬者，其父攘羊，而子證之。」
> 孔子曰：「吾黨之直者異於是。父爲子隱，子爲父隱，直在其中矣。」

有一天孔子到了葉縣這個地方，葉縣的長官就是所謂的葉公，

葉公就告訴孔子說：我們縣裡頭有一個眞正實踐正直的人，這個人怎麼樣呢？他父親偷了別人的羊，而做兒子的卻作證指出他父親眞的偷了別人的羊，這個人是用這樣的方式來表現他的正直。孔子聽了之後並不以爲然，他說：我們那裡也有所謂正直的人，但他們的表現就不是這個樣子，是什麼樣子呢？「父爲子隱，子爲父隱」而那「直」就在這裡頭。

「父爲子隱，子爲父隱」這兩句話不太容易了解的，而且很容易被誤會，一般就認爲說，這一章正可以說明，儒家只注重「私情」而不注重「公義」，但是這樣說是否公平呢？蠻值得檢討的，因爲這裡牽涉到分際的問題，這個分際應該怎麼來拿捏呢？我們知道任何一個道德或倫理，都不只是抽象的原則，當然它也有抽象的一面，但它做爲一個原則，一定要具體表現在現實裡頭。換句話說，那個普遍而抽象做爲原則的「倫理」和「道德」，它必須在具體的生活中表現出來。我之所以強調這一點，是要說明，一個抽象而普遍的東西落實在具體現實中，它就有多樣性，因爲我們說抽象而普遍的，它似乎沒有多樣性，但是落實下來，它就具有多樣性。由於不同的情境就有不同的做法，所以在這裡我想「父爲子隱，子爲父隱」應該放在這樣一個脈絡來理解它。如果沒有放在這樣一個脈絡來理解它，很可能會產生過度的推想，甚至回過頭來就指責孔子，說：這樣的行爲是爲了私情而不注重公義。

「父爲子隱，子爲父隱」，做父親的應該爲自己的兒子錯誤行爲有所隱瞞，而做兒子的也應該爲自己的父親不正當的行爲隱瞞，這裡頭的「有所隱」，並不是說隱匿不報，其餘的都不管，而是說在「隱」的過程裡頭，想要去保住些什麼，但是在這兒，卻也在做

某方面的實踐。這個問題，的確是相當麻煩的，我想可以換一個方式來理解，舉個例子好了，偷東西是犯法的，做為一個警察，捉到了小偷當然要告發他，做為一個路人，看到了小偷，是現行犯，也應該去告發他，但是我想如果是做為一個老師當他發現自己班上的學生有偷竊的行為時，他是不是該馬上去告發呢？告到警察局，甚至告到法院去呢？我想各位朋友，如果仔細一想的話，或許會覺得不宜那麼直接地去告發他，而應該勸他，希望他改過。如果我們是這麼想的話，雖然正直與公義是抽象而普遍的一個東西，但是這個抽象而普遍的東西，落實在人間世裡頭；所謂具體的人間世，它就有很多個不同的面相。所以這裡所謂的「父為子隱，子為父隱」應該放在這個具體的情境中來理解才恰當。

　　當然我覺得像這樣的一章很可能還可以從各個角度來理解。我們可以問：「社會公義」與「親情仁義」，到底那一個為優先呢？當然這是很難去區分的，不過孔子所處的那個時代，依他自己所說的，是一個禮壞樂崩的時代。換言之，是一個社會公義不彰的時代，而當時許多國君為了要集中自己的權力，實行所謂的耕戰政策；一方面增強自己的國力，一方面擴張自己的領土。這時候，一般人的心靈也受到非常嚴重的高壓和控制，做國君的，常常假借所謂的正義或者說正直之名，來作為一種要脅，或者說是統治的手段。這也就是說所謂的「正直」，這個時候很可能被運用為一個國君統治的技術了，而不是根源於生命的、真實的要求。換言之，在這種情形之下，可能這些君主他打的是正義或者正直的旗號，但為的是要擴張自己的利益，而在這個強大的時代氣氛下，孔子才會提出親情與仁義。在某個角度來講，它是更為根本的，我之所以強調

說，是在某個角度，這是說明孔子並不是不顧社會公義，而只顧親情倫理的，因為「父為子隱，子為父隱」只是說落在一個家庭的範疇裡頭，希望自己的父親能夠有所改過，而這個改過的過程，有些是不足為外人道也。

當然，如果這個問題再被擴張成另外一個問題的話，或許說，這個問題再極端化一點，或許是相當麻煩的，譬如說，孟子書裡頭曾經舉了一個更極端性的問題。我想從那個極端的問題，或許可以清理出儒家對於所謂的「社會公義」與「親情仁義」有一個什麼樣的分別吧！

現在且先就《韓非子》的「五蠹篇」所提到的孔子與葉公這段對話來說，繼續申論，韓非子是這麼作評論的，他說：

> 楚之有直躬，其父攘羊，而謁之吏，令尹曰：『殺之』，以為直於君而曲於父，報而罪之。以是觀之，夫君之直臣，父之暴子也。

如其所說「如果要作一個君之直臣，那就得做個父之暴子；如果做一個父之孝子，很可能就變成君之背臣」，這就形成了倫理學上的兩難。我們可以發現韓非是把整個父子之親與國君的統治完全割裂開來，因為法家是最討厭所謂「父子之親」的。法家強調的是一切要以國君作為優先，而父子之親根本是放在次級的或者後面的。換言之，像這樣的一個故事，我們可以從歷史線索中慢慢追索，給予更完整的詮釋，而這樣的詮釋又與我們現在的存在處境關聯在一起，因之而起更深入的省思。

再者，《呂氏春秋》〈當務篇〉則有另外的看法。呂氏春秋的

當務篇所提到的比較複雜；我們說《呂氏春秋》算是雜家，但是它的立足點，基本上還是比較能夠照顧到儒家的立場。〈當務篇〉記載說：

> 楚有直躬者，其父竊羊而謁之上，上執而將誅，直躬者請代，將誅，告吏曰，父竊羊而謁之，不亦信乎，父誅而代之，不亦孝乎，荊王乃不誅。

這是說：楚國有正直的人，他父親偷了別人的羊，而他去告發他父親，因此當時的國君就打算把他父親抓起來，並且要殺掉他。突然這個正直的人覺得這樣不孝，就問國君請求由他來代替受罰吧！於是國君答應了他，正要殺他的時候，當時就有人為他求情：你看這個人是相當不錯的，他父親偷人家的羊，他來告發，這表示他對整個國家的公義非常注重，他內心裡果真有個公義的觀念；更重要的是，在他父親正要被殺時，他請求代父受罰，這可見他是很孝順的，像這樣又有公義、又孝順的人，如果還殺他的話，則這個國家裡頭的人，我看沒有一個可以不被殺的。就在這種情形之下，這個國君赦免了他。換言之，後來演變成兩全其美的結果，這可以說是這個故事另外的發展。

到了《淮南子》〈氾論訓〉裡頭也提到這樣一個故事，故事內容談到了「經」、「權」的問題；有經常之道，有權變之道。有時候是要守經常之道；但有時候，須選擇權變之道。我想如果有興趣的話，可以順著這幾個理路，再去了解它。

現在我們還是回到孟子的那一章來看看吧！《孟子》〈盡心篇〉（上）提到這樣的故事，這個故事是由孟子的學生設計一個情

境來問孟子的。事實上，《孟子》書裡，我們可以發現到孟子的學生問孟子的問題，常常是非常有意思的；我一直以為孟子的學生，事實上都已經事先計劃好了問題再詢問孟子的意見。我常常喜歡跟朋友說，事實上這些學生很可能已經都事先「沙盤推演」過了。老早想：好！今天我們問老師什麼問題，老師大概會怎麼回答，那我們再問什麼問題，老師就可能沒有辦法回答呢！雖然如此，孟子往往是有辦法回答的。我們現在就來看看這樣的一章吧！

> 桃應問曰：「舜為天子，皋陶為士，瞽瞍殺人，則如之何？」孟子曰：「執之而已矣。」「然則舜不禁與？」曰：「夫舜惡得而禁之？夫有所受之也。」「然則舜如之何？」曰：「舜視棄天下，猶棄敝蹝也。竊負而逃，遵海濱而處，終身訴然，樂而忘天下。」

孟子的學生桃應，提出問題說：老師，在舜那個時代，舜當天子，任用皋陶為司法官，如果舜的父親瞽瞍殺了人，那麼這時候舜應該怎麼辦呢？孟子不假思索的就回答說：「執之而已矣」，就把他抓起來吧。孟子的學生想，我們孟老師大概已經落入我們的圈套了，所以接下去馬上反問孟子說：「然則舜不禁與？」那麼說來，舜就不禁止皋陶去抓他父親了嗎？孟子很快地回答說：「夫舜惡得而禁之？夫有所受之也。」舜怎麼可以禁止皋陶逮捕這個罪犯呢？因為皋陶是受命於整個國家啊！是受到全體人民的付託啊！他的學生更高興了，他想這次孟老師終於落到一個難以解決的困境裡頭了。因為孟子是非常強調孝順的，在其他的地方，孟子屢次提到舜可以說是中國歷史上第一個孝悌模範。這時候孟子的學生再問了：

「然則舜如之何？」，這樣說來舜又要怎麼辦呢？舜如果是一個孝子的話，他一定不忍心只是這樣啊！如果舜只是如此，就稱不上是個孝子了！孟子就說：「舜視棄天下，猶棄敝屣也。竊負而逃，遵海濱而處，終身訢然，樂而忘天下」，這時候，舜是能夠把整個天下放下的，因為他覺得把天下放下，便是離開了這天子之位，而這天子之位對他而言也只不過是個「敝屣」，就像是一雙破鞋子罷了，但這並不是說瞧不起天下，而是瞧不起那天子之位，因為天子之位也是很平常的。之後，舜會偷偷地背著他的父親逃走，我想這個「竊負而逃」，這個「竊」字很重要，因為舜這時候必須放棄他天子之位，不能運用他天子的權力，來救他的父親，所以祇能偷偷地背著自己的父親逃走。換言之，在這個國度裡面，他這樣做是犯法的，但是他逃走是逃到那兒呢？「遵海濱而處」而逃到東海之濱，就在那兒住下來。「遵海濱而處」這五個字相當重要，因為逃到海邊，這是一個化外之地，所以孟子等於是說舜放下了自己的天子之位，自我放逐到這個化外之地。化外之地是沒有社會制度的，不是在一個社會管轄之內，這便形同死亡。當然這時候皋陶仍然必須追緝、追捕舜的父親，甚至要追捕舜，但是很可能是追捕不到的。因為，舜離開了人間的社會，回到自然的懷抱，而這時候他是「終身訢然，樂而忘天下」，能夠忘天下是不容易的，這裡所謂的「忘天下」，是忘天子之位，這時候他心裡想著，一定會有人來做這件事，而且可能把這個事做得更好，而他願意負擔起整個事件全部的責任，願意跟他父親在一個海濱之地這樣生活下去。

　　關於這一段的爭論相當多，不過我想大概可以這樣去理解，因為舜並沒有運用所謂「公權力」，假公濟私地去救他的父親，仍然

遵守著公權力的原則，將公權力還其為公權力，所以他認為還是應該遵守。至於皋陶因為是有所執司，所以還是應該抓舜的父親。不過舜做為一個人子，這時候他認為他應該救他的父親，而在這種情形下，因不得兩全，只好自我放逐，而逃到東海之濱去。這樣的一段話，我常常跟其他朋友談這個問題的時候，我稱這叫「大親」，但是並「不滅義」，也就是說「親情仁義」與「社會公義」發生問題的時候，他必須作一個抉擇，而這個抉擇是大其親情仁義，但卻不違反社會公義的。我想不違反社會公義，這一點是非常重要的，我們不要因為所謂大其親情仁義，就以為可以違反社會公義。事實上，孟子並不主張違反社會公義，我想這一點，可以仔細地、好好地去思索它，當然像這樣的一篇富有爭論性的文章，是每個人可以放在自己的心裡頭，自己再做一個抉擇與判斷的。

B、問題與討論：

問：有人常說，「國法不外人情」，在《論語》這一章是否正符合了這樣一個說法？從這樣一個論斷，是否可以看出中國人司法的觀念不夠清楚？或者「公義」與「私情」的認定不夠清楚？

答：關於「國法不外人情」這樣的一句話，事實上這句話本身也蠻複雜的，因為這裡所謂的「不外」，是有兩個意思；這「不外」可以把它當做不排拒，所以「國法不外人情」，也就是「國法不排拒人情」，亦即國法並不排拒一個具體的存在情境，落在這具體人間情感的存在情境裡，來考慮所謂「法」的問題。這也就是說「法」有它的具體性，那麼就這一點來講，我想大概問題沒有那麼嚴重，至於將「不外」，理解成所謂的「就只是」；國法「不外」

人情，國法「就只是」人情嘛！一切是以人情做爲優先的嘛！就這一點來講的話，問題恐怕嚴重一點。不過再怎麼說，「國法不外人情」這樣的一句話可以顯示我們整個中華民族，對於所謂的人情多少是比較注重的。事實上，「人情」與「面子」一直是中國人非常重要的人與人之間義理性的關聯，一方面是長久以來，我們是用宗法倫理作爲整個社會裡最根本的一個連結。另外一方面，可以說我們又省察到宗法倫理背後有一個更高的普遍的人性的義涵，儒家做得大概就是這個工作，也就是強調所謂的「怵惕惻隱」，所謂的「一體之仁」。這也就是我們所常說的「道德的眞實感」。它要求人與人在生活世界裡有一種具體的，一種「我與您」而不是「我與他」這樣一個存在的感動關係。這就使得宗法倫理的侷限性獲得了部分的抒解，這部分的抒解是一種幸運，但是很可能是某種不幸。因爲，它使得宗法倫理的特質就一直存留在整個中國族群的社會裡頭，形成所謂的「人情」與「面子」而已。

　　問：心理學家與人類學家做出了同樣的論斷，認爲中國族群中好像充斥著「人情」與「面子」的問題；請問要如何破除「人情」與「面子」的障蔽，而達到所謂的現代社會？

　　答：人情跟面子，當然是個問題，但不是片面性的，或部分的問題，換句話來說，它並不像我們身體上長了什麼瘡，什麼瘤的，可以割掉它，或是可以把它拋棄掉。事實上，它是一個漫佈在整個周遭的，就是我剛剛所謂的一個義理的關聯吧！那麼我這麼說它，是想把它提到更高的層次來省察這個問題。事實上，台灣當前的許多人類學家、心理學家，還有社會學家，他們已經注意到這個問題，但是文化學家，尤其哲學家，他們卻忽略了這個問題。事實上

我覺得做為一個哲學的工作者，是要落實下來，處理這個問題的，而人類學者、社會學者跟心理學者，他們則要從這個問題往上昇，來繼續考察它，這樣才能夠使得這個問題得到一個比較高層次的、比較深刻的理解。

舉一個例子來說好了，我覺得我們近鄰日本，他們在這方面所從事的研究，事實上就比我們多一點，像日本有個精神醫學家土居健郎博士，他就寫過這樣的一部書，叫《日本人依愛行為的心理分析》，這書對日本人的「人情」與「面子」有非常深刻地闡析，在這裡他引到鈴木大拙的研究，提到：「游牧民族的天是斷絕的，而日本人的天則是連續的。」這似乎可以和我們以前常提到張光直教授所做的研究，可以說是相互輝映。我之所以舉出這一點，是要強調，事實上有很多問題，不只是人類學的問題，而且是文化的問題、是心理學、社會學，乃至包括整個族群的文化心靈意識結構的問題。所以我們要更多人來做一個比較深刻的研究，但事實上，長久以來我們可以說沒有好好地結合我們的力量去思考自己，我想就這一點來講，倒是蠻值得我們憂心的。像這個問題：「人情與面子」的確是個問題，我們不要那麼輕易的以為這個問題很簡單，然後一直宣稱要破除它，如此就可以達到所謂的現代化。事實上，並不是那麼簡單就可以破除掉的，因為這問題是非常複雜的，是整個中國族群，幾千年來的一個問題，那麼我想這點很值得我們繼續去思索的。

六、結語：走向生活世界的儒學

讀《論語》！讀《論語》，每年總要讀《論語》，讀之有味，就像與自己的親人共同生活一般。

讀《論語》，而不是教《論語》，就好像自己與自己的親人、長輩生活在一起一樣，悠遊而自然，在生活中自有所受益與體會；我就是不敢說要去教自己的長輩親人，反倒是長輩親人對自己的提攜與叮嚀。

《論語》有的是智慧的源頭活水，讀之、參與之，就好像讓自己沐浴於此源頭活水之中，洗滌自家的身心靈魂，滋養自家的筋骨體魄，讓自己「人之生也直」的長養起來。

最喜歡的是《論語》的「交談」，「交談」是「有來有往」，「來者」有所「覺」、「往者」有所「會」，在此「覺會」下，讓自家的生命可以有一個從容的天地，有一個悠遊而可吞吐的湖泊。原來世界只世界，就在此天地湖泊中，默運造化，天何言哉！四時行焉！百物生焉！天何言哉！

「覺」是由內心裡湧現一指向根源性的發問，在具體的情境下喚起，在實存的生活世界中醒來，這亦是孔老夫子所謂的「憤悱」之情。由此「憤悱」，進一步而有所「啓發」也。「會」是在交談往來中，由於根源性的發問，由於憤悱之情的感動，使得吾人的生命與存有之自身融爲一體，這是一具有存在實感的整體，它不可自已的開顯其自己，啓發來者。

「覺」是「覺悟」，是因覺而悟；「會」是「証會」，是因會而証。「覺」與「會」就在生活中，就在情境中，就在對答中，就

在交談中。有往有來，有來有往，源頭活水，用之不竭！

　　我讀《論語》，《論語》讀我，在世界中讀、在生活中讀，開啓的是身、是心，是自己生命中的感動，是社會人群中的眞誠。

　　我只覺得「經典是一個生活世界」，是悠遊，是生活，是對談，而不是論辯，不是議論，不是言語。爲《論語》立體系，就好像爲渾沌，鑿七竅，恐怕七竅成，而渾沌死。到時，再嚴密整贍的言說系統，要不是成了智慧之言的棺槨，就是成了綑綁聖賢的枷鎖。沒有了眞實的感動，要那些文字作什麼？沒有了誠懇的生活，只是拿它們來裝點自家學問的身分，正是可笑可哀！所謂的「尙友古人」，所謂的「獨與天地精神相往來」，只是我們不忘「經典是一個生活世界」，而天地間所成的「生活世界亦正是一部經典」，人俯仰其間，聲息氣脈，只要反本，自無限隔，正是「宇宙原不限隔人，人自限隔宇宙」。（象山語）

　　有來有往，有覺有會，覺會所依，只在於人與人之間的眞存實感，此即孔老夫子所謂的「仁」。「仁是生命的源頭活水」，「仁」是「相人偶」，是在人與人之間，那種「我與你」的關係下所形成的一體關聯，只此一體關聯是眞實的，是體驗所及的，此即所謂的「實體」。實體也者，眞實之體驗而關聯爲一個整體也。實體並不是如西方哲學所謂的Subsatance也。這樣的實體便不是超離於人間世的形上之物，亦不是做爲認知對象之物，而是生命之澆溉所成之生活世界也。因此，我們說「仁是生命的源頭活水」是也。無此源頭活水，人間禮文原只是虛佼之典飾，無用而有害，此非人文「教化」，而成爲人文之「僵化」，乃至成爲人文之「異化」。正因如此，孔老夫子云「人而不仁，如禮何？人而不仁，如樂何

？」，也因此再去了解所謂的「克己復禮爲仁」，才不至於有所缺失也。

「仁是生命的源頭活水」，此當在人間之生活世界開啓，此是具體的、實存的，此具體實存當以最切近之家庭開啓。唯有此家庭方可爲「安宅」，亦唯有經此「安宅」而邁向一理想之途，是爲「正路」。孟子云「仁者，人之安宅也」、「義者，人之正路也」，「仁」之做爲「人之安宅」，「義」之做爲「人之正路」，此是就本源而說，而落實言之，則家庭之爲安宅也，此家庭之安宅，方爲實踐仁之起點，即此起點亦是人之正路。此即所謂「仁之實，事親是也」、「義之實，從兄是也」。事親、從兄，此孝悌之事也。此「孝」乃是對於生命根源的崇敬，「悌」是同此生命根源而落實之人間實踐也。「孝悌乃是倫常日用的生息之所」，即此之謂也。

交談、問答，此看雖簡易，而於孔老夫子之年代言之，此實一大突破也。在生命的交感中，在生活的扶持下，彼此的照應，進而經由典籍的學習，歸返生命的根源，此根源之所發，喜悅之情，何可言喻。再說，人之能自由往來，有覺有會、有悟有證，志同道合爲朋，相輔以仁爲友，人間至樂也。生命就在這樣的往來、悠遊中成長，人不再受束縛於原先的社會階層，而開啓了新的德慧生命，這時豈管人之知與不知，只是如其自身而已，縱若不知，亦只是哀憫而已，無有慍怒也。此是儒學爲己之學的本義，亦是儒學之重教育之本義，因「教育乃是生命的點燃與照亮」也。

生本自然，自然純樸，原只洪荒，人之俯仰其間，原是生機洋溢，鳶飛魚躍，天人一體流行。這只是因爲人參與了自然，潤化了自然，人與自然間有一「我與你」這樣的對答關係，由此對答關係

而形成一個整體。人與自然如此，人與人亦如此。家庭裡之父子兄弟當爲如此，而老師學生之間更宜爲如此，只因此交談、只因此對答，方成爲一生機洋溢之世界。交談是有所覺、有所會，來往之間，悟證相得。有了分寸，沒有逾越，只是「如」，如其自身、如其情境，如其存在，如其當下。孔老夫子可以與宰我辯，其辯非辯也；亦可以嘲諷子路也，其嘲諷自有另一番溫情在；亦可以與諸弟子各言其志，此志向自有一番動人處。在陳絕糧時，可以出題考試，當下問答，堅守原則，說「君子固窮，小人窮斯濫矣！」孔子及其弟子在俯仰之間，只是交談、只是對答。此不須瓦解，自冰銷，自融會，此不須批判，自金聲玉振，終始條理。《論語》中，我們看到的是「生機洋溢的師生對答」。

「直」，「人之生也，直；枉之生也，幸而免」，若不是爲此「直」字，孔老夫子大可以策略以之，霸道行世，成就一番英雄事業。然英雄之爲英雄，此是順生命之氣而往外發顯是也。此不同於聖賢之爲聖賢，乃是逆返於生命之根源往內斂是也。「直」是往內，而不是順外，此之爲眞直是也。「直」是自家求之於心，而不是拿一教條強加於人，不是拿一抽象而掛空之物，以其宰制之力專責於人，更不是以斧鉞刑罰加之。直不直，此中有一眞情實感在，即如隱曲，只要是能發得此眞情實感，看似曲，實爲直也。所謂「父爲子隱，子爲父隱，直在其中矣！」，所謂「信近於義，言可復也」，至於訐人陰私，此是敗德，何以爲直，「惡訐以爲直者」，孔子恥之，吾亦恥之。儒者雖不言法，但言禮，此「禮」自有分寸在，此分寸或不同於今之法治社會，但此亦有其軌則，此軌則亦有其公、私，不可混漫無分也。蓋孔老夫子之「論正直──公義與私

義之分際」自有其確定之限界也。

　　人生於天地之間，天地因而得其參贊化育，故雖處亂世，只宜辟人而不可辟世也。孔子雖亦知「鳳兮！鳳兮！何德之衰，往者不可諫，來者猶可追」，但明「知其不可」，卻仍勉力為之。此勉力為之者，只是不安、不忍，是看得過忍不過也。隱者之為隱，非孔子之所不願也。唯鳥獸不可與同群，人畢竟是在人文世界中長成。人是在人所開啓的語言文字教化所成的世界中長成，人不只是一自然的存在，人更是一自覺的存在。由此自覺，人而要求自由，要求解脫來自自然生命的限制與束縛，並尋求在人生命內在的自我確定性。孔子與隱者酬答中，可見其眞情實義。只是不安不忍，所以岌岌惶惶、周遊列國；只因仁禮為上，正名為本，所以屢遊而屢挫，這樣的頓挫，正是生命自我成就的動力，亦由是而「直、方、大，不習無不利」。孔子所入世者，教化也，非政治也，所以孝悌之道，「施于有政，是亦為政，奚其為為政」。孔子所嚮往者，非壯盛軍國，而是「吾與點也」，是「暮春三月，春服既成，童子五六人，冠者六七人，浴乎沂，風乎舞雩，詠而歸」，是如此渾然天成，既自覺、又自由，而歸於自然的境界。「入世與遁世的抉擇」，孔老夫子只是明白，只是通達，即此明白、通達，所以愼其獨也。

　　孔子「刪詩書、訂禮樂、贊周易、修春秋」，「刪詩書」是解構了貴族對於經籍的編纂權與詮釋權，「訂禮樂」是解構了貴族對於政治社會體制的建構權，「贊周易」則是解構了貴族對於自然生命根源性契機的唯一參贊權，「修春秋」是解放了貴族對於歷史的記載權與解釋權。孔子在解構中重建，在詮釋中開展，雖說是「述而不作」，其實是「以述為作」，是在此述作過程中「集大成」。

這「集大成」不只是典籍的融攝，而是心性的開啓，是生命內在根源太陽的昇起。他照亮了自己的生命，而且開啓每一個人生命中內在的太陽，讓自家生命炯然自照，自照照人，交光互網，生長在生命的根源性充實與圓滿之中。眞如太史公所言，這是「高山仰止，景行行止，雖不能至，而心嚮往之」。語云「天不生仲尼，萬古如長夜」，孔子不只是「中國歷史上的太陽」，亦是全人類、全宇宙星辰之一。

一九九七年二月廿八日

（象山居）

第十章 「文化中國」的理念與實際
——從「單元而統一」到「多元而一統」

〈本章提要〉

本文旨在針對「文化中國」一概念深入理解、詮釋，進而指出其未來的一個可能向度：從「單元而統一」到「多元而一統」。

首先，筆者指出「中國」一概念頗多紛歧。再者，筆者指出「經濟中國」乃是一「關係性的功能串結」，它不能以其自身而為一穩定的存在，在此關係性的功能串結之背後必有其實體。至於「政治中國」則是一「擬實體性的對比分別」，這是一事實存在的狀況，它仍未提到「理」的層次而貞定之，而只是一張力均衡下權稱的實存狀況，它不是恆久的、理上的實存狀況。這問題亟待解決。再者，筆者指出唯有一「本體性的真實存在」，如此才能解決可能由於張力失衡而造成的動亂與不安。這樣的一「本體性的真實存在」即我所謂的「文化中國」這個層次的真實存在。

最後筆者指出當前「雙元而互濟」的模式既已形成，則台海兩岸便統於此「本體性的真實存在」下，而為一對比而互濟的兩元，中國將因之而走向「陰陽合德」、「乾

坤並建」之局。由此，「雙元互濟」之「文化中國」與
「政治中國」，進而可以邁向一「多元而一統」的中國。

關鍵字詞：文化中國、政治中國、經濟中國、單元而統一、
　　　多元而一統、雙元互濟、本體性的存在

一、問題的緣起：「中國」一詞的紛歧

　　當我們使用「中國」這一詞時，語義極爲豐富而含混，它有種
種歧出交錯的可能，若不予以釐清，則可能造成諸多誤會，甚至在
現實上造成種種不當的後果。❶或者，我們也可以發現當前現實上
許多問題的亂源亦都與此「中國」一義涵之含混歧出有密切的關
係。要是，我們能恰當的釐清「中國」一詞的涵義，或可免除當前
種種相互雜沓的問題，對於當前的亂源有一定的清理作用。

　　從一九七一年起，台北失去了聯合國中代表中國的席位，改由
北京代表此席位。到了一九七八年，美國承認了中共，並且強調只
有一個中國。以現實狀況論之，北京方面與台北方面一樣堅持只有
一個「中國」，但彼此所以爲的「中國」一詞的義涵卻頗爲不同。
北京方面以爲所謂的唯一的中國是「中華人民共和國」，而台北方

---

❶　一般說來，「中國」一詞，原等同於國內之謂也。蓋「中」本義爲「內」，而
　「中國」實即「國內」之謂也。再者，因我國自昔以來建都黃河南北，別於四
　方之蠻夷戎狄，而自稱爲「中國」。「中國」一詞，自古以來，與其說爲一個
　國度的名稱，毋寧是一個文化區域的名稱，或者是一個文化所及於人的稱呼，
　也因此我們仍然稱呼許多華裔的外國人爲中國人，此習慣即使到二十世紀末葉
　仍然。

面則以爲所謂的唯一的中國是「中華民國」。在名目上，彼此是不相接受的，但卻逐漸是相容忍的。在現實上，則是各管各的，顯然的是「一國兩區」、「一國兩府」而且是「一國兩制」。❷或許，我們可以總的說，以目前的情況視之，在概括上是一個中國，在名目上卻存在著兩個有關於中國的名號，而在現實上是兩個地區，兩個政府，兩個制度。

在現實上是兩個地區，兩個政府，兩個制度；而在名目上，則又個自使用兩個名號，並且相互宣稱其版圖及於對方所轄範圍；這麼一來，我們可以簡單的說，這樣的兩個名號、兩個地區、兩個政府、兩個制度，彼此一直未能提到一「理」的層次，予以貞定，它們彼此只是在「勢」的層次，達到某種張力的平衡點而已。既落在此勢的層次下，而有的張力的平衡點，這便不是一眞正恆常的平衡點，而只是暫時的、權稱下的平衡點。處在這樣的情況之下，一有風吹草動，便可能失衡，而造成彼此的傷害。換言之，在暫時的、權稱下的平衡點下而說的「一個中國」，只是「概括的」中國，它還未提到「概念的」層次，當然也還沒提到「理念的」層次，這樣的「中國」只有「力的均衡」，而沒有「理的恆定」。

二、「單元而統一」與「多元而一統」的對比

筆者這篇文章的目的主要在對於「中國」一詞做出釐清，而這

---

❷ 這裡所謂的「一國兩區」、「一國兩府」、「一國兩區」等語詞，在報章雜誌皆曾被宣騰過，其義涵極爲豐富，甚至被膨脹使用以相扞隔。此處所使用則只是如實而說，不取其膨脹之義涵也。

樣的釐清，是必須歸結於「文化傳統」才能論定的，或者更直接的
說，它是必須環繞著「文化中國」這一概念而展開的。再者，就以
中國文化的傳統看來，它本來就是「多元而一統」，而不是「單元
而統一」這樣的格局。❸直到秦、漢之後，由於帝皇專制才由「多
元而一統」轉而為「單元而統一」這樣的格局，這是值得我們留心
的。辛亥革命打破了中國長久以來的帝皇專制，就理上來說，應打
破了「單元而統一」的格局；但我們卻發現直到目前為止，那「單
元而統一」的心態仍然在作祟著，像一隻魔魅般的靈魂，吞噬著中
國現實上可能的種種生機。筆者以為通過哲學的解析對此問題給予
一恰當而深入的釐清是極其必要的。本文標題特別名之曰「從『單
元而統一』到『多元而一統』」最重要的目的亦在於此。❹

　　「文化中國」這一概念之被提出是有別於「政治中國」與「經
濟中國」的。政治中國與經濟中國二語偏重在現實面上說，而文化
中國則偏重在理想面上說。現實面之為現實面是就既予的事實，而
予以概括及描述；而理想面之為理想面則是要從諸雜多紛擾的事象
中提昇到一超越的層次，由此超越的層次，而對於此諸雜多紛擾的

---

❸ 春秋「大一統」的理想是「以德行仁」的王道，此「一統」之義也，而「以力
　假仁」者是為「霸」，此「統一」之義也。筆者以「統一」與「一統」對舉，
　其理如此。關於「統一」與「一統」之異，請參見李新霖著《春秋公羊傳要義》，
　頁50，文津出版社印行，民國七十八年五月，台北。

❹ 筆者於一九八八年二月曾以卜問天一名發表『「中國結」與「台灣結」的省思
　片段』，又於一九八九年五月發表『從「單元獨統」到「雙元互濟」』，今所
　撰此文實乃此二文之繼續深化與發展也。前二文分別見於《鵝湖》第十三卷第
　八期（即總號152期），後者見於《鵝湖》第十四卷第十一期（即總號167期）。

事象能產生一統合的作用，以做爲整個現實未來的歸趨。如此說來，我們可以說，在理論上，「文化中國」是優先於「政治中國」與「經濟中國」的。換言之，「文化中國」一理念是足以統合當前諸多紛擾的、片面的狀況的；政治中國的分裂、經濟中國的多樣，皆應統合於「文化中國」這一理念之下，如此中國始如其爲中國。

　　「經濟中國」、「政治中國」、「文化中國」這三個詞各有其不同的面向，而在現實上又相互勾連而構成一不可分的關係。大體說來，「經濟中國」是一「關係性的功能串結」，「政治中國」是一「擬實體性的對比分別」，「文化中國」是一「本體性的眞實存在」。

三、「經濟中國」是一「關係性的功能串結」

　　依高希均的提法，「經濟中國」指的是結合臺灣、港澳與中國大陸的生產因素：勞力、資金、原料、科技；同時借重臺港地區在產銷、金融、服務、市場經濟運作下累積的經驗，減少相互之間的人爲障礙，謀求全體中國人的經濟利益，提升全體中國人的福祉。❺如此說來，我們可以說所謂的「經濟中國」乃是一關係性的功能串結。如果我們將其它的政治因素所帶來的種種困難，排除在外的話，我們將發現到這樣的一種關係性的功能串結所構成的力量是頗有可觀的。

---

❺　見高希均「巨人與小龍的結合———經濟中國」一文，刊於《遠見》，頁24，一九九三年，元月號。

　　高希均更而樂觀的說：「世界經濟地圖已被分割成歐洲單一市場、北美自由貿易區等塊狀。一個秋海棠形「經濟中國」已經在東亞冉冉升起。由於先天性的存在，與後天性的發展，它可以保護中國人在二十一世紀中，不會再度被陷於儒弱與凌辱之中。這個超過十二億人口的『經濟中國』，不再是『黃禍』，因為它不再貧窮。相反的，由於龐大的購買力，它變成一個最具吸引力的市場。它也在『人不犯我，我不犯人』的原則下，變成了亞洲安定的一股主力。」❻高氏這樣的說法，是預取一最為理想的狀態下而說的。假使我們從另外一個角度去看，將目前種種邁向「經濟中國」的各種負面因素加起來總的來看，不但經濟中國不可能恰當的形成，而極可能只是一種嚮往，而且永遠成為一種噩夢般的嚮往而已。

　　最後，高希均則有所感的說「『經濟中國』事實上已經存在，此即所謂『沒有界限的大中國』。兩岸的領導階層，不是缺少促進『經濟中國』的機會，而是缺少互信、用心與格局。讓我們深切地期待：意識框框、政爭怨仇、老大心態早些在歷史的潮流中埋葬。這將保證在大陸、臺灣、港澳及海外的十二億中國人終將在二十一世紀揚眉吐氣。」❼換個角度來重看這段話，我們將發現意識框框、政爭仇怨、老大心態截至目前並未埋葬，而且仍然如火如荼，方興未艾。也因如此，這裡所謂的「沒有界限的大中國」這樣的「經濟中國」雖然已經存在。但我們卻要說，這樣的存在只是一在諸種機緣的相互折衝下的「關係性及功能性的串結」，它是在歷史

---

❻　高希均，前揭文，頁26。

❼　同上註。

之勢下的，張力平衡的權稱性存在，而不是一理上的恆常的存在。
也因如此，它仍處在動盪不安中，充滿著危機，隨時有動亂的可
能。

　　如上所說，「經濟中國」只是一「關係性的功能串結」，彼既
爲關係性的功能串結就不能以其自身而穩定的存在，因爲此關係性
的功能串結之背後必有其實體，若彼此之實體相互排斥或對敵則此
關係性的功能串結將成爲不穩定，甚至爲不可能。正因如此，我們
既探索「關係性的功能串結」所成的「經濟中國」，則必須進一步
探索「政治中國」。或者我們可以說，「經濟中國」雖可能影響到
整個「政治中國」，但無可否認的，「經濟中國」必得依倚於「政
治中國」之上，始能建立起來。

四、「政治中國」是一「擬實體性的對比分別」

　　「政治中國」是一如何的「中國」呢？一言以蔽之，「政治中
國」是一「擬實體性的對比分別」。顯然地，海峽兩岸的中國大陸
與臺灣，不僅分別在其有效控制的領土上，建立長期而穩定的政
權，成爲分裂中國的兩個政治實體（political entities）皆主張
其合法性（legitimacy），各堅持己爲代表全中國「唯一合法」的
政府，而各有其經濟及社會制度發展的基礎。它們彼此所面臨的衝
突因素，已非歷史上傳統狹義的政權爭奪問題，或軍事鬥爭問題，
而是全面不同的制度、意識型態以及生活方式的鬥爭。❽這幾年

---

❽　見高英茂「分裂國家的統一問題」，收入陸鏗主編《中國統一問題論戰》，香

來，由於海峽兩岸漸有往來，而大陸強調改革開放，使得兩岸的生活方式漸往相同的方向趨進，而意識型態亦較以前鬆軟，制度亦在變革中。此即如前所謂的由於經濟中國的逐漸形成，而衝擊到了所謂的政治中國。但中國大陸仍然強調「四個堅持」，仍然以社會主義爲依歸，只是加上了有「中國特色」這樣的字眼而已。❾再怎麼說，我們仍然不得不承認中國目前仍處在「分裂」的狀態中，香港問題仍得到一九九七始能徹底解決，大陸與台灣仍然處在如前所述的「一國兩區」、「一國兩府」、「一國兩制」的分裂狀態。

如前所述，以目前的情況視之，在概括上是一個中國，在名目上卻存在著兩個有關於中國的名號，而在現實上是兩個地區，兩個政府，兩個制度；但值得注意的是，儘管是這樣的「一國兩區」、「一國兩府」、「一國兩制」，但它們並不眞是一「實體性的對比分別」，而只是「擬實體性的對比分別」。換言之，雖然是兩區、兩府、兩制，但畢竟不是兩個國度，而又只是一個國度。以國家而言，唯其爲一個國度，才足以說其爲一個獨立的實體，否則不能說

港，百姓文化事業有限公司，一九八八年九月，頁289。

又關於海峽兩岸統一模式這幾年來頗有議論，此請參見唐國英「海峽兩岸統一模式之探討」一文，收入洪泉湖、唐國英、沈宗瑞等編著《中華民國的發展經驗》一書，頁329-350，清華大學共同學科社會科學論叢第二輯，清華大學通識教育中心發行，民國七十九年一月，台灣新竹。

❾　經過幾次大陸行的經驗，我們發現到大陸的商品經濟已使得整個生活方式一異於以前，甚至有人以爲根本就是走資化，但爲了免於以前「左」的批判，便加上了所謂「中國特色的」。筆者以爲「中國特色的」一詞已成爲當前大陸各種奇特存在名號所必加上的東西，處處加上「中國特色的」，這果眞是一「中國特色」。

其為一個獨立的實體。然而，以台灣海峽兩岸目前的實際狀況，籠括言之，則「中國」（包括台灣海峽兩岸的「中華人民共和國」與「中華民國」）無疑的是一個主權獨立的國家，就這樣的「中國」而言，它當然是一個獨立的實體。這樣的一個實體之做為一個總體來說，是隱含著兩個單元，而這樣的兩個單元是共存的，甚至可以是「雙元互濟」的。不過，筆者仍然要提醒的是，這樣的狀況乃是一事實存在的狀況，它並未提到「理」的層次而貞定之，它們只是一張力均衡下權稱的實存狀況，而不是恆久的、理上的實存狀況。這問題亟待解決。

我們且回顧整個歷史，早在民國建立之始，孫文在就任中華民國臨時大總統就職宣言中，便宣示國家統一工作的基本方針，即：民族統一、領土統一、軍政統一、內政統一、財政統一。孫文強調的是政治的整合，希望能透過政治制度化與現代化，來建立一合法性與穩定性的政治因素，以解決革命存在的各種衝突，為國家尋求和平團結的環境。❿換言之，中華民國自建國以來即強調「單一國家制」，而不是像蘇聯般的「邦聯制」。一九二二年，當時的中國共產黨則提出聯合民族陣線的主張，但隨著時代的轉變，到了一九四九年全面控制中國大陸之後，很明顯的亦強調「單一國家」的體制，即如少數民族的統治亦只在行政區劃、自治法規與自治權上做技術性的處理而已，此與原先的民主自治邦的想法頗為不同。⓫书

---

❿ 關於此，請參見孫文「臨時大總統就職宣言」，國父全集第一冊，台北，中國國民黨中央黨史會編，民國六十二年，頁780。

⓫ 在一九二二年，中共在所論及《中國共產黨的任務及其目前的奮鬥》綱領中提

詭的是，中華民國與中華人民共和國都一樣強調單一國家制，但目前的狀況則像是一「邦聯制」般的存在（雖然並不眞是一聯邦制式下的存在）。

「中華人民共和國」與「中華民國」成爲一種擬實體的對比分別下的存在，此已是一不爭的事實。然而，由於彼此不管從現實的角度，還是關聯著歷史的傳統來說，都難以成爲徹底的實體性的對比的分別的存在。這樣子的兩個擬實體的對比分別下的存在，目前之相安無事，此只是在諸多勢力的均衡下所形成的。張力一旦有所變易，那麼便可能從此瓦解，而陷於動亂的狀態之中。再者，我們要說儘管「經濟中國」看起來頗爲熱絡而且強大，但它卻不能做爲「政治中國」所依倚之物。因爲，「關係性的功能串結」不能成爲實體的基礎，相反的任何關係性的功能必得以實體作爲基礎。這樣子說來，我們再往前跨一步來想，我們必得在此擬實體的對比分別上再做一追尋，去尋求其「本體性的眞實存在」，如此才能解決可能由於張力失衡而造成的動亂與不安。這樣的一「本體性的眞實存在」即我所謂的「文化中國」這個層次的眞實存在。

出「統一中國本部（東三省在內）爲眞正民主自由邦；蒙古、西藏、回疆三部實施自治，成爲民主自由邦；用自由聯邦制，統一中國本部，蒙古、西藏、回疆建立中華聯邦共和國」。但在一九四九之後，中共則改而主張「在中華人民共和國的領土範圍內，在中央的集中統一的領導下，遵循憲法的總道路，少數民族以聚居區爲基礎，建立自治地方，設立自治機關，行使自治權，享受當家做主、管理本地區本民族內部事務的綜合民族和地區爲一體的自治」，其詳請參見張中復《論中共民族政策與國家結構的關係》，《思與言》，第三十卷第二期，頁91-108，台北。

五、「文化中國」是一「本體性的真實存在」

或許，我們可以說，「經濟中國」只是一現實之勢的存在，這是一個事實的問題，它並不能自己做爲其自己的規範的，它只足以做爲一感性的存在而已，它本身不可能做爲一概念性的存在。相對來說，要做爲概念性的存在必得是一能做爲充分的實體這樣的政治面的中國，而此又如筆者前面所述，它們仍然只是一擬實體的對比分別，而又不足以成爲一實體的對比分別。換言之，海峽兩岸的政治中國仍然未能提到一自爲規範的概念性存在。正惟其如此，所以海峽兩岸的中國皆處在危疑動盪之中，頂多只是一張力下的、權稱的平衡而已，一直不能達到一理的恆定。然而，令人覺得振奮而安慰的是，雖然此概念性的存在仍然未能貞定，但中國之爲中國卻有一可能，它能跨過此概念性的層次，而直契於理念的層次，以此理念的層次，而使得此未得貞定的概念性層次，亦得暫時縮結爲一，不致流離失所。此理念層次之中國厥爲「文化中國」之謂也。

其實，中國之爲中國，自古以來，便不是以政治範圍的中國，而是以文化意識所充周的中國，早所謂的「內諸夏，外夷狄」，便是以「觀乎人文以化成天下」這樣的方式來說一「文化的中國」，這樣的「文化中國」的理念是超乎現實的「政治中國」之上的。⓬

⓬ 依筆者看來，「文化」這個詞就中文的意義來說極爲豐富，如《易經》裡所謂的「人文化成」即可做爲解說。以人之爲人，必得使用象徵符號去理解詮釋這個世界。如此所使用之文，合稱人文，而此人文必得要化成乎天下。這是說經由這樣的理解與詮釋所構成的一套龐大的言說論述結構，而提供一生長的土壤，使得人們就在此土壤上長養其自己。如陳其南所言「文化是一個存在於某社會

值得注意的是，我們之說文化中國的理念是超乎現實的政治中國之上的，這一方面說的是「文化中國」乃是「政治中國」之本，一方面則又強調「文化中國」與「政治中國」不能渾成一體，不能等而視之；當然，更不能以「政治中國」來攫奪了「文化中國」。以哲學的詮釋角度來說，在概念性的層次而說的擬實體的對比分別，不能渾同於理念性的層次而說的本體的真實存在。用中國以前老的哲學語言來說，「文化中國」是屬於「道統」的層次，而「政治中國」則是屬於「政統」的層次。在理上來說，「道統」在「政統」之上，政統須得接受道統的規範，不得回過頭來反控道統。

　　值得注意的是，早從秦漢以來，由於中國的大統一格局已然形成，因此「道統」與「政統」的關係更難疏理。大體說來，在理上，知識分子仍然強調「道統」是絕對優於「政統」的，是做爲整個政統之規範與指導的；但實際上則相反，擁有政統的便宣稱自己是符合道統的，甚至自己就是道統的護衛者。這麼一來，便將原先屬於文化層次的道統，與屬於現實政治層次的政統，混成一個。這樣的一種混成的情況，除了在政體上造成一種嚴重的「單元式的專制」外，更而在國體上特別強調「民族」與「國家」須統一爲一個不可分的整體。用陳其南的話來說，這是一種「民族文化類緣性」

───────────────

或民族中每個人腦海深層裡的一套程式設計。換句話說，文化的本質是一套我們無法直接剖開來用肉眼加以觀察的軟體。但有了這套軟體，每個人乃具備了說話和行爲的能力，我們的一舉一動都源於這一套軟體的應用，同時也受這一套程式的制約」（見氏著《文化的軌跡》（上），頁3，允晨文化，民國七十六年八月，台北）。這樣子說來的文化中國，特別指的是由一套完整而融貫的言說論述所構成的龐大系統，做爲整個族群腦海深層裡的一套程式設計。

和「國家政體性質」不可分割的一種認定方式。⓭這樣的認定方式經由龐大的言說論述結構的擴張，更而使得整個中國族群甚至認為這是天經地義，百世不遷的道理。

　　以宏觀的角度看來，從春秋戰國而至秦漢，就國體來說，這是由多元格局轉而為秦漢大統一的格局，而在政體上，由封建走入了帝皇專制，這是歷史之理勢所使然，這是整個中國族群由「散開而一統的感性格局」進入到一摶結為一個「整體的專制理性的格局」。再者，辛亥革命，民國肇造以來，帝皇專制當走入歷史，而開啟了民主共和。專制的理性該當瓦解，而具有「個體性的民主理性」於焉誕生。但顯然地，民國以來，這種具有個體性的民主理性一直沒有得到恰當而善遂的發展，這一方面是由於數千年專制的餘毒仍在，而另方面則又由於一直將「民族文化的類緣性」和「國家的政體性質」視為一不可分割的一物所致。殊不知，「民族文化的類緣性」此是就中國族群之為中國族群這樣的本體性之存在而說的，這是就理念的層次而立言的；至於，「國家的政體性質」則是就人們的意願，基於自由意志之選擇，彼此經由一合理的程序而構成的，這頂多只構成一現實的實體性的分別，這是就概念的層次而立言的。⓮這兩個層次，可以是通而為一，可以是一個不可分的全體的

⓭　關於此，請參見陳其南《關鍵年代的臺灣———國體、法治與農政》，頁22，允晨文化，民國七十七年十月，台北。

⓮　孫文曾在《三民主義》的講辭中說「民族和國家在根本上是用什麼力造成的！簡單的分別，民族是由於天然力造成的，國家是用武力造成的」。這裡顯然地將民族與國家做了區分，此為筆者所贊成；但筆者以為國家在發生上或由武力、或由其他力量造成，但追根究底則不能不是一自由意志為根柢之普遍意志（General Will）所成也。

方式，但也可以是兩個層次，而以理念層之爲一，而統屬此概念層之爲多的方式。筆者以爲歷史的理勢之發展，似乎是給予了我們一個「多元而一統」的可能。「多元而一統」其意指的是，在道統上是「一」，而在政統上則是「多」，或者說在民族文化的類緣性上是「一」，而在國家的政體性質上則是「多」。

六、結語：「雙元而互濟」的嶄新可能

　　如上所述，筆者意在指出「經濟中國」是一「關係性的功能串結」，而「政治中國」是一「擬實體性的對比分別」，至於「文化中國」是一「本體性的眞實存在」。以哲學的理論層次視之，經濟中國是屬於感性層，而政治中國則屬於概念層，而文化中國才爲理念層。感性層不能以其自身定立其自己，而必須依倚於概念層；以台海兩岸當前的情況視之，此概念層仍處於彼此張力均衡下的、權稱下的存在而已，仍不足以貞定其自己。若要有一理上的恆定的話，筆者以爲須得上溯至理念層，而此理念層乃即所謂的「本體性的眞實存在」這樣的「文化中國」。

　　值得我們注意的是，「文化中國」不能只是一個理念而已，它亟待落實，亦唯其落實，此本體性的眞實存在，才不致掛空。換言之，此本體性的眞實存在，須得成爲一生活化的日常之物，如此才能造就一文化土壤，有此文化土壤，始能成爲未來新中國重建的根基。筆者以爲此本體性的眞實存在既能澆灌於吾人的生活世界之中，便能轉化當前「政治中國」所處的「擬實體性的對比分別」，而成就爲一「雙元而互濟」的方式。如此一來，當前台海兩岸的

「統、獨」問題亦可由是而得化解。如此「雙元而互濟」的模式既已形成，則台海兩岸便統於此「本體性的真實存在」下，而為一對比而互濟的兩元，中國將因之而走向「陰陽合德」、「乾坤並建」之局。❺由此，「雙元互濟」之文化中國與政治中國，進而可以邁向一「多元而一統」的中國。❻此「多元而一統」的中國是「經濟中國」、亦是「政治中國」，而此當然皆在「文化中國」之綰結下，才成其為「中國」也。❼末了，筆者將以在《台灣、中國──邁向世界史》一書的序中的兩段話做為結語：

> 「台灣」與「中國」不是兩個敵體，也不是單元的獨統所能範圍的，他應是一雙元的互濟而結成的整體。相對於西方文化之為一「言說的論定」傳統，這樣的整體代表的是一「氣的感通」傳統。❽從宗教、自然、人文、社會乃至其他種種，這意味著一個新的世界的開啟點，他將有別於西方文化傳統，而成為目前後現代世界的調整動源點。進入廿一世

---

❺ 關於「陰陽合德」、「乾坤並建」的格局之建立，請參見筆者《從單元獨統」到「雙元互濟」》一文，見《鵝湖月刊》，第十四卷第一一期，民國七十八年五月，台北。

❻ 關於一「多元而一統」的中國，林正杰之「中華邦聯」之構想頗可參考，請見林正杰《中華春秋策》，收入氏著《肥皂箱上》，頁 231—238，民國八十一年四月，台北。

❼ 關於「文化中國」之如何造成，筆者亦曾有論略，請參見林安梧《台灣、中國──邁向世界史》一書，第一章，唐山出版社印行，民國八十一年八月，台北。

❽ 關於此，請參見前揭書，第一章、第三章。

紀，台灣與中國所形成雙元互濟的整體將邁入嶄新的世界史
旅程。尤其台灣更是一個最重要的動源點，我們必須「貞下
起元」，「一元復始」，終而能「三陽開泰」，再造一雙元
互濟所形成的整體大格局。

筆者以為台海兩岸的中國，其唯一的可能便是邁向世界史。

最後，筆者想要宣稱的是進入廿一世紀的世界史核心，並不
是一宰制性的核心，而只是一動源點的核心，不是一實體性
的核心，而是一整個大共名的核心。中國之為中國不再是單
元獨統，而應是雙元或者多元的互濟，世界將成為一統的多
元，而不再是單元的宰制。

「世界史」，是個夢，是一個永遠在夢中的夢，也是一個會
實現的夢。

「邁向」，是實踐的起點，是與整個宇宙之整體的動源契接
而開啓的起點。

（癸酉年春二月廿七日於台北象山居）

第肆篇：衍論

第十一章　後新儒家的哲學向度
——訪林安梧教授論「後新儒學」

〈本章提要〉

　　本文原是一九九七年底的訪談紀錄，首先點出「法無定法，道有其道」：「問題—答案」的邏輯，再因之隨順談到「道器合一」下的人文主義、「境界的眞實」與「眞實的境界」的對比區分。

　　隨後，筆者指出中國文化傳統中嚴重的「道的錯置」之問題，並力求其克服的可能，並點示「存有的治療」學問向度。之後，筆者對比的區別了「以心控身」與「身心一如」兩個不同的哲學向度。

　　一九九六年底筆者公開指出的牟先生的哲學是當代最大的「別子爲宗」，衆議譁然，筆者於此再做一詮解、闡釋。並站在宏觀的對比向度，對「當代新儒學」與「京都學派」做一對比，論述其異同。最後，筆者以爲重返王船山，可以做爲「後新儒學」的可能向度。

關鍵字詞：後新儒學、別子爲宗、道的錯置、「問題—答案」、京都學派

一、「法無定法，道有其道」：「問題─答案」的邏輯

問：在進入關於「後新儒學」的訪談前，我們想問問林老師所常談到的方法論問題，我們如何理解「問題─答案」的邏輯？

答：假使我們都不帶問題，連一點問題意識都沒有，就很難做學問。所謂「帶問題」並不是說我自己先捉了一個問題。而是說我進到那生活世界，那存在的場域，我有我的感觸，我有我的感覺，我有我的感覺之後才能做所謂「概念式的思考」（Conceptual Thinking），於是問題就產生了。所以要帶有問題感，而不是你去捉一個問題，這在目前來講有很多人犯這個毛病，有的人採取某一家的觀點來看，或採取某一西洋哲學的觀點來看某一家，那當然帶著問題，但那樣的「帶問題」跟我現在所講的「問題─答案」的邏輯不同，我想這牽涉到方法論（methodology）上面的問題。

所有的方法我認為「法無定法」，但是「道有其道」。而所謂「道」是人參與到整個生活的場域，才構成為「道」。因為中國人講「道」並不是一個超絕的實体，而是與生活世界連在一起的。此是人參與到天地之間所構成之整體曰「道」，這樣才有所謂「道的開顯」。「道的開顯」是因為人的參與才有道的開顯，人不參與，「道」如何開顯。「道」無法自顯，是人參與才有得顯。這個地方我一直認為「道」在中國來講，是跟人之生活世界連在一起的。這個地方你也可以說他沒有「彼岸」，只有「此岸」，但不是很恰當。「此岸」之「此」與彼岸之「彼」是對舉而生的二個字。基本上我覺得中國人無所謂「彼岸」與「此岸」之區別，或者可以說

「此岸」跟「彼岸」通而爲一，這樣說比較完整恰當。現在很多人說，中國人因爲沒有「彼岸」的觀念，只有「此岸」所以很現世的。「現世」我想不是，中國哲學當然不是現世的，他有過去，有現在，有未來，他的時間是連續性的。他有縱深度，所以他並不是沒有「彼岸」這個觀念，而是說，他的彼岸的觀念和此岸的觀念是通而爲一，是不二而一。這個地方我覺得李澤厚先生講的「一個世界」，不是「二個世界」，這個說法可行。但是也要留意一下，並不是說他沒有「彼岸」的世界，好像只有「此岸」的世界，好像中國，缺了一大截，其實不是，一個世界是「此岸」、「彼岸」通而爲一。

二、「道器合一」下的人文主義

問：目前我聽到有些學者談中國思想比較強調現世主義，落在實用的精神層面上言，而他背後的形上學的說法，基本上似乎認爲中國人只有現世的此岸的看法爲主？

答：我覺得這樣的理解，等於是去掉了那一段，去掉那一段其實很不好。回過頭來變成說中國沒有形上的思考（Metaphysical Thinking），形上的思考好像後來才加進來的，而加進來這些等於都是煙霧彌漫的陰陽五行等等，一堆不相干的東西，它變成宇宙論中心思想，跟原來中國這套人文主義無關的。「人文主義」這個詞可以用，但是「人文主義」這個詞，不是西方意義下的人文主義（Humanism），我想「人文」這二個字在中文的意義，就如《易經》裡面講：「觀乎人文，以化成天下」。「觀乎人文，以化成天

下」這個「人文」，是「人」經由語言文字、符號，去理解、去詮釋這個世界，這樣所開啓的世界稱爲「人文世界」。值得注意的是，我們那個「文」是在整個天地之間，自然之「文」，我們的「文」是跟自然連在一塊的，所以我們的「人文」並不是從自然裡頭，清理出來一個什麼，他是和著整個大自然的。所以人文包蘊自然、自然包蘊人文，這個地方我覺得是關鍵。總的說來，中國人並不是沒有形而上學，中國人是有形而上學的。中國並不是只是「現世主義」者，此處我覺的要區別清楚，沒區別清楚，會造成很大之困擾。

問：此處也是我感覺老師的著作中，背後核心思考的重點，不過當老師在批判形而上的保存，批判儒學參與原來整個中國之人文實踐，歷史社會總體之實踐，後來流於形上的保存，流於境界式的修養，心性修養，其實這個背後評判的判準是否在於老師談「道」跟「器」的關係上。老師說「道」跟「器」其實是不二，在那個「器」裡面實踐，本身就是「道」在這個地方開顯，不必把他切開來，再由「器」回歸於「道」，「道」才足以開顯。而在談歷史社會總体的建構時，也不必像牟先生那樣，從「道」和「心」的絕對處，慢慢再坎陷下來，再來保障那個「器」，比較像是「即」而「不二」，而不是切開來談，此處是如何辯證的連接起來？

答：就是「道器不二」，而這「道器不二」，也是「理氣不二」。但與你剛說「不二」的重點有點不同。我講「道器不二」，「理氣不二」重點都是在「器」（器）上做工夫，即此「器」也，即此「道」也，即此「氣」也，即「理」也，理氣不二，道器不二。因爲我們任何一個生命活著，他是活在這個具體的生活世界

中，你離不開這個具體的生活世界，但是這個具體的生活世界並不是他跟「道」分別開來，他本身即是「道」。

我們現在是要透到裡面去理解那個總體的根源，而怎麼樣去開發生命的動力，進而擴充至於實踐。這點我認為還是陽明學的歷史性有這個意思，只是後來陽明學末流的說法，有一些往境界型態方面走。如王龍溪的某一面，王龍溪他也有他實際落實的一面，但是王龍溪也有一些比較境界型態的理念。我一直覺得「境界形態的追求」跟「心性的修養」跟「道德的實踐」，這三者並不太一樣。從心性的修養到道德的實踐，這二個不能夠直接推出來，道德實踐他很重要的是要「身體力行」，我覺得這身體力行的「身」很重要，他並不只是「誠意、正心」。誠意正心跟身體力行當然有密切的關係，但非常重要的就是「身體力行」，這個地方我想是個很基本的區別。我這幾年做了一些工作之後很強調這個地方要把他區別開來，這好像佛教中在談新的菩薩道精神，也應該從這個地方分別開來，要不然他太顯境界相。

三、「境界的真實」與「真實的境界」的對比區分

問：這是不是如老師上次提到的流於「形上的境界保存」或「心性的修養」，那是一種「境界的真實」，而不是一種「真實的境界」的用意所在。

答：是的。我認為他是一種「境界的真實」而不是「真實的境界」。包括我最近在《鵝湖》發表的一篇文章，其實最早的論綱是在美國威斯康辛大學麥迪遜校區（Wisconsin University at Ma-

dison）寫的，那個論綱我就強調，正視一個實在的物質性（mate-
riality）。他是一個活的東西擺在那裡，當我們說我去理解一個
存在的事物的時候，他當然是經過我的主體的對象化活動之後，才
去把他安立起來。這是就理解與詮釋的意義而說，但是理解與詮釋
的意義這個層次之前，事物在此，我覺得這是要肯定的。此處我認
為儒學所說的物並不是巴克萊（G. Bekerley）意義下的Ideas，也
就是說並不是「存在即是被覺知」（To be is to be perceived）
這樣去說明存在；存在之為存在的事物，就儒學來講，此處他還是
肯定了經驗的實在（empirical reality），但是這經驗的實在如
何確立起來，是經由人運用他的語言，經由他主體的對象化活動之
後才能確立起來的。

　　這個地方我以為當做兩層區分，前面那一層是不能忽略的。
《易經》所謂「範圍天地之化而不過，曲成萬物而不遺」。萬物之
為萬物，就意義詮釋這一面，是人把他建立起來，讓他成為對象，
但是當他還沒有被人之意義、語言詮釋來確立以前，他本身是一個
活生生的東西，你可以碰到的，它不是虛空無物的，只是說它跟我
是合而為一，未分化前的合而為一。這一點我想是儒學很重要的義
理，所以儒學講的「實學」，如「實」之「實」。第一層他是實在
的「實」，第二層他是經由你的語言文字符號詮釋以後的「實」，
有對象客觀的「實」，第三層是經由你這個詮釋以後，你有一個實
踐的指向，你經由實踐把他實現出來之「實」。

　　儒學就從這個地方來講「實」，他不是「虛」。就此它本然的
與你關連一起，它有一根本真實感通的動源，那個真實的感通的動
源，就好像誠懇之「誠」，真實的感通那個感通力可以用「仁」這

個表示出來。而真實的感通就這個「仁」處落實下來，他有一定的形式基礎，就是「義」。他有一定的規範就是「禮」。如此之總體即「道」，這總體落在任何一個存在事物本身而言，他都經由「道」開顯而落實叫「德」，如此「道德」、「仁義」就可理解。所以他一定從一個世界之「一體觀」去說，而中國文化中所說的「德目」亦可經由此一個一個可把它敲定。

四、「道的錯置」之克服：「存有的治療」

問：我在老師所著《麥迪遜手記》中，看到老師強調回到無分別是一種「明」，而老師又接著說主體對象化的活動，走向一個確定性也是一種「明」。這裡走向無分別，「道」在那裡彰顯時，與無分別感通為一體，此處它是否可能流於一種虛幻性。但是當「道」落於具象中呈現時，「道」又很可能異化，之後，可能又有種種的問題存在，這正如老師後面說的「道的錯置」（misplaced Tao）問題。它是否有其必然性，「道」必須落在具體化之中開顯，但落到具體化之中他同時又有一個限定性之問題，在這個限定性問題之中，他就隱含了「異化」之可能？這些問題，如何解決？

答：關於「存有的異化」其實他有幾個向度，你剛談的「道」之自身做為一個存有，顯現他自己之後，我們經由語言、文字、符號，到主體的對象化活動去安立它。這安立本身，由於對象化的過程，人的意向（intention）、人的利害（benefit）、人的勢力（Power）、人的性好（interest），什麼東西都會加進來，加進去以後，那就會變得很麻煩。就這點而言，我在「語言的異化與存

有的治療」一文中有探討。這裡我認為，經由人們語言的活動，使得對象成為一個對象，此乃經由語言活動之主體的對象化活動以後，「名以定形」，此「形」因「名」而定，但人們在使用名言概念的時候，則人的意向、人的利害、權力、性好等都進去了。進去之後即有染污，如此人的氣息相感，業力交錯，對這外在事物一樣有其交錯、交雜在一起，因而產生了「異化」。這「異化」如何處理呢？這便須得再回到「道」本身而獲得治療，回到存有本身而獲得治療。此即我所謂的「語言的異化」，因之轉而有「存有的治療」。

　　如果用「道」的精神化而言，可說任何一個存在之物，果真能夠如其存在之物，他都必須要回到物的本性，以及回到「物」的總體之根源。「物」的本性為「德」，物的總體根源為「道」，這叫「萬物莫不尊道而貴德」，如此才能「道之尊、德之貴，百姓皆謂我自然」，老子《道德經》在這方面有深入的理解與見地。基本上就是要合乎自然之道，回到「道」與「德」，回到「本性」，回到「總體的根源」，生命才能真正獲得修養及生長。如此可說是「道」之開展、扭曲、變形乃至誤置，再談其回歸。這如老子書中言，「道生之、德畜之、物形之、勢成之」。形著為物是經由人的名而使其成為「物」，故「有名萬物之母」，經過此「物」、「形」之後，他就有物、有勢，「勢成之」，此勢即力，力量，各種力量，你的design、power都加進去了，而此「物」成為對象之後，就如《孟子》書中言：「物交物引之而已矣！」那就是勢。此時如何面對「物勢」呢？這就得一番回歸的工夫，才能回到「尊道而貴德」的境地。

　　再者，我在《儒學與中國傳統社會之哲學省察》一書中言「道的誤置」（Misplaced Tao）則有另外一層意義，這較偏重政治哲學與社會哲學的意義，最主要是要談儒家原來聖者當爲王，「聖王」理想的境界爲「聖人爲王」。但是在血緣性縱貫軸所成的宗法專制政治下，卻是倒反了，變成「王者皆聖」。聖者爲王的觀念，其實他是一個「人格性的道德連結」做核心，「人格性的道德連結」即是「聖」，而其實他整個的背景是「血緣性的自然連結」，「人格性的道德連結」就是談「仁義」，「血緣性的自然連結」談「孝悌」。孝悌、仁義合而爲一，「人人親其親，長其長而天下平」，這是儒家的理想，其理想即如此，儒家的理想是「子奚不爲政？子曰：書云『孝乎唯孝！友于兄弟』，施於有政，是亦爲政，奚其爲爲政？」就此看來，我們發現「宰制性的政治連結」，根本就是他要排除掉的。正因爲他排除掉政治的專權体制，所以他腦子中思考的政治一定不能停留在法令政刑裡，所以才講「導之以政，齊之以刑，民免而無恥；導之以德，齊之以禮，有恥且格」；講「政者，正也，子率以正，孰敢不正」，講「爲政以德，譬如北辰，居其所而衆星共之」，整体來說，它強調的就是「道德教化」的作用。

　　這樣的政治觀念當然與我們現在的政治觀念頗爲不同。現在一般學者一論到此，好像就認爲這很壞啦，或說他沒有辦法發展出什麼等等。其實，這些都是瞎說的，因爲這是不相干的兩回事。能不能發展出什麼，不是你思想本身的問題，思想本有其兩面性，他都可能的，那裡不可能。依思想史上說，我們以爲缺了什麼就發展不出什麼，這個以我看都是瞎說，無聊得很。我們可以發現古今中外

之思想，大部分說來，思想只要你願意去發展一個什麼東西，它就可能連在一塊，他和外來思想也可能連在一塊。此處其實思想本身，他要配合的是什麼，是要有那個思想的土壤，那土壤不能離開所謂的「文化傳統」、「政治社會的構造」以及「經濟的發展」，而經濟發展背後，又很重要的是「生產的方式」。這些東西總的來說，與人用什麼姿態活在這個社會上有密切的關係，這是很明顯的。譬如我們常說：中國人的冒險精神不夠，但在台灣的中國人冒險精神那裡不夠，強得不得了，那為什麼會如此說；因為他會變，他會轉，所以我一直不能同意「思想決定論」的說法。

　　我剛談「道的錯置」那個部分，秦漢以後變成了宰制性的政治連結為核心，也就是以國君、天子做為核心，其他二者（血緣性自然連結、人格性道德連結）成了背景。如此一來，這就變成好像一個三角形，頂頭是「君」，底下就是「父」與「聖」。「父」代表的是「血緣性自然連結」的最高象徵，「聖」代表的是「人格性道德連結」的最高象徵，「君」代表的是「宰制性的政治連結」的最高象徵，形成一個如此繁複的連結。進一步，我們發現這時的「王」即「聖」；國君的旨意就成了「聖旨」，這種方式，在中國來講是非常麻煩的。當然這裡比起日本的「天皇」、「神道」的那種專制，我們還是小巫見大巫。然而是日本的「神道」、「天皇」不是人，他是神聖的、絕對的、超越的。在中國來講那個皇上還是人，其實，中國文化傳統的麻煩點就在這裡。或者說中國人腦袋裡面思考這問題的時候，就沒有辦法一直往上頂，頂出一個「超越的人格神」，或類似這樣的一個東西。相對而言，中國有很多東西是要拉下來放到人間做和諧性的處理，但是他又頂出一個「天子」，然而

「天子」與「天皇」是不同的。「天子」是「天」之「子」，「天皇」是「天」跟「皇」合而爲一的，所以日本的「天皇」跟中國的「天子」是很大不同的概念。現在有些人將它們混在一起來理解，其實是錯誤的。「天子」這個概念在我們理解，他是「天之子」，但他不是「天」，而「天」從哪裡來呢？《尚書》所謂「天聽自我民聽，天視自我民視」，這又轉一個圈後，回過頭去全部擺平。中國基本上還是一個「中道」，混成一個整體來看。但日本人不是，往上說，說到一個最高的「神道」，或是最高的「天皇」，這個地方他變成一個「儀式型的理性」，儀式主義，朝向那邊。中國人不是如此的，中國人較近乎一「情實型的理性」。

　　這裡我們講「道的錯置」之問題，是以目前這個時代來看，他其實有一個新的發展，這新的發展，並不是說，你批評儒家就可以把這一套專制瓦解掉。我的分析架構是要說明，整個中國的專制並不是儒家造成的。專制是中國文化裡頭非常重要的現象，他影響非常的深遠，但是，他原本是如此簡單的分析架構；「君」、「父」、「聖」，「血緣性的自然連結」、「人格性的道德連結」以及「宰制性的政治連結」，這是最簡單的分析方式，又可以把最重要的幾個因素全部包括在裡面。如此可以很清楚的看出，儒學在整個中國專制的過程中，其實不是霸權，其實是調節了中國的專制，使得中國的專制不敢太過分，它企圖用「道統」來指導「政統」，但又沒辦法指導，「政統」又回過頭來控制你「道統」。然而既要控制、要假借，就因此會有牽制，或者調節產生。

五、從「以心控身」到「身心一如」

問：此處的一些問題老師也提到，他一方面有抗持調和的功能，而他同時也受到些薰染。譬如說：人格性的道德連結，血緣性的自然連結，同時也帶有宰制性的政治連結的意味。這些常常就落實在我們的生活世界裡面，譬如說：「父子」、「師生」這一層關係，可能受到薰染而帶有一些上對下很強烈的宰制性。還有另外一點是說，在這種相抗持之間，老師有一個很重要的觀點是說，因為在抗持之間他必須將心性修養往上一提，越專制他越往上提，形成一個更強的張力，也就越往心性的保存這方面走，也造成了儒學真正在社會實踐中，動力的委靡及虛空化。

答：這有非常密切之關係，宋明理學發展出一套那麼注重心性修養的理論，跟整個宋代以後專制的控制的強度遠勝於以前，有密切的關係，這點是不能忽略的。因為他變成之前的那個講法，他相抗而相持，到最後要開拓一個更高的境界才能不為這個現實所拘，因為要去面對現實時會碰到很多挫折和困難，所以就以「境界的真實」來替代那個真正要去實現的「真實的境界」。大體說來，人類幾個大的文明，現在都是以男性為中心的思考，其男女之欲也是以男性為中心的男女之欲，這是男性控制女性。不過，值得注意的是：這裡形成一個非常有趣而麻煩的弔詭，男性的生命變成飄移的狀態而女性則是固著的狀態。女性「貞節」的觀念是以男性為中心所賦予的，但是男性賦給她，是因為男性必須靠著一個穩定的力量使得他的飄移生命獲得穩立。這個地方男女兩性有一個非常有趣而複雜的關係，男性控制女性，結果到最後，男性被他所要去控制的

女性所形塑成之意義系統，回過頭來穩立男性，而這個穩立本身又形成另外一種反控。

中國歷史上常發生很荒謬的事，當男性發覺到他的女人，失去貞節或者是有所不貞時，這時男性所表現就有二種態度；一是非常憤怒，一是如喪考妣，他覺得整個生命好像完全垮掉了。我們從看過的一些戲劇或甚至在左鄰右舍就有這樣的事，這是很荒謬的。我以爲從五代、宋以後，男女兩性的關係，發展是不正常的。身心、理欲的關係也都不正常，統治者跟被統治者的關係也是不正常的關係，大體說來，那已經悖離了原來儒學強調的「一體觀」。身心、男女、陰陽應該是一體的，上下應該是合而爲一的，君臣、父子、夫婦、兄弟、朋友應該是以「氣」的感通關連通而爲一的。現在皆不是，「心」要控「身」，「理」要控「欲」，「男」要控「女」，語言、文字、符號通過這個方式要控制這個世界。更荒謬的是：它那控制方式又不是如西方科學的以一種對象化的方式去控制，它卻是回到那符咒，回到那宇宙的動源，帶有「符咒性」、「咒術性」的控制。我以爲中國傳統自宋以後這一段如果不清理，那中國人的生命就非常的「拘」，生命裡既是「專制」，又是「咒術」，又是「良知」它們通通連在一起，他本身又在動，又有一個迸開或瓦解的可能性。這樣一來，中國人的生命，人變成不像人樣。

我一直對宋明儒學有意見，宋明儒學他在那個時代非常了不起，這是可以肯定的；但是，宋明理學家中，多半「虛」，用牟先生的話說是「有山林氣」，有「頭巾氣」，沒有眞正的「富貴氣」。這裡所說的「富貴」是「自足者『富』」、「自尊者『貴』」。宋明儒者大部分說來，他們的生命沒有充實而飽滿之感，沒有「充實

而有光輝之謂『大』」，沒有「大而化之謂『聖』」，沒有「聖而不可知之謂『神』」。多半是帶有「山林氣」跟「頭巾氣」。我覺得這之中，宋明理學之生命不夠充實，他衝不出去。這可以從他忽略了一個存在事物本身之有他一個確確實實的物質性去了解，這是不能取消掉的；但是宋明理學家多半卻有這個傾向。

我以認為真正原初的儒學本身來講，他最首出的概念應該是「氣」這個概念，不是「心」這個概念，也不是「理」這個概念。「理」這個概念強調的是一個超越的形式性原則，「心」這個概念強調的是內在的同體性原則，「氣」這個概念強調的是歷史社會總體的真實的互動和感通。所以基本上我自己在研究儒學的時候，就把他歸到「氣」學。連著氣來談的話，那應該是「身」學而不是「心」學。或者是身心一如的，他不是以「心」控「身」的，這個地方其實是有一個脈絡。做這研究到目前為止，我其實是感觸很多，鵝湖的朋友，真正會去理解的並不多。

六、當代最大的「別子為宗」：牟先生的哲學向度

問：我印象很深，牟先生剛過世不久，開了一個牟先生哲學會議，會議上老師提起，從這個角度來看牟先生是最大的「別子為宗」。就當時那個情境，覺得這話有震撼力，覺得此處似有重要的深見。

答：我說牟先生是最大的「別子為宗」的意義是，因為牟先生強調的是「心學」，而牟先生所說的那個「心」，是普遍意義的，超越意義的，而帶有抽象性的，它不夠落實、不夠具體，因為只有

那樣才能夠談(intellectual intuition)「智的直覺」。這個部分牟先生就太強調，太顯超越相，我覺得儒學應該就眞實的感通處說，而眞實的感通是落到「氣」上來說。而牟先生講這個「良知」、「智的直覺」，講到後來變成越講越絕對，越形式化，他變成一個主智主義與形式主義的傾向。我一直覺得要把他拉回來，拉到生活世界中來，正視存在有其物質性在，就某一個意義下，這是「唯物論」。其實，「唯物」有時候也不是那麼物質性，它也是心物不二的辯證，其實應該把他拉回一個具體的器世界中來感通，因而整個安排的言說系統就全然不一樣了。

　　當我們談這個的時候，許多朋友就以爲太咬文嚼字了，然後就被認爲我好像誤解了牟先生，其實總體而言並沒有誤解。我說牟先生是最大的「別子爲宗」，因爲他眞的很不容易。例如：儒學是一個世界，牟先生把它分成二個世界，然後再把這二個世界如何通起來，再談如何從「物自身」下貫到「現象界」去，如何從「智的直覺」，坎陷爲「知性的主體」，再如何面對這個世界，其實可以不必用這樣的方式，但也可以這麼談。牟先生的論點如此精彩，構成非常完整的心學系統，眞是足以成一代宗師。就這一點而言，我覺得牟先生是最大的別子爲宗。

　　問：牟先生如此的論法，是否與其身受佛、道二家之影響有關？

　　答：一方面是有關，但是最重要的，是因爲他所處的年代，面臨著所謂「存在的危機」、「意義的危機」。如何克服此「存在」與「意義」的危機，當代新儒學者大體所選的是一形而上的保存之路；當然，「道」與「佛」也剛好可以配合了他這個形上的保存。

形上保存到最後就是鞏固了一個超越的「智的直覺」，用那樣的方式來安頓他那個時代的問題，解決他內在生命的危機，但是是否真正解決了呢？至少在那個時代，已可以得到安頓。接下來我們所要面對的問題是歷史社會總體之問題，是生活世界之問題。也就是說「牟先生之後」，我們要面對的問題，不能不面對。當然如果我們立足於發揚牟先生學問之立場言，牟先生之學問是不是也可以發展出我們強調之「歷史社會總體」，強調「生活世界」，當然也可以。如牟先生所說的「本心」，他除了形式化、超越化那一面，他其實還是非常強調要落實的，就論述的策略來說，是可以就他在論述結構中所安插的分位中，再從那個地方落實起。

七、「當代新儒學」與「京都學派」的對比

問：透過林老師的詮釋，我有一個連想，覺得牟先生的論述好像有相似於「京都學派」，尤其是久松眞一的想法。他的想法是要建立一個非歷史的歷史，非時間的時間，因為久松他也研究過禪、佛，到後來其實是往非時間性，非歷史性之形上境界。但他覺得是可以在生活世界呈現，也必須要談歷史社會的問題，但是他心目中又有一套自己的歷史社會觀，要談落實，又必須從這個地方談下來，談下來又必然走向一個非歷史的歷史，非時間的時間，對於這樣的思路應如何理解？

答：就這一點而言，可以說久松眞一跟牟先生接近，但骨子裡頭還是不一樣。其實接近非歷史的歷史，非時間之時間的「圓頓之教」，「圓頓」當然非歷史的，而「圓頓」之做為一個教派是在這

個歷史中發展的，所以他是個非歷史的歷史，非時間的時間，任何一個當下時間的歷程通通是收攝於那個總體，而那個總體之爲總體，他又當下就顯現。所不同的是：日本京都學派久松眞一，基本上他背後所被強調的，是一個如鏡子一般的「空無」，亦即「絕對無」這個概念。儒家不是一個「絕對無」這個概念，儒家是一個「創造性自身」，他不同於「絕對無」這個概念。「絕對無」他背後有個場域的概念，收攝到最後則是一個最高的「神道」。

日本人詮釋「神道」，也是純淨的、潔白的、如同鏡子一般，中國人到最後收攝爲「道」。「道」這是宇宙總體生發之源，這點中國文化和日本文化差別很大。日本之接受儒家，其實是透過禪宗而接受儒家，所以到最後能夠將儒家整個構造起來，把他拉到最高「神道」，這在日本，他不是人與人之間最眞實的情感，他一拉就被拉到最上頭，那叫「誠」。「誠」者天之道，「誠」之者人之道，他一解之後完全和我們不一樣，這很有意思，所以日本他以「忠」爲「孝」，就「忠君」和「孝親」而言，「忠」之爲「孝」。「忠君」就是「孝君」，「孝親」就是「忠親」，所謂的「忠」，最後是投向那個絕對者，我們須從絕對服從這儀式性去理解。

問：剛才有一個不太能理解之處，照老師的詮釋方式，儒學應該是一種「場域」的概念，「場域」的強調特別重，因爲他就直接落在一個具體的、歷史性的社會總體上呈現，而不是收攝到一個最後的境界，收攝於絕對無、空的概念。因爲像這樣反而會流於形而上的概念，使得「道」呈現開來之張力反而不顯，相較而言，場域性比較顯的應是儒學吧？

答：中國儒學「場域」之概念，與日本京都學派強調「場域」

這個概念不太一樣，日本的「場域」好像鏡子般的背景襯托，基本上是「虛」，絕對無之「虛」。中國人「場域」的概念像是土地一樣，踩在這個土地上工作，這個地方是有很大不同的。中國人在天地間，人參贊天地間，構成一個總體，日本人不是，日本人是朝向那至高無上的「神道」，而「神道」又是清靜無為的、潔淨的、透明的。

問：日本基本上那個場域的概念，還是不帶時間性和歷史性。譬如：西谷啓治；他還是覺得「空」這個問題很難克服，「空」如何跟「歷史」、「時間」建立起關係，他也碰到這種困境。佛學在當代要能夠當下在這個世界呈現佛法，就必須考慮到這世界是很具體的，是有歷史的，是有時間的，他如何把佛法之「空」帶入這個世間中，而讓他呈現？

答：這個必須看你如何解，在中國來講，大乘佛法最後轉變成「眞常心」系統，就解決了這問題。甚至，他後來更進一步轉變成「本體生起論」的系統。一般說來，佛法是不能違背「緣起性空」的理論，，但是整個民間教化流行的背後卻是「本體生起論」的說法。我們可以看的出來整個民間的佛教多半相類似，而這些東西又和「道」、「巫祝」和在一塊。至於日本這個部分有些東西我也不是很清楚，但就整個推述而言，他要解決這個問題其實也是可以的，就如你剛才說的久松眞一之無歷史的歷史，無時間的時間，當下就是。當下之剎那即是永恆，生命當下燃燒，任何一刻都是完全的熱烈。

問：如同那鈴木大拙說他每喝一杯茶，都是有「禪」的，在生活中的每一個具體行動。也是將「禪」的「空無」落顯到具體的生

活世界之中。

答：這裡有一個很重要的地方，須得釐清。那個落實下去，在日本還是形式性的，不是內容意義的，我何以敢做如此判定。日本於此而言，他還是儀式性的，他用儀式性的方式讓自己安頓。但那個安頓是否果真讓你的身心調適？「身」如何處置？「身」在悸動，而這個悸動的時候，他這生命放在這裡，在這個悸動的當下，面對絕對的空無，想著，我的生命能夠把他處理掉的時候，就進入這個狀況。這個部分我是要解釋從芥川龍之介到川端康成，到三島由紀夫都選擇死亡。而櫻花看起來是很脆弱，但櫻花其實是很剛強，他那個脆弱，就用那樣的盛開的方式來剛強她，並因此脆弱之剛強而得充實，這裡有一深深的生命悸動。日本的「美」有一種很獨特的「美」在。這獨特之「美」和中國的「美」不一樣，中國的「美」基本上還是充實的，所謂「充實之謂美」；如果對比參照的話，日本那種「美」，不同於充實之謂美，而是「虛靈之謂美」，更進一步我們可以說此虛靈、虛空、虛靜、虛寂之謂「美」。我最近重讀日本川端康城的《日本的美與我》，覺得那生命有一種非常寂靜的美，非常透明的、晶瑩的、剔透的一個背景，一個人在那麼強之背景下顯示其人之渺小。但同時由這個渺小映照你的偉大，偉大在於他背後的晶瑩、剔透、潔白，這時候人在此狀況之下，我之殉情更成就那晶瑩、剔透、潔白之美。那晶瑩剔透的潔白就是「神道」，就是「天皇」，也就是他們至高無上之境。這種「美」，有時候也是會很令人耽溺的「美」。如此晶瑩、剔透之潔白，一個人立於此情境，而這個人可能是充滿了欲望，充滿生命力，在對比之下，那是非常「美」的，這時候我把自己的欲望處理掉，把生命處

理掉，進入永恆，經由此而彰顯「美」。日本人最內在心裡極至就在此，這可以想像他們那種自殺時的心情，是非常深微奧秘的。

八、結語：重返王船山——後新儒學的可能向度

問：熊十力在你看來他有一個特別重要的意義，這個連結到剛才所談，這對於中國之「原儒」，即「原始儒學」中之「道」，他跟時間之間其實是並不構成問題，所以不會有像久松眞一或西谷啓治的那種困局，那種渴望想要將「空」和歷史、時間接合起來的問題，因爲「道」就在歷史，就在「氣」之中呈現。然而，我想要問的是：這個中間透過宋明理學的階段，這個「道」是否有一種可能性，使其歷史社會總體及時間意義，慢慢的被解消掉，或者虛空掉了，或者又是保存、又是解消；由此來看熊十力或王船山其有特別重要的意義，他們同時又把「道」拉回到時間、歷史中呈現。

答：這裡所謂的「拉下來」，就是在這裡實踐，其意義是注重到整個歷史社會總體。就此王夫之遠過於熊十力，熊十力的格局也是照顧到這個問題，所以他講「體用不二」，講「眾漚即是大海水」、「大海水即是眾漚」這是「一個世界」的論法，「道」就在此開顯，它不離於生活世界，它就落在此中。但我要說的是：熊十力還是受宋明理學的影響比較大，他講到人的「實踐」論題時，做的是內在形而上的道德本性的考察還是比落實於歷史社會總體多。例如，他所強調的「明心」即是。很可惜的是：熊先生念茲在茲的那個《量論》（知識論）沒寫出來。另外他應該要照顧更多屬於歷史社會總體的那些東西，是應該在《量論》中繼續延伸出來的東

西，亦無所發揮。他在《原儒》、《讀經示要》之中寫了一些，但仍嫌少，不夠充實。再者，熊十力本身的生命也反應出，並沒有眞正如孟子所說的充實之謂「美」，充實而有光輝之謂「大」，他那生命仍有一點彆扭。在理境上他透到了那裡，但現實中他仍無法到達，很困難，那是時代的業障，障很深。

就此來講，王夫之有他可貴的地方，王夫之在他的生命之中與熊十力來講，我覺得是比較潤澤。他一方面能夠困居而另方面又能夠潤澤，他所採取的學問路向，比較不是「乾元獨顯」，而是談「乾坤並建」，不訴諸那「本心」，而是即其「器」而言其「道」，是就當下任何一個存在的事物，就那個辯證之過程而去彰顯「道」。熊十力他也懂這個道理，但是他基本上重點還是「照見本心」，當然他知道這個「本心」並不是個超越的實在，那麼這個地方就有辯證性了，於此可知他所強調的「陰陽翕闢」，這是《易經傳》的系統。我個人以爲就熊十力本身而言，他的哲學當然有他可貴之處，他是很值得研究的。但這並不意味熊十力的學問不能批評，有些人批評他是否心口一致、言行一如，我認爲這些批評也不是空穴來風，但是熊十力的學問也不因這些批評就沒有道理，而正顯示出他其實是一直要克服他內在的困境，而又是一直克服不了，這就是那個時代的病痛。所以和王船山比較起來，他還是傾向於特顯這個「乾元」，並不像王船山的「乾坤並建」。我一直以爲王夫之的哲學結構是很值得重視的，他很清楚的照顧到具體性，照顧到社會性，照顧到歷史性，照顧到物質性，我們要從這裡看物質性做爲物質性，它也就不離你那心靈。我認爲由牟宗三先生上溯至熊十力先生，再上溯至王船山的哲學，這裡隱含了我所謂「後新儒家的哲

學」可能向度。

（以上是一九九七年十月廿九日的訪談全文，由清華大學中文研究所博士班研究生賴
　錫三先生訪問，南華哲學研究所碩士生裴春玲小姐紀錄完成）

第十二章 「生活世界與意義詮釋」論綱
——後新儒學的「存有學」與「詮釋學」

〈本章提要〉

本章試圖經由一論綱的方式，對當代新儒學做一批判性之繼承與發展也。當代新儒學之所重爲良知主體及躬行實踐，而於此文，余則進言之論其「生活世界」與「意義詮釋」。

筆者以爲生活之爲生活是因爲人之「生」而「活」，世界之爲世界亦因人之參與而有「世」有「界」。所謂的「生活世界」是「生—活—世—界」，是「生活—世界」，是「生活世界」，是天地人三才，人參與於天地之間而開啓之世界。

再者，筆者以爲「意」之迴向於空無，而「義」則指向於存在。「詮」之指向「言說」與「構造」，而「釋」則指向「非言說」與「解構」。「意義詮釋」是「意—義—詮—釋」，是「意義—詮釋」，是「意義詮釋」，是人由其「本心」，經其「智執」，參與於天地人我萬物而開啓者，而生之解放者。

顯然地，筆者重在解消主體主義及形式主義可能之弊，故多闡發熊十力體用哲學之可能資源，由「存有的根

源」（境識俱泯）、「存有的開顯」（境識俱起而未分）、
「存有的執定」（以識執境），等諸多連續一體之層次以
疏解「生活世界」與「意義詮釋」之論題。

關鍵字詞：生活世界、意義、詮釋、熊十力、場域、身心

一、問題的緣起

0. 今爲此文實欲對當代新儒學做一批判性之繼承與發展也。當代新
儒學之所重爲良知主體及躬行實踐，而於此文，余則進言之論其
「生活世界」與「意義詮釋」。

0.1. 牟師以自由無限心並援康德（I. Kant）哲學之「智的直覺」
（Intellectual Intuition）而以之闡釋儒學之良知主體，此
是承陽明學而開啓者。然陽明學躬行實踐頗著成功，而當代新
儒學於此則稍缺，原因何在？吾以爲此乃因牟師所說之「自由
無限心」、「智的直覺」等語言，於其系統言之，多具理論性
格與邏輯性格，而非眞存實感於歷史社會總體之語也。

0.2. 牟師雖力言其學爲一道德的形而上學（Moral Metaphysics），
然此道德的形而上學實仍祇是經由一邏輯性格、理論性格構造
而締造一形而上保存之物這樣的形而上學，是一絜靜而夐然無
染之形而上學，此與人間社會隔而絕矣！

0.3. 或可如是申言之，牟師所說之良知主體乃一先驗且夐然絕待之
良知，雖亦論其「即寂即感」，然畢竟是智識之事。此良知主
體重在形式義、普遍義、超越義，衡諸人之爲一實存有血有肉
之人間存在，此良知主體當從生命聲息之眞實感動處說，實不

宜上遂至道體處說也。

0.4. 直以一形式義、普遍義之層次將良知上遂於道體而視之，或直等同之，則易生光景。宋明儒嘗以光景爲戒，其爲戒多屬修行工夫爲戒，吾今提此以爲戒，則以爲理論亦多有光景者在。如牟師所言，吾儒、道、佛所潤之蒼生乃一自足圓滿之存在，餘皆不必深論矣！若謂吾等皆是一良知本體當下顯現之人，人之病痛視之太輕易爾！實者，人之有限性，不可忽視也。

0.5. 陽明之良知義實可得其人間學之生活脈絡義，牟師所說之自由無限心則不免失其生活脈絡義，雖戮力言其爲呈現，然生活脈絡義既失，故此呈現亦祇理論脈絡義下所說之呈現，非生活脈絡義之呈現，此與當前歷史社會總體之異於傳統社會有關。以是之故，吾人以爲牟師所說之自由無限心實僅得其形而上之保存作用也。

0.6. 以是之故，我想免除主體主義及形式主義可能之弊，故多闡發熊十力體用哲學之可能資源，由「存有的根源」（境識俱泯）、「存有的開顯」（境識俱起而未分）、「存有的執定」（以識執境），等諸多連續一體之層次以疏解「生活世界」與「意義詮釋」之論題。

二、總綱：「生活世界」與「意義詮釋」

總綱一：

1. 「生活世界」一詞指的是吾人生活所成之世界。

「生」是通貫於天地人我萬有一切所成之總體的創造性根源。

「活」是以其身體、心靈通而爲一展開的實存活動。

「世」是綿延不息的時間歷程。

「界」是廣袤有邊的空間區隔。

1.1.「生活」是由通貫於天地人我萬有一切所成之總體的創造性根源，落實於人這樣的一個「活生生的實存而有」，以其身體、心靈通而爲一，因之而展開的實存活動。

1.2.「世界」是此綿延不息的時間歷程與廣袤有邊的空間區隔。時間歷程本無區隔，空間之廣袤亦本爲無邊，但經由人之「智執」，因之而有區隔，亦因之而能得交錯。

1.3.生活之爲生活是因爲人之「生」而「活」，世界之爲世界亦因人之參與而有「世」有「界」。

1.4.「生活世界」是「生—活—世—界」，是「生活—世界」，是「生活世界」，是天地人三才，人參與於天地之間而開啓之世界。

總綱二：

2.「意義詮釋」指的是吾人以其心意，追求意義，開啓的言說，道亦因之而彰顯。

「意」是「意向」，是由純粹意向而走向一及於物的意識狀態。

「義」是由「意向」之走向一及於物的狀態，因之而生的意義理解。

「詮」是「言詮」，是由意向、意義而開啓的言說、徵符。

「釋」是「釋放」，是由總體之創造性根源的「道」之彰顯與釋放。

2.1.「意義」是由「境識俱泯」、「境識俱起而未分」下的純粹意向，進而「境識俱起而兩分」，因之而「以識執境」，這一連串不息之歷程而生者。

2.2.「詮釋」是由意義所必然拖帶而開啓之言說、徵符所構成者，如此之構成實乃道之彰顯與釋放。

2.3.「意」之迴向於空無，而「義」則指向於存在。「詮」之指向「言說」與「構造」，而「釋」則指向「非言說」與「解構」。

2.4.「意義詮釋」是「意─義─詮─釋」，是「意義─詮釋」，是「意義詮釋」，是人由其「本心」，經其「智執」，參與於天地人我萬物而開啓者，而生之解放者。

三、「生」：總體的創造性根源

分釋一：

3.「生」是通貫於天地人我萬有一切所成之總體的創造性根源。

3.1.如此說「生」，是承繼於「天地之大德曰生」之傳統而說者。

3.2.說「天地之大德」是因「人之參與」而有天地之大德。

3.3.換言之，由《中庸》、《易傳》之形而上的立言，而往人的心性論走，並無所謂宇宙論中心的謬誤。

3.4.問題的關鍵點在於並不將宇宙推開去說，而是將宇宙與人關連成一個整體來說，是宇宙原不外於人，人亦當不外於宇宙。

（陸象山語「宇宙原不限隔人，人自限隔宇宙」）

3.5.宇宙論、本體論、心性論、實踐論是通而爲一的。

3.6.不是由人之心性去潤化一個形而上之理境，因之人之道德實踐

論而開啓一道德的形而上學，而是「天、地、人交與參贊」。

3.7.「交與參贊」的強調是要闡明一「非主體主義」的立場，而是一主客交融，俱歸於寂，即寂即感，感之成「執」，又能迴返於「無執」。

3.8.「無執」與「執」並非決定於「一心開二門」，而是取決於「存有的根源──X」（境識俱泯）、「無執著性、未對象化之存有」（境識俱起而未分）、「執著性、對象化的存有」（境識俱起而兩分，進而以識執境）這歷程。

3.9.關聯於此，吾人可說如此之立場較近於「氣」之感通的傳統，而以爲「心即理」的「本心論」與「性即理」的「天理論」皆有可議者。其爲可議，皆應銷融於「氣的感通」這大傳統中，而解其蔽。

四、「活」：身心一如的實存活動

分釋二：

4.「活」是以其身體、心靈通而爲一展開的實存活動。

4.1.「身體」與「心靈」是通而爲一的，不是「以心控身」，而是「身心一如」。

4.2.「以心控身」，是身心分隔爲二，而「身心一如」則是打破此分隔，回到原先的無分別相、無執著相。

4.3.關聯著「以心控身」，是「以識執境」；「身心一如」則是「境識俱泯」，渾歸於寂。

4.4.再者，「以心控身」身之作爲心所宰控者，身是隸屬於心的，

嚴重的說「身」成了「心」之奴，「心」則為「身」之主。

4.5. 這樣的「主奴」關係，就中國文化而言是與其「父權社會」與「帝皇專制」密切關聯在一起的。

4.6. 「主奴式的身心論」這樣所構成的心性論傳統，必然會走向吃人的禮教、以理殺人。

4.7. 破除「主奴式的身心論」，回到原初的「主客交融式的身心論」，不再是「以心控身」，而是「健身正心」。

4.8. 「健身正心」、「身心一如」，所以不再強調「一念警惻便覺與天地相似」，而是「天地人交與參贊」。強調「身」的活動帶起「心」的活動，「心」的活動又潤化「身」的活動。

4.9. 「活」是以其身體、心靈通而為一所展開的實存活動，這是活生生的實存而有的「實—存—活—動」。

五、「世」：綿延不息的時間歷程

分釋三：

5. 「世」是綿延不息的時間歷程。

5.1. 時間是綿延不息的，也是剎那生滅的。

5.2. 就其綿延不息，我們說其非空無，但彼亦非一可對象化之存在。

5.3. 就其剎那生滅，我們說其還本空無，此亦非一對象的空無，而是一場域之空無。

5.4. 「場域之空無」是使得一切有之所以可能的天地（Horizon），這是在未始有命名之前的存在，所謂「無名天地之始」是也。

5.5.「場域之空無」非空無，這亦得回返到「境識俱泯」（即迴返到「存有的根源─X」上來說，從此而可知時間乃是道之彰顯所伴隨而生者。

5.6.「場域之空無」使得「天地人交與參贊而成之總體」因之而得開顯，就此開顯而爲綿延不息。

5.7.「綿延不息」與「人」之參贊化育密切相關。這是從「場域之空無」走向「存在之充實」，儒學之爲實學所重在此充實之學也。

5.8.佛老皆強調回到場域之空無，而儒家則強調落實於存在之眞實，因之主張綿延不息。

5.9.「場域之空無」不宜理解爲「斷裂」，而宜理解爲「連續」的背景與依憑。「綿延不息」則與中國傳統的天地人我萬物所採取的「連續觀」密切相關。這是「氣的感通」傳統。

六、「界」：廣袤有邊的空間區隔

分釋四：

6.「界」是廣袤有邊的空間區隔。

6.1.廣袤而有邊，這是落在人之「智執」而說的，這是由「存有的根源─X」之走向「存有的開顯」，進而走向「存有的執定」而起現的。

6.2.「智執」並不是隨「一念」之轉而起現，而是在存有的開顯歷程中，有所轉進。換言之，並不是如《大乘起信論》的方式，說「一心開二門」。

6.3.溯及於「存有的根源」，則亦回到「場域之空無」，此是無時間相、無空間相，但此卻是一切開顯的根源。此如上節所論。

6.4.世界云者，指的是「時空的交錯」，此交錯並不是落在智執所生而爲交錯，而是在存有的根源處本爲一體，故後之起現得以交錯。

6.5.「世界」是「世」「界」，是時間之綿延作用在空間之區隔，這樣的哲學不同於一般西方的主流傳統之以空間爲主導，而且彼所說之空間又是一執著性、對象化所成之空間，因而時間性被忽略了。

6.6.這也就是爲何中國哲學談論的問題核心集中在「生生」，而西洋哲學所談論之問題則集中於「存有」。

6.7.換言之，我們說「世界」便隱含有「生生」義，就是一「生活世界」。相對言之，西洋哲學之主流所論之「World」則是一對象化之存在，即如說「Life World」亦無法如中國傳統之能回到「境識俱泯」那「場域的空無」中，再因之而談道體之彰顯。

6.8.如是言之，我們知道「界」之爲智執所做之區隔，此並非一「定執不變」之區隔，而是一「暫執可變」之區隔；且彼等皆可通而爲一，渾然一體。

6.9.「界」還歸於「無界」，由「無」到「有」，這是一連續，而不是「斷裂」，這是由「場域之空無」而到「存在之充實」，是以「氣」爲主導下的「默運造化」。

七、從「純粹意向」到「意義詮釋」

分釋五：

7.「意」是「意向」，是由純粹意向而走向一及於物的意識狀態。「義」是由「意向」之走向一及於物的狀態，因之而生的意義理解。

7.1.於此所說之「意」有兩層，一是如陽明所說之「心之所發爲意」，另一是如蕺山所言之「意是心之所存，非心之所發」，此二者看似相反，實則是兩不同層次。

7.2.蕺山所言乃是一純粹之意向，陽明所言則是由此純粹意向而走向一及於物之狀態。若以「意」、「念」區別之，蕺山所言爲「意」，而陽明所言爲「念」。

7.3.「意」是「意識前之狀態」（pre-consciousness），而「念」則是「意識所及之狀態」（consciousness）。「意」是「境識俱泯」、「境識俱起而未分」的純粹意識狀態。「念」是由此「境識俱起」進而「以識執境」，這是由「存有的開顯」而走向「存有的執定」之狀態。

7.4.由「意」而「念」，這是一連續的歷程，而不是一斷裂的區隔。不宜將「意」之做爲「主體」視之，而將「念」則視爲此主體所對治之對象。宜將「意」、「念」關聯成一個相續如瀑流之理解，然最後則可歸返於「意」，是一「場域的空無」，是「境識俱泯」之境地。

7.5. 「念」之及於物，可「因執成染」，但「念」亦可往上溯而「去染銷執」，還歸於「場域的空無」。如此做法，則可以破解主體主義的傾向，而還歸於主客交融俱歸於寂。亦可緣此寂，即寂即感，感而及於物，成就一存有的執定。

7.6. 因「意」而「念」，「念」之及於「物」，而起一「了別」之作用則爲「識」，這樣的了別是對於由純粹意向而及於物這樣的主體對象化活動所成者。所謂「意義」即落在此存有之執定下所生之理解而說的。

7.7. 意義之理解雖起於「意」、「念」、「識」這樣的「智執」，但追本溯源則是意識前之狀態，是純粹意向，是歸本於「場域之空無」的狀態。此即吾人於2.1.所言「『意義』是由『境識俱泯』、『境識俱起而未分』下的純粹意向，進而『境識俱起而兩分』，因之而『以識執境』，這一連串不息之歷程而生者。」

7.8. 意義之理解實不外於「存有的根源—X」、「存有的開顯」、「存有的執定」這樣的「意—義」，「意」之迴向於空無，而「義」則指向存在。意義的理解，實踐的開啓，都是存有學的顯現。

八、從「意義詮釋」到「社會實踐」

分釋六：

8. 「詮」是「言詮」，是由意向、意義而開啓的言說、徵符。

「釋」是「釋放」，是由總體之創造性根源的「道」之彰顯與釋
放。

8.1.關聯如前所說之「意義」乃是「意─義」，則可知「言詮」必
落在生活世界，然此生活世界非設一外在義之世界，再將之收
攏於內在而說的生活世界。生活世界乃是天地人交與參贊而
成·活生生的實存而有的世界。

8.2.「言詮」指向「存有的執定」，但「言詮」則歸本於「無言」，
此是「場域之空無」，是「存有的根源」，是「境識俱泯」。
這也就是說一切言詮既可以建構，亦可以解構。

8.3.如其建構而言，與吾人之「智執」密切相關，此是由「意」、
「念」、「識」而成者，這是不離我們人這活生生的實存而有
之生長於一生活世界所成者。

8.4.舉凡與此相關之一切言說、徵符皆可以視之。這是人「身心一
如」而涉及於「歷史社會總體」之活動所構造者。在理論上，
「心」有其優先性，然而在實踐上，「身」則是優先的。

8.5.在理論上，「無言」是優先於「言詮」的；但在實踐上，則
「言詮」優先於「無言」。這也就是說在我們的生活世界與歷
史社會總體裡，到處是充滿著「言詮」的，我們即於此而展開
我們的詮釋活動；但這樣的詮釋活動則是上溯於無言的。

8.6.正因其上溯於「無言」，我們因之而可說一切之言詮都是「由
總體之創造性根源的『道』之彰顯與釋放」。這也就是說「詮
釋」的「詮」是指向「言說」與「構造」，而「釋」則指向
「無言」與「解構」。

8.7.將「言說」＼「無言」，「構造」＼「解構」連續成一個整體

之辯證之歷程，這正預涵著一道德實踐論與社會批判論。我們可以說「意義詮釋」與「道德實踐」、「社會批判」三者關聯統貫為一的。

8.8.意義詮釋必指向道德實踐，必指向社會批判，這裡所說的「必」，是因為意義詮釋是「意—義—詮—釋」，是以「場域之空無」「境識俱泯」、「存有的根源」做為開啟的原初者，此原初者即涵有一不可自已的下貫到生活世界的動力。「意」是淵然而有定向的，道德實踐與社會實踐是純粹之善的意向性所必然開啟者。

8.9.如前所說「意義詮釋」不能停留在「言說」系統上，也不能轉而為一外於歷史社會總體之「心性修養」，而宜通極於道德實踐與社會批判。這正如2.c.所說「『意義詮釋』是『意—義—詮—釋』，是『意義—詮釋』，是『意義詮釋』，是人由其『本心』，經其『智執』，參與於天地人我萬物而開啟者，而生之解放者」。

孔子紀元二五四九年戊寅四月九日於象山居

（西元一九九八年）

附錄一
台灣哲學的貧困及其再生

　　哲學！哲學是追求根源性的智慧之學！是邁向生活世界的實踐之學！

　　哲學！哲學不是餖飣考據！不是說三道四、簡介了事！不是做爲文化次殖民地的買辦業務！不是語言文字的經營與管理！更不是拿這些語言文字築爲藩籬相互撻伐！

　　哲學要突破層層魔障，撤除藩籬！哲學要面對生活世界！要回到事物本身！最該突破的魔障就是哲學界鬥爭的魔障！最該撤除的藩籬就是哲學界利益團體所共築的藩籬！

　　以前台灣哲學界的貧困是因爲國民黨威權體制所連帶而來，但那時還會有像殷海光這樣的知識分子，還會有像牟宗三、唐君毅、徐復觀這樣的思想家！因爲他們都清楚的面對著那樣的威權體制，凜然而有風骨，惻隱而有良知！儘管彼此意見相左，但論其道義，卻同於大通！

　　國民黨威權體制瓦解了，但知識的新威權卻各霸一方，由原先的「熱鬥」轉而爲「冷鬥」，再由「冷鬥」轉而爲「涼鬥」！大家相信一種奇特的迷思，以爲「勢力的脆性平衡」可以誕生「眞理」！其實，大家習慣的是封閉、專權，躲在自家領域中，管理自己複製的語言文字，建築自己的高聳圍牆，做自己的「山大王」。眞是可

悲！

台灣哲學界就這樣遠離了戰場、遠離了生活世界、遠離了生命自身，它將自己掛在渺遠的哲學歷史中，將自己掛在文化帝國新霸權中，將自己安置在心性的虛假論述裡；有人說「哲學界內鬥內行！外鬥外行！」，不！現今的哲學界，心靈逐漸腐朽！靈魂日益枯槁！就連內鬥也乏力了！

台灣哲學界以前是白色恐怖下的貧困，而現在則是蒼白心靈下的貧困！須知：以前面對白色恐怖、敵國外患，還有個風骨在！現在築了高聳的圍牆，各佔了山寨，無敵國外患，國恆亡！

其實，哲學思想的研究者約有三個層次，一是「收屍者」，二是「收養者」，三是「生育者」。

「收屍者」是將研究對象視為一「已死之物」，他們整治死屍，清洗、粉飾一番，將它置入一棺槨之中，然後領取收屍及整治的費用。

「收養者」則比「收屍者」高明得多，他或者無懷孕、生產的可能，但卻具有養育的能力，他若肯用心的話當可以認養別人所生產的小孩。問題是收養的工作極為艱辛，不易完成。無堅強之忍受能力，勢必棄養，由於棄養，徒增更多未成年的死屍。再說之所以棄養，還有一個更重要的原因，那是因為台灣的哲學思想界之中，有些人雖能免於「死屍整治者」而進於「收養者」，但他將其所收養的視之為「小寵物」，過了一段時間小寵物便夭折了，這時祇好再收養新的「小寵物」，又過了一陣子，那小寵物又夭折了，如此週而復始的，這便造成了人文思想界的龐大的「寵物嬰靈現象」。

在台灣，哲學思想的「生育者」極少，縱或有之，亦被學術界

視爲異端。在一個長久沒有人懷孕及生育的國度裡，一旦有人懷孕應是可喜可賀，但卻易遭來白眼，甚至被視爲怪物；因爲思想之不孕一旦成爲學院的共識，並經由此共識而建立起一套宰制性的規範，任何有懷孕跡象者皆可能被強迫作「思想墮胎」，於是在這樣的「人工流產」下，製造了更多「早產的死屍」。這些「嬰靈」豈能不作祟，豈能善罷干休！

　　事實上，哲學思想的生育者、收養者，及收屍者這三個階層都極爲重要。問題是所謂的「收屍者」要界定在於清理、釐清這個工作上，而「收養者」要界定在於思想的薰習與傳承上，至於「生育者」則宜界定在思想的返本開新與傳宗接代上。

　　在一個沒有生育者或生育者太少的哲學思想國度裡，必然會產生「主體性」（Subjectivity）及同一性（Identity）危機的；而長期以來，習於收養者之角色，勢必喪失了「生育之能力」；長期以來習於收屍者的工作，勢必誤以爲死屍之芳香，而且誤以爲死屍是活物。

　　沒有本土，就沒有國際！沒有思考，就沒有哲學！沒有自家的傳統，就沒有主體性！沒有歷史的連續性，就沒有同一性！

　　「本土」不是光禿禿的鄉土而已，而是和著深厚的傳統，豐富的詮釋而締造成的本土。「國際」不是孤零零的掛在帝國霸權下，做爲人家的奴僕而已；而是以自己的本土所成之「國」；在與其他「國」對比之下，平等往來，才有所謂的「國際」。

　　「思考」不是範限在餖飣考據、錙銖必較；而是面對生活世界，回到事物自身！「哲學」不是某某哲學家講說了什麼；而是爲什麼他這麼講，如我而言，又能怎麼講？關連著這個生活世界，我

說如何講？不只如何講，而且是如何做？

　　「傳統」不是過去式的記載，而是現在式的詮釋，由詮釋而邁向未來；「傳統」不是閉鎖性的記憶，而是過去、現在、未來通而為一的開放性締造！「主體性」不是超越的，不是抽象的；而是實存的、是具體的；是在不斷的開放與豐富過程中形成的！是在歷史的連續性中，因之使得這樣的主體性有其同一性！

　　哲學就是哲學，只重西洋哲學徒成帝國主義的馬前卒，只重中國哲學徒閉鎖在僵化傳統之中，這都不是哲學界之福，但願「哲學界」把「界」去掉，回到「哲學」！

　　「哲學革命」是面對整個台灣社會總體、人類歷史文明，關懷自家生活世界，做一根源性的追求，永不止息！

附錄二
關於哲學思想主體性之問題

任何解釋與闡析總免不了要從某個觀點展開，而且很可能所見並非全豹。換言之，再怎麼說，它都只是「偏稱」，而不可能是「全稱」，這是作者展開「關於哲學思想主體性之問題」的解析前要加以說明的。

一、台灣當前哲學界最大的問題在於喪失其自身的主體性。其實，更大的問題更在於對這樣的喪失毫無醒覺，甚至以為可以有一空白之場域以生長出所謂的主體來。其實，他們常常甘心自願做為人家的馬前卒，或者由馬前卒升為「管家婆」，就沾沾自喜！

為何對於這樣的喪失毫無所覺？這就像台灣原先的原住民一樣，（這狀況因為政治的變化已有改變）當漢族權力的壓迫越過某個程度時，特別是文化力量的滲透到某個地步時，他就不再對自己的身份有所認同，他不敢宣稱他是原住民，他爭得要宣稱他也是漢族；同樣的，當以西洋為主導的文化思想權力之迫壓超過某個程度時，文化滲透力強到某個地步時，原先的華族文化傳統一再被擠壓，甚至銷損喪亡，這時華族的人文學者對於自己的身份便不再以原先自家的文化做為認同的依歸，他不再宣稱他是華夏傳統，他把自己歸屬到人家的傳統去，並且將人家的傳統擴大解釋，做成唯一的、普遍

的、全世界人都該信守的標準。就像以前的國民黨用這樣的方式迫壓原住民，讓原住民喪失其本土的認同；西洋人用其經濟力、文化力迫壓華夏族群，讓華夏族群喪失其本土的認同。台灣現在許多人文學者，特別是一些排斥中國哲學的西洋哲學學者，動不動就說要國際化，其實是美國化，或者是片面的洋化而已。試想，沒有「國」那來「國際」，自家把文化傳統毀棄掉，沒有了文化之國，那樣的國際就只成了人家文化殖民地下的附庸而已。

說眞的，台灣當前還是有許多很認眞的西洋哲學研究者，但也有許多就像《孟子》書中的齊人，「取諸東郭墦間」，回來「驕其妻妾」！他的學問從來就上不了國際，但狐假虎威，以爲自己所研究的才叫哲學，連先聖先賢都不承認了，一再的否定中國哲學存在的價值，而認爲西洋才有哲學，中國哲學不叫哲學，或者更徹底的說中國只有思想沒有所謂的「哲學」。這種荒謬事，並不是某一個學者個別偏見的問題而已，舉世囂囂，它是時代的共業，是人的心地完全被另外的文化威權佔領了。想起這些事，實不忍深責，只是覺得可憐而已！尤其，對於那些曾經努力過的先生，我一方面感到遺憾，一方面覺得可憐，天啊！可憐可憐他們吧！讓他們從文化霸權的迷夢中醒來，不要甘於做人家的文化次殖民地而已！不要甘於做爲人家的馬前卒，或者昇任爲「管家婆」就自我陶醉不已！取諸東郭墦間，驕其妻妾！

二、台灣（乃至台海兩岸）當前對於中國哲學的研究，即使一些對於中國哲學頗爲重視的學者，仍然不免將中國哲學視爲被動的研究對象；他們忽視了她是一個活生生的生命體，動不動就說是從西

方某一位哲學家的觀點來研究中國的哲學，我將這種狀況叫做「妓女——嫖客心態」。

　　有從「多馬斯」觀點的，有從「康德」觀點的，有從「黑格爾」觀點的，有從「馬克斯」觀點的，有從「存在主義」觀點的，有從「現象學」觀點的，有從「解釋學」觀點的，…………如此繁多，不一而足。就將整套理論罩下來，說是新的方法，因此又看到了些什麼新的東西囉！這樣的做法，不是平等的對話，而是某種強暴的行為，這就好像是以中國哲學做為「妓女」，而將西洋哲學當成一群「嫖客」，不斷的更換嫖客，當然，最慘的是妓女，特別是被迫下海的妓女。像這群學者，我們實在不願意說他們就像「拉皮條」的皮條客，但似乎很難避免就是這樣的勢態！

　　更嚴重一點的來做比喻，嫖客之於拉皮條的皮條客，當然是有恩的，因此就被稱為「恩客」，甚至更上一層的被稱為「恩公」。有時候，也會出現一種「從良心態」，「媽媽桑」就希望自己所疼惜的「女兒」從良算了！但中國哲學原是有其堅韌生命力的，不願就此「從良」，又轉換不了其妓女的分位，豈不可悲！

　　看倌讀者，你可以想一想，如果像這樣的「妓女——嫖客」的結構，經由某一觀點來做的中國哲學研究，其為慘烈，可想而知！在這樣的「妓女——嫖客」的結構下，當然不可以生養下一代的嬰兒！不能懷有身孕，即使懷孕了，也得墮胎！你說這可憐不可憐！再說，妓女由於接客過多，病倒了，是會危及於生命的！這種皮肉生涯的可憐，真非言語所能形容！真要拜託拜託！不要又由什麼新的西洋哲學觀點來看中國哲學了！

　　我們做這樣的檢討，並不是說中西哲學不要互動，而是強調要

有恰當的互動。不能落在這種「妓女——嫖客」的勢態下,而要是恰當的對話、交往,進一步的或者兩情相悅,當然可以相互匹配,生養下一代!

　　三、人文學不同於自然科學的正是在於自然科學一統於普遍的律則,由此普遍的律則來處理具體存在的事物;但人文學則須從具體的存在事物,逐漸上昇到普遍的律則,在上昇到普遍的律則前,因著不同的文化傳統、存在情境,因而也就有著多元的可能,正因為這些多元的辯證,才推動人類思潮望前發展。至於,那普遍的律則往往只是做為吾人不可言說的終點而已,並不能用一可言說的系統來範限它!

　　台灣的人文學者,截至目前為止,骨子裡仍然難以避免五四以來的「科學主義」心態,以為有一種唯一的、絕對的、普遍的對世界理解的方式,任何人都須得信守。其實,這是錯謬的,因為即如自然科學的學者現在也有許多深入的反思,他們清楚的知道「自然先於人,人先於自然科學」,由自然科學所瞭解的自然是很有限的,自然科學不能等同於自然。如此言之,當然,更不能用自然科學的方式來規範一切,人文學自有人文學的領域、方法、系絡等等!關於這些深沉的思考,哲學家應負起責任來,但台灣的哲學研究者對於這樣的問題卻缺乏深切的反省,他們仍不免科學主義式的威權,即使學問不是科學主義式的,但心態仍然是科學主義式的威權心態,真是可悲!

　　另外還有一種更奇特的心態,我名之曰「主義科學」,它不同於「科學主義」。「科學主義」下的「科學」,總還要說出個「什

麼是科學?」來,它只是將某種素樸的自然科學方法,擴大化廣泛的使用,以為其為萬能,有所錯置而已。然而,「主義科學」下的「科學」,則以「信仰」主義(三民主義或共產主義)的方式,將其所信仰的東西就叫做「科學」,當然「主義」就是「科學」的,像蔣氏將《大學》與《中庸》講成它「不僅是中國正統哲學,而且是現代科學思想的先驅,無異是開中國科學的先河!⋯⋯不僅是心物並重、內外一貫,而且是知行一致的最完備的教本,所以我乃稱之為《科學的學庸》」這就是我所謂「主義科學」的思考。這明顯地是超出原先還要去說出「什麼是科學?」來的思考,相反地,他斬釘截鐵的告訴你「科學就是什麼!」比較言之,丁文江、胡適之等的「科學主義」比起國民黨的這種詭異而奇特的「主義科學觀」,那真是小巫見大巫!

我以為「科學主義」與黨國的「主義科學」鉗制了人文學界的思考,我們的哲學界就在這樣的情境下,一而再、再而三的經由「徹底的反傳統運動」、「國粹主義運動」、「黨國文化運動」愈益貧弱,而「台大哲學系事件」則是最重要的「去勢事件」,既「去勢」之後,就雄風不再,教授們覺得連生存都有安危的問題,當然這時就沒能力去面對文化認同的問題,對於「科學主義」、「主義科學」當然更沒有反省的能力。

「科學主義」是一切皆統於科學(又限於實證科學),而「主義科學」則一切皆統於黨國的主義,他們看似相斥,又實相依,但總的來說都是徹頭徹尾的控制,這樣的控制使得台灣的思想界貧弱不堪,想來真令人感慨繫之。現在黨國的「主義科學」垮台了,剩下的是「科學主義」了!原來被主義科學庇護下的中國文化(其實,這

樣的庇護也是另一種毀損），被打成另一個對立面，並且在台、海兩岸
政局的變動下，科學主義這一面主導了一切。然而，這是半調子的
西化派，連李敖的全盤西化都及不上，它所帶的威權性卻裝扮得很
紳士，符合一切所謂的「理性」，但卻喪失了真正的「心靈」。這
是極為可悲的現象，但真切思考到這問題的卻少之又少。

四、以餐具做個比喻，吃中餐與吃西餐是不同的，「筷子」與
「叉子」是不同的，但都是餐具，若將「筷子」當成「叉子」來
使，筷子是很壞的叉子；一樣的，若將「叉子」當成「筷子」來
用，那根本是不能用。現在許多學者就是從「叉子」的角度來看待
「筷子」，總覺得這筷子不好，因此要去之而後快。其實，中西哲
學的研究要展開的是「對比的」研究，並不是瞎比附，也不是亂比
較。對比就是要還歸其本身，讓雙方展開平等的對話與交談。

「對比」下之對話、交談之所以可能，是因為我們相信哲學有
個共性在，並不是中國哲學歸中國哲學，西洋哲學歸西洋哲學，而
是哲學總要回到哲學，不管西洋還是中國，或者日本、中東、印度、
……。哲學之於每個族群文化傳統可以說是其精神的內核所在，她
所形成的言說系統脈絡當然是多元的，但通而統之，則殊途同歸，
有所別異，亦有所會通。

台灣要展開上面所說的對比研究，須得做世界文化系絡的總體
理解，並且置於自家的文化傳統、存在情境來詮釋，這才是正途。
吾人須知：擺開了自家的文化傳統，悖離了存在情境，而做的理解
都只是一種不可能因理解與詮釋而開啟創造的理解，這樣的理解是
空泛而無根的理解，它如鏡中花、水中月，忽忽而過，將了無痕跡！

台灣這些年來的西洋哲學研究就處在這樣的狀態下，雖然做了些學究工夫，但因為喪失了文化思想的主體性，看似有風潮，但亦只是鏡中花、水中月，其建樹反比不上前一代的學者。最主要的原因在哪裡呢？因為上一代人多少注意到自家的文化傳統、存在情境，他們能做對比的理解與對話，因而多少有些創獲，也就有了積澱，像牟宗三先生的康德學研究就是一個重要的例子。可惜的是，連這樣的成就也被忽略了，當前的西洋哲學研究者太急於符合於文化霸權者的節拍！這看似國際化，其實沒有本土化下的國際化將如遊魂般，無怪唐君毅先生要慨嘆「花果飄零」了！

五、台灣當前哲學系及研究所開設的課程仍以西方哲學為主，甚至有些學校的哲學系所只有西洋哲學，而沒有中國哲學，這種「出主入奴」的方式，頗值得注意！又大部分的中國哲學課程也將中國哲學、中國思想史、中國學術史等範疇搞混淆了！有些先生又強調將中國哲學與西方哲學完全分離開來，這都是不恰當的。這背後又多涉及於權力鬥爭的麻煩問題，令人擔憂！

舉個例子來說，有個課叫「倫理學專題」，它所涉及的竟與自家傳統毫無關係，與自己的實存情境亦無關，而只是介紹西方幾個倫理學系統，這便不恰當。但像這樣子的課可不少，像「政治哲學專題」、「美學專題」、「價值哲學專題」、「形而上學專題」，若都只涉及於西方哲學，這當然都不恰當，他們實應更名為西方政治哲學專題、西方美學專題、西方價值哲學專題。一個哲學研究所徹頭徹尾都是西方哲學便應更名為「西洋哲學研究所」，不應用「哲學研究所」這名稱。像中正大學的哲學系所、清華大學的哲學

所，都犯了這個弊病。這正反映了他們忽略哲學本當有其「主體性的自覺」，眞是可惜！

其實，人文社會學界從七〇年代前後就思考到本土化的問題，像楊國樞、李亦園、張光直等都是很好的例子！哲學界本來是中西哲學兼而有之的，老一輩的人像方東美、唐君毅、牟宗三、勞思光等亦多有創獲，但卻偏有些繼起者不順此走向本土化，而一味的宣稱要國際化，結果只是讓學問窄化、狹化而已，只便於權力鬥爭而已，其它又何益呢？

這幾年來，留學歐美的年青哲學研究者增加了許多，相形之下，中國哲學人才顯然不足，又被貶到邊緣。在一個以華夏傳統爲主的社會，這是非常怪異的現象，若不去正視它，未來的中國哲學人才恐怕會越來越不足，整個哲學的研究與現實的社會也就越來越脫節。其實，這問題在台灣已經越來越嚴重了，哲學本是諸多學問的火車頭，但台灣當前的哲學卻反落在諸門學問之後，這是一個明顯的事實，須得正視！奉勸台灣哲學界的先進們，不要只是搞鬥爭、耍權力，不能當歷史的罪人，要正視自己的時代任務！

哲學！哲學！是靈魂的苦索，是智慧的追求，

不只是賞心悅目，玩玩而已！

附錄三
「哲學革命及後新儒學」訪談錄

一、前 言

　　這次哲學革命系列主要討論在台灣的當代新儒學或新儒家，此哲學流派是台灣非常大的哲學派系。

　　選擇林安梧教授訪問談台灣的當代新儒學是經過考量的。之所以選擇他主要是㈠者他是當代新儒學中的人物。㈡他對當代新儒學產生的背景及意義，有「同情的」理解。㈢他是台灣新一代新儒學較具批判性，是「後新儒學」「批判的新儒學」的代表人物。我們覺得在當代新儒學上他的涵蓋性頗強，所以選擇他對台灣的當代新儒學做一全面的了解與反省。

　　這個專訪主要有三個部分：一是談對當代新儒家或新儒學的界定。二在談新儒學界定過程，由林安梧的敘述中，我們節錄出他對台灣當代新儒家重鎮牟宗三的批評要綱。三、我們挑戰式的詢問，當代新儒學對中國文化發展科學與民主以及對中國文化特色界定如「天人合一」論的看法，同時也挑戰式質疑當代新儒學是否有能力解決「當代」問題。

　　按：一九九七年底《自立晚報》策畫了「哲學革命」系列，震動中外，引發頗多討論。是一九九八年三、四月間刊出的，由王英銘先生訪談紀錄。

二、當代新儒學之界定及在台灣當前之現況

王英銘：先談何謂當代新儒家，或者新儒學？

林安梧：「學」是就學問說，「家」是就人說。人連著學問，叫新儒家或新儒學都可以。

一般所謂的新儒學，其實是連著宋明理學而說新儒學。先秦儒學、宋明新儒學、當代新儒學，我現在自己進一步提就是「後新儒學」，新儒學之後的，我最近有這個提法，等於是牟宗三之後的發展。

當代新儒學在台灣的情況，可以說「鵝湖」月刊的出現，是一個本土發出來的跡象，但也不完全本土，主要是香港的朋友加台灣的朋友，即使以「鵝湖」為主，還是港台新儒學，不只台灣新儒學。

王英銘：「鵝湖」當時是怎麼出現？

林安梧：有一些師大國文系的學生，他們以前在大學時候讀了很多牟宗三、熊十力的書。另外，也有幾個輔大的學生，照理說，輔大是阿奎那那個傳統，士林哲學的傳統，結果他們也不是，他們有幾個對新儒學很有興趣。他們有一次在一個場合彼此認識，認識然後談談，談到後來覺得很有趣，想一起辦個刊物，定了一個名字叫「鵝湖」，取朱熹跟陸象山在「鵝湖」之會，在江西鵝湖山「鵝湖」的地方，討論太極圖說的爭辯。「鵝湖」有幾個象徵，一個象徵就是宋明理學為主，第二個他是一個公開討論的地方。所以，「鵝湖」的精神其實是延續了宋明理學以來的新儒學。

當時師大國文系，他們大學已經畢業了，像楊祖漢等，找了王邦雄、曾昭旭，還有潘柏世，他是一個很獨特的人，我想他是鵝湖成立非常重要的觸媒。可是，後來他思想跟新儒學有一點距離，比較獨行俠。

成立鵝湖月刊是民國六十四年，一九七五年，當時就是要發揚中國文化傳統，這個想法在當代新儒學一直很強，但是，是用現代的方式，不是國粹派的方式，也就是接受西方學問的方式，所以，「鵝湖」月刊還是登了很多西方哲學的東西。

一九七五年，那時候我大一，我進大一的時候，就知道這回事，就認識了他們。因為我高中的時候，蔡仁厚先生（牟宗三先生弟子）的夫人，蔡師母教我國文，我之所以會唸哲學是因為這個關係。

大一讀書蔡仁厚先生就跟我講有這個刊物誕生，我就跟他們慢慢認識，正式參與他們的活動是民國六十五年的夏天，正式加入，當執行編輯。

「鵝湖」到現在已經整整廿四年，沒有一期斷過，每個月份都有，後來又增刊了《鵝湖學誌》半年刊，也八、九年了。「鵝湖」這群朋友其實非常多樣性。

一般來講，「鵝湖」的文章在量上多半還是有一個氣味，這氣味就是所謂的「牟味」，牟宗三為主的，有的人開玩笑說，叫「牟門教」。

王英銘：這個鵝湖或牟門教，算是新儒學，還是後新儒學？

林安梧：一般是說，新儒學還沒有過去，怎麼後呢？我現在在開啟的思考我認為是「後」，就是對「新儒學」有新的反省。

新儒學大概有一個特色，它基本上就是道德的理想主義者。強

調宋明理學以來心性的傳統，認為心性的修養是道德實踐的基礎。它當然也強調要走向社會，走向人群。但是，顯然的因為它對於物質性、對客觀的結構組織上的理解，比較是輕忽的，或是比較缺乏，所以，它的實踐還是比較是心性修養式的實踐者，或者流於境界形態式的實踐者。另外，它背後的對於原來儒學，跟儒學相關的宗法的、封建的、血緣的、親情的，那部份的反省太少。

　　新儒學其實有很多不同面向，以「鵝湖」來講，牟宗三這個面發展比較強，主要是牟先生在台灣比較久。另外，牟先生教書一直在師大，這個影響力比較大，他教的學生，後來唸碩士、博士，在各個大專院校教書的很多。牟先生本身的訓練，比較能夠傳人，他是非常好的教師，他能夠立下很有規格的一個東西傳出去。他的弟子們，謹守家法，都足以成套。譬如蔡仁厚就是很典型的例子，他就是謹守牟先生的家法，他也可以成自己一個脈絡系統，他也教人，也教得不錯。當代新儒學另一個唐君毅先生在台灣的時間比較短，他大部分在香港，唐先生的東西比較是圓融的說，辯證圓融的說，牟先生比較是超越分析或超越分解的說。唐先生很早就過世了，他民國六十七年過世，牟先生到民國八十四年過去，相差十七年。他們年紀是一樣大。還有徐復觀先生是八十一歲過世，徐先生比較有批判精神，他的學問比較是思想史的學問，不是哲學的學問，他的學生興趣上比較廣。幾個新儒學的先生，土根性很強的，其實是徐復觀，徐復觀跟一些台灣的老前輩，像張深切、楊逵都有來往，他的現實感也強，對政治互動也多。

　　學問的影響力來講，牟宗三的影響力最大，最深遠，所以，「鵝湖」後來整個的發展走向，牟宗三比較有決定的影響。

　　牟先生當然基本上受康德學影響很深，把康德的架構放到儒學來詮釋。

　　王英銘：新儒學為什麼在台灣產生？跟其他哲學界的互動是什麼樣子的狀況？

　　林安梧：我想有一個很重要的原因，新儒學光從「鵝湖」講太晚，要往前，最主要從港台聯合在一起說。一般來講當代新儒學，有一個很重要的文獻，就是一九五八年有一篇非常重要的文獻，牟宗三、唐君毅、張君勱、徐復觀四位先生聯合發表「中國文化與世界宣言」。這篇文章可以說站在全世界文化的立場來發言，談中國文化的全世界還有什麼貢獻，以及有什麼可能。他站立的立場，基本上是活的立場，把中國文化當成活的生命體的立場，為什麼有這個立場？他們整個思想的師承，基本上，跟熊十力、梁漱溟相關。梁漱溟非常重要是他的「東西文化及其哲學」。民國十年在北京大學發表的演講，他基本的立場是反駁胡適全盤西化的想法，提出中西印三種不同的文化類型。

　　當然，更早在民國八、九年，梁啓超從歐洲回來，梁啓超在歐洲看到第一次世界大戰後整個歐洲殘落不堪，興起回到自己文化上，重新去反省。他寫了一本「歐游心影錄」反省這個問題，開始提出，未來中國文化、東方文化的復興再出發成為人類非常重要的文明之一。這個說法對當時的知識份子，有一些影響，整體來講影響不是特別太大，但不絕如縷，起源是這樣，真正讓聲音整個出去就是「東西文化及其哲學」，真正理論建構得圓滿構成一個系統的是熊十力的「新唯識論」。這大概是新儒學理論整個的奠基之作，談新儒學，離不開這本書。也離不開牟先生的「現象與物自身」。

未來一定這樣。

三、當代新儒學旨在突破華夏族群心靈意識的危機

王英銘：梁漱溟提「東西文化及其哲學」的時候，正是陳獨秀、胡適喊「科學」「民主」最響亮的時候，現在新儒學對科學與民主的態度怎樣，他們覺得這兩個東西在儒學的地位怎樣？

林安梧：以梁漱溟來講，在他另外一本書「中國民族運動自救之最後覺悟」他認為中國民族要復興的話，不能走西方民主的路也不能走蘇聯的路，要走自己的路。走自己的路他說是鄉治運動。這個提法，沒有在新儒學被繼承下來。

後來的牟先生跟唐先生基本上都肯定民主、科學的重要性，而且強調民主跟科學的發展，與中國傳統的儒學並不相悖，在理論上就做了很多工夫來說明它不相悖。我覺得這樣的說明是有意義的，但是他的意義是有限制的。這個說明只是說理論上不相悖，理論上不相悖的意義是說他其實可以發展出來的，但是在實際上很多相悖，就是歷史上的業力跟習氣，專制的業力跟習氣。

這個問題要進一步去理解去釐清，這方面牟先生也做了一點工夫，像他在「政道與治道」那個書裡面，對中國的政治上有一些反省批評。但是我覺得還是太少，不夠。後來他的學生們對這一方面的研究更少，他們都肯定民主跟科學，牟先生對民主跟科學的理解，我認為並不是非常深入，但是已經比起老一輩的國粹派好很多了。

王英銘：肯定民主與科學是一件事，可是新儒學有沒有解答過

為什麼他們所認為的中國儒學的傳統裡面沒有發展這兩個東西？他們覺得傳統裡面沒有這兩個東西嗎？為什麼？

林安梧：這個我想很容易了解，就好像西方原來的中世紀以前的傳統也沒有這些東西。這些東西是被發展出來的。大概就是新儒學是肯定這些東西也可以在中國文化傳統裡面發展出來。

王英銘：到底有沒有呢？

林安梧：只是現在還在發展過程中，這個地方其實我個人一直在思考一個很有趣的問題是說，譬如牟先生的系統裡面用他的心性論或他的良知學來說明民主、科學可以被發展出來。他提了一個在學界可以說膾炙人口，同時也是被批評得很厲害，就是*良知的自我坎陷，以開出知識主體來涵攝民主跟科學*。這個其實是一個形而上的理論的說法。我覺得這個說法其實也不錯，但問題出在那裡呢？西方的民主跟科學，是在西方諸多經濟、社會、政治各方面的條件下發生出來，並不是你理論上的說，我從心靈機制做一個怎樣的轉換轉出來。

所以，當牟先生這麼說的時候，並不是說你經由心靈上轉換果真就能轉出民主跟科學。他只是在說明民主跟科學如果經由一個理論的理解上，他可以被收攏到原來心性論那個傳統去理解而不相違背，他的理論的效用只達到這一點而已。

但是，一般大家會認為，他的理論效用不能僅止於這一點，或者大家也不了解他的理論效用僅止這一點，或者牟先生自己也沒有那麼清楚他的效用僅止於這一點，他認為就是這樣子，當然，現在林毓生他們的提法裡面，他們深刻多了。但他們提這個問題的時候，太強調發生的層次，而忽略另外一個層次。我想把這個問題區

分為三個層次，一個是發生的層次，一個是理論層次，另外一個是學習的層次。就學習的層次，現在我們要發展民主跟科學，不是無中生有，它是已經在其他族群或文化傳統發展得很好的，對我來講，但也不是從我的傳統裡無中生有的發展出來。

所以，也不必要用原來那個方式去發生一遍，也不必。而那個發生的部份，也是不可測，那個東西本來就是很複雜。換句話，從理論上轉出，從心理機制要轉出，我覺得那太形而上了，太玄學化了，也不可能。我覺得就是學習，所謂學習，就是我用你的制度運作看看。

以民主來說，這裡頭就是非常複雜的爭議、對抗，甚至要人頭落地的過程，我個人是覺得，台灣正代表這樣的歷程，我想台灣目前實行的政治，即使沒有辦法令人完全滿意，以目前來講，沒人會說他不是民主政治。這個是肯定的，而這個過程，你可以看得到它其實是學習的過程。台灣的科學、科技也有一定的發展過程，雖然，還有很多限制。而很有趣的是這些靠什麼？我覺得當然要靠出國留學的，各方面努力，本土生根各方面，包括民主運動真的是很辛苦的，各種經濟條件也配合，但是有一點非常重要，就是我們文化傳統的調節力量很強，我覺得這一點常被忽略，而這個調節性力量，我覺得是我們原來的祖先來了，一直到目前為止，一直成為我們內在心靈裡頭最重要的東西，這就是我所謂的儒、道、佛傳統，這一點我非常強調，他並不是一個創造出來的力量，而是一個調節性的力量，在學習的過程裡面，他面對問題調節。但是，我覺得這個調節力量目前也開始面對一些瓶頸。

瓶頸就是說你不能老是在發展中的過程去調節，你開始要由開

發中的過程，進入已開發的境域，你怎麼樣條理分明的，客觀性的建構起你自己的組織，你的公民社會。這一點我覺得是目前面臨的最大瓶頸。我覺得目前這個災難，基本上就是這個瓶頸的反應。所以，不能老是依靠原來、原初的儒道佛調節性力量，現在必須從這裡再往前進一步，而這裡是一個很大的陣痛，所以，我覺得當代新儒學某一個意義下，在這個過程裡面，他也付出他的努力，他也做了他的理論，他也達到了一定的理論效果。

王英銘：這個可不可以再談一下，就是他的意義在什麼地方？

林安梧：他的意義就是在於堅持，而且已說明闡釋了中國文化傳統其實並不妨礙民主跟科學的發展。

這個說來也很荒謬可笑，他的意義就是說明文化的互動過程其實我們不必拋掉我們自己的傳統，我們自己的傳統仍然強旺而有力，然後吸收西方的傳統，在這個過程裡他會走出新的東西來，其實只是這樣。

這不是很當然，想就知道，但是有好多好多知識份子，從胡適之以來都認為不是這樣，根本最好把那一大半都拿掉以後，才會有新的東西。

王英銘：當代新儒學的意義就在於對那一些人的意義？

林安梧：但是對那些人的意義整體來講就很有意義。這很荒謬，這還用說，但是連這個都還用說，就可以顯示自我認同危機的問題。當代新儒學一個很重大的貢獻就是從清末民初以來，接近一百年來整個這個族群華夏族群，心靈意識的危機，他突破了這種危機，他們用實踐，多半用理論式的方式，去尋求一個絕對的真實，做為安身立命的礎石，從這裡來說明我們這個族群還有活命可能，

還有發展，就是這樣而已。

我覺得當代新儒學未來的可發展性就是不要侷限在它以前的格局裡頭，當代新儒學也意識到了不能停在原來的儒道佛所強調的總體的和諧裡面，而強調一直對於一個客觀的對象，和組織結構安立的重要性，這方面如何安立，我覺得他們談得太少了，在理論上必須要有更多系統。

四、關於「天人合一」及其相關諸問題

王英銘：其實我個人的經驗，新儒學我是有三個感想，第一個就是我剛剛問的，科學與民主。我原則上是同意李約瑟的「中國科學技術與文明」，對於新儒學對科學與民主的說法我從來不接受。我覺得新儒學在解釋科學與民主在中國的狀況或者在西的狀況，兩方面都是不對的，第二個新儒學有談到中國哲學或中國文化的特色就是「天人合一」這個問題，我一直覺得這個論點是不對的，你覺得呢？

林安梧：「天人合一」當然是一個非常重要的特色，而且這是中國哲學的特色沒有錯。它是非常複雜麻煩的東西。我前一陣子，才寫一篇文章講「天人合一」的正用與誤用，基本上，「天人合一」與「神人分而為二」這是東西宗教文化的最根本區別，在東方在中國是天人合一，在理論上中國哲學當然是「天人合一」。

王英銘：我一直覺得中國哲學或中國文化的特色是「人與天地參」。

林安梧：天人合一的意思就是「與天地合其德」，「與日月合

其明」，它就是「參」的意思，就是「參合」。

王英銘：參好像是三個獨立的東西，就是人與天、地三才是獨立的。我的意思是，天、地、人，我舉現代的例子來說，這就好像自然科學與社會科學不是合一，因為自然界有自然界運作規矩與法則，社會人文界有社會人文界運作的法則，每一個法則在每一個裡面扮演的角色跟地位都不一樣。所以天它的運作的方式跟它的狀況，跟人它的運作的方式跟它的狀況，跟地它的運作的方式跟狀況，都不一樣的，不能合一的不是嗎？

林安梧：這個問題很複雜，你這樣講太素樸了，問題是這樣子，我們講天人合一背後是非常複雜。素樸的說，天地人三個是分開的，初看，所有新儒學也都知道是分的。但問題是強調天人合一這個傳統，自古以來，他強調的意義上是與天地參，參贊天地之化育，這樣而說其為合一。陽明講，一體之仁是通過「仁」，一種生命生息裡真實互動感通，而要求你展開道德的實踐，跟存在的事物合而為一，這是他一體觀的哲學。

王英銘：道德的實踐跟存在的事物，怎麼個合一法，什麼地方是「合一」的？

林安梧：合一在古老的傳統談的合一是巫祝那個傳統講的合一，認為宇宙萬有一切跟人，跟什麼，本來就是統統混而為一的，所有存在的事物，統統可以變形的，這是最古老的。所以……

王英銘：這個不是頗素樸的嗎？

林安梧：這很素樸，但它在轉化中，後來道家強調的合一是氣化宇宙論而談其為合一。儒學是從德行實踐論而談其為合一，合一是就合德而談其為合一。

王英銘：那是合德不是合一了？

林安梧：所有的儒學都清楚就此來講「合一」，它不會不清楚去就別的來講「合一」，其他那有什麼好說「合一」，怎麼「合」？

王英銘：「合德」就是「合一」？你的意思是這兩個字等於就是了？

林安梧：基本上是的，就此來講合一。因為這裡在談人與宇宙有內在的同一性，而儒家強調是一個德行的同一性，道家強調的是氣的同一性，就此而說合一，要不然不能說合一。

王英銘：宇宙有德行？

林安梧：這個地方就牽涉到你怎麼看宇宙？

王英銘：是你人看到的宇宙，對嗎？

林安梧：任何一個存在的事物，作為你理解的對象，它都是人所理解的對象。只是你理解的對象的時候，你的關心是什麼，你的注意是什麼？我的注意把人的價值，人的道德帶進去了。所以，沒有錯，中國講天人合一，把很多價值的觀念帶進去。所以，講天的時候，像王夫之就談三個天，有「人之天」，有「物之天」，有「天之天」。人之天，人文化成之天，人通過一套語言文字符號系統所詮釋的天，這一套可以經客觀面走，也可以跟人的情感意志合在一塊這一面走。自然科學是人去詮釋的，並不是果真有一個客觀的東西，就擺在那裡。

王英銘：宇宙本身是實在的，外於人的。

林安梧：這是實在論的說法。

王英銘：這個宇宙跟人不是合一的。

林安梧：一般來講，這是自然主義者，實在論者，實證論者比

較傾向這樣子。他們認爲有一個離心靈而獨立存在的事物，作爲你認識的對象，這個在新儒學不做如此想。

王英銘：新儒學怎麼想？

林安梧：新儒學認爲並沒有一個果眞徹底的獨立於心靈的存在事物，任何一個存在事物當我去說它的時候，我通過語言就跟它連在一塊。

王英銘：這樣講，有一個宇宙，有一個理在世界，眞理的世界，還有一個人心靈世界，這三個的關係是非常複雜的，但這三個是不能合一的不是嗎？不是嗎？

林安梧：新儒學強調合一，但是分還是要分。

王英銘：合一是那裡合一？我們都承認分還是分，但是到底是那裡合一？如果是合德的合一，可是「合德」跟「合一」兩個字不一樣？

林安梧：儒學所有講合一，基本上，都是就合德說。因爲其他不能合，怎麼合？他講的合一是就德說，就內在的同一性，內在的同一性，儒學把他定義在道德的創造性上頭。

王英銘：宇宙沒有道德的創造性。

林安梧：有沒有就是在一個不同的哲學向度裡，理解不同。

王英銘：如果愛因斯坦所看到的宇宙，有道德的創造，跟人合一，這我不知該怎麼講？

林安梧：不是這個意思。

王英銘：如果說愛因斯坦他有一個上帝觀，他相信上帝不跟人類玩骰子，這裡跟他看到的宇宙有些地方是相通的，但從來沒有「合一」過？

　　林安梧：這裡有很多套不同的哲學，你接受的是這一套，另外，還有很多套。基本上，在儒學來講，這個東西牽涉到，我引王陽明的一個例子，王陽明有一次跟他弟子，去山上看花，王陽明不是談心外無物嗎？心物合一，天人合一嗎？他的弟子就說，山裡這個花自開自落與我的心何干？怎麼心外無物呢？陽明怎麼說，陽明說，當汝未觀花時，汝心與花俱歸於寂，當汝觀花時，汝心與花一時明白起來。就是個「一時明白」講合一，就是個「一時明白」講心物不二，要不然不能說，因為就常識來說，天人合一是不通的，但是哲學就是進一步去說它的道理，它只是素樸的說。

　　王英銘：我覺得常識比較對。

　　林安梧：這個東西之為東西，其實是我們說出來他是什麼東西他才是什麼東西，我們老祖先兩千多年前就思考過的問題。

　　王英銘：不是不是，不是「說」。這個東西是創造出來的東西，人是製作工具的動物，不是「說」它這個東西它才是東西。它是製造出來的東西。

　　林安梧：可是製造了以後，你人要去命名。

　　王英銘：這個東西不是因為你言說它出現，而是創造製造它，它才出現。

　　林安梧：這是二個層次。

　　王英銘：這兩個層次，就產生來講……。

　　林安梧：這個地方就牽涉到唯心論理想主義的傳統，比較會偏向於我剛剛那樣講的傳統，唯物論、實在論的傳統它承認客觀的物質性這個問題，我覺得新儒學其實應該去區別我講的「心物不二」是怎麼樣意義下的「心物不二」，而物還其為物，它的物質性本身

應該正視它的物質性，這是兩個層次，不然會形成一個麻煩的地方，就是你對物質性的重視會不足。我覺得會有這個弊病，但如果站在陽明的立場，他會說對他來講不會有這個問題，我的重點是要誠意正心，誠意正心的目的是要格物，格物是致良知於事事物物之上，他的重點不是這是杯子，我認識它叫杯子與否，重點是它做杯子之用，我要讓它，好好的用。

王英銘：用也要先把杯子製造出來。

林安梧：把杯子製造出來，是知識之學，這個要去學，不是他德行理論的問題。

王英銘：我是比較喜歡詹姆士的多元宇宙，你要談合一是非常麻煩的，宇宙是一個未完成，是萬有宇宙，是聯邦非王國，談合一，你會把宇宙混在一起，變成一個「全一」宇宙，「齊一」宇宙。

林安梧：如果天人合一隱含產生這樣子的理論效果它本身要檢討，但是它不一定會產生這樣的理論效果，它有多種的理論效果可能性，但是你剛講的理論效果也是一種可能，不能說沒有，如果是這樣，這是天人合一的弊病。但是我願意說任何一個思想的模型，它都有可能有弊病，天人合一本身也有它的正用與誤用，但是就東方中國來講它是一個「天人連續觀」的傳統，這個是從神話學到宗教學整個發展上來講，它很明顯就是天人物我人己是通而為一的。在西方從神學到方法學，到知識論的傳統，基本上是談神跟人，物跟我，人跟己，基本上是分離的。

五、對於牟宗三先生哲學總的批評

一、我認為儒學你要從歷史發生的過程去理解，另外一方面儒

學做為一種理論你可以就理論系統去理解他，這是一個方式，但是對於整個發生背景那一部份，也應該去理解，這樣子，比較能得其全。我一直覺得，不只是儒學，做中國哲學不能夠只是拿聖賢教言來往上說；應該要真正注意到整個生活世界，跟歷史社會整體。換言之，我覺得要強調哲學人類學這一部份。這一部份要多一些，要不然就變得很高，很掛空。其實牟宗三先生的學問有這樣子的情形，非常的高，也非常圓滿，但是面臨實際的問題，他有一些東西就會比較輕忽，容易就這樣帶過去。

　　二、整個學問上，牟先生有很了不起的建構，從早先的「歷史哲學」、「道德理想主義」，中間的魏晉玄學「才性與玄理」，到後來大部頭的書，宋明理學「心體與性體」三大冊，還有「佛性與般若」，「智的直覺與中國哲學」到「現象與物自身」。「現象與物自身」可以算是他的結集之作，那時候一九七五年，牟先生接近七十歲，他的書裡面我認為最重要就是這一部，是很典型的哲學家式的作品。

　　透過「現象」與「物自身」的超越區分，一方面來凸顯康德學是什麼樣的分際，中國的儒學，道家佛教又是什麼樣的分際，他又有一些什麼樣他認為又跨過康德的地方。當然，這個時候牟先生是把學問提高來看，沒有把他放在文化的脈絡上去說，譬如說康德的道德哲學，如果你從文化的脈絡去看，它跟盧騷的契約論有非常密切的關連性，但是在牟宗三的理解裡面，他就不會把這些東西放在一塊理解。他是就哲學上去談，譬如他把康德的道德哲學跟儒學理解得非常像，但是我常常說，可以說很像但不是，像畢竟不是。問題就是說，我回去文化脈絡來看，很簡單的理解是說，康德學背後

是契約論的傳統，儒學背後是宗法、血緣、親情的傳統，這是兩回事。宗法、血緣、親情的傳統，最重要是「仁」的字眼，人跟人之間，一種存在的道德真實感。從這裡說，他不是道德法則的，他是從道德的感情說。這個是很大的不同。牟先生也不是不清楚，他也很清楚了解，但是因為他不願把它還原到歷史的整個脈絡去理解。我覺得這個地方就是有一點牽強，太強調儒學跟康德的接近，又強調怎麼樣去會通，我覺得是這樣也不是沒意義，但不能當成唯一的一條路，就好像這家的拳法跟那家的拳法，總是要彼此切磋切磋琢磨琢磨，以後還會有新的拳法出現。當然，牟先生的後起者學生的裡面，很自然的，一定有比較是謹守師說，有比較發展師說，有的是批評師說的，陽明學也是一樣，陽明學右派，陽明學左派。自古以來就是這樣。孔老夫子後學也是如此，最明顯有曾子跟有子兩派。有子比較保守的，曾子比較前進的。古今中外皆然，你一個學派成型之後，一定有不同想法。

　　三、我個人的研究裡面，我覺得熊十力未來的發展比牟先生還大，不是他哲學知識的廣度，而是他的整個哲學的向度。本身來說，熊先生的哲學有一種非主體主義的傾向，就是打破主體主義，回到整個生命、生活世界、生活之常裡面。熊十力雖然他的學問成就在前，但是就他的可發展性，我覺得比牟先生還大，牟先生的主體主義傾向比較強。我們不能說他只是這樣，但是傾向是比較強。熊十力他比較強的反而是對整個宇宙生生不息的大化流行這方面強調比較強。

　　四、如果要談，我覺得當代新儒學非常缺乏對於什麼是契約論底下的公民社會，我想他們對這個的認知不是很夠，他們的思想有

的已經觸及到或多或少，但是我覺得沒有好好展開，這是非常可惜的事情。

　　五、另外就是我覺得其他社會科學方面的學問，牟先生早年受過政治經濟學方面的東西，他其實訓練很多，包括馬克思對他的影響，但是，他晚年的東西，完全看不到這些影子，這跟他後來走向內在的心性，跟形而上的根本溯源有密切的關係，這一點我覺得比較可惜，這也是我覺得一直要強調新儒學要走向整個生活世界整個歷史生活總體，我甚至強調一種儒家型的馬克思主義的可能性。你談革命的實踐，社會的批判跟儒學強調社會的關心，這個畢竟他們都是面對人的異化提出的解決之道。我關心的問題主要在這裡，我覺得人的異化的問題，不能夠只求人的內在意義的詮釋來解決，你要由你的內通到外，正視外在物質性組織結構，他的客觀性的一些缺失──的去突破，這方面我覺得當代新儒學面臨很大的困境，必須要去做的，我覺得儒學必須要更廣更深的跟各門學問接觸，包括心理學、社會學、政治學、自然科學各方面。（林安梧專訪中的敘述，王英銘節錄）

六、「後新儒學」批判性的開啓

　　王英銘：對新儒學我有三個問題，一個是新儒學與科學民主問題，第二個是「天人合一」的問題，第三個就是我一直覺得新儒學沒有辦法去面對並解決「當代」的問題，我的意思是，像舉個例子，譬如當代問題是什麼，如何解決，解決的方式是什麼，問題的根源是什麼，新儒學都不問，它解決的方式很簡單，第一個你像熊

十力，馬克思主義出現了，社會主義出現了，他告訴你說，像「原儒」，這個東西，社會主義什麼，在中國古老以前，周禮已經有了。然後像梁漱溟，當代問題全部集中過來了，他解決的方式，中國自有特色，然後是村治運動。我們要知道中國當代問題是什麼？這是當代好幾個工業國家到中國這個工業不發達國家打成一團，資本主義發展，社會主義發展，然後打成一團，你卻回去村治鄉治？再來像牟宗三，人家科學民主已經發展成這個樣子，他卻說什麼「良知的坎陷」，這些在我看起來，整個來說是沒辦法去面對當代問題，去創造出一個新的東西的一個狀況跟症候群，好像你只要去抬一下孔子、六經、把道德跟康德一「湊」，就解決了，這樣子解決了嗎？

林安梧：這個好像不是這樣子，這個問題是常有的一個印象或誤解。這個地方，我並不認為你那個完全是誤解，你有些了解，但我覺得站在新儒學立場，還是有些話可以說。

以新儒學立場來講，以熊十力來說，我想他的「原儒」不適合如你剛剛的理解那麼粗糙，他基本上是在強調一個道德理想的社會主義如何可能，而這個道德理想的社會主義的可能是不是可以跟中國文化傳統的儒學連在一塊來說。這個地方其實很重要，他牽涉到中國的傳統，就是中國公羊學經學的傳統，談據亂世，昇平世、太平世，談「天下為公」的思想，他在談這個東西的時候，他自己當然也受了一點馬克思主義的影響，我想僅止於影響，了解其實不多。他的主要這方面學問的來源，我認為並不是共產主義發展他才講，他是繼承原來那個公羊學，到康有為的，他「原儒」的著作，要從這個角度去看。從這個角度去看，其實他還有一些可發展的地

方。他的整個理論的效度上來講的話，可以進一步去反省，正統的馬克思在中國大陸的發展過程裡面，它有些什麼樣的問題，對人的異化本身，馬克思主義一直要克服人的異化，但是，當它展開革命實踐的過程，一方面看起來，有些地方是克服，一方面看起來，造成更嚴重的「人的異化」的問題。這個地方我覺得在熊十力的著作裡面還有一些可以繼續發展，去探討的地方。熊十力「原儒」的著作，應該放在我剛剛講的脈絡去理解。

第二點以梁漱溟來講的話，他的「東西文化及其哲學」基本上通過文化形態學的一個對比釐清來強調中國文化自有他的傳統。他那樣子文化形態學的比較哲學的說法，基本上是很素樸的，不一定經得起考驗的。但是他的一個用意上是強調，我文化的自主性應該在那裡，我要文化的自主性，我應該怎麼辦，所以，他以他的理解上來講的話，整個族群要怎樣才能復興起來，他發覺到應該配合原來的人文教養，所以，他覺得應該要紮根於泥土，他也身體力行去做了。整個長在土壤上的人，必須文化上更好，社會也會更好。這一點我想是梁漱溟，念茲在茲要去實踐的。

至於牟先生來講，基本上是這樣子，他覺得西方的民主跟科學這是一個發展，這是一個現代化過程裡面不可避免的東西。他發覺這個大趨勢，就他的理解，他覺得這並不會跟原來儒學所說良知學相違背，它其實可以相得益彰，於是他在理論做一個闡釋說明說：其實良知學的傳統跟民主跟科學的路，它是可以通而為一，通在一塊。通在一塊裡頭並不是直接通，而是曲通。所以，他用良知的自我坎陷開出知性主體，來涵蓋民主跟科學。這樣子的一個說法，在理論上，我覺得它的一個效用比較是追溯的效用，不是一個開創的

效用。但是這個追溯的效用在，整個中國當代思想史的發展上來講，有它的意義。它的意義就在於，其實文化的發展過程不就是這個樣子嗎？為什麼有人會認為好像要民主跟科學就要把中國文化剷除掉，才能民主跟科學呢？

王英銘：所以，他的問題是對這些人講的對不對？

林安梧：但是你不要忘了，這些人的思考影響全中國非常非常大。

王英銘：這部分，還要再實證的考察一下。大到什麼地步，情況怎麼樣？

林安梧：十之六、七都是這種思考，特別高級知識份子，都是這種思考。而以新儒學來講就是要面對這個思考，給予一個答案來說明。大概你會覺得很荒謬。為什麼還要說。

王英銘：對，為什麼？我根本沒有這個問題。新儒學面對的那個問題已經過去了。我們沒有它要面對的前面那個問題。

林安梧：但是這個問題很嚴重。澳洲可能要告訴西方的白人，你是人，我也是人。我們會覺得很荒謬，澳洲人當然是人，但不要忘了，當白人進入澳洲的時候不把澳州土人當人，這很重要。所以，新儒學基本上有很強的憂患意識跟一個甚至於有受西方文化擠壓的被迫害意識。

王英銘：被迫害意識！

林安梧：對！它其實在告訴西方文化傳統說，你有哲學我們也有，你的叫做人的哲學，我們也是，你們的哲學思考那麼多的問題，我們也思考那麼多問題，可不要忘了，你們發展出來的東西是這樣子發展出來的，我覺得是做為一個人都可能發展出來，而你們

以前不是民主跟科學，現階段你們發展出來了，我們也能發展出來，我們這個傳統也並不違背這個東西。你把它想一想那個文化的霸權來講，它其實是很有意義的，這個東西它引來一個對西方文化霸權的一種抵擋，跟一種對抗，它的意義主要在這邊，這是很有趣的現象。

就好像台灣的原住民，他告訴你我是原住民我要講我的語言可以吧！我們的語言也是語言，你漢人的語言是語言，我們的語言也是語言，眞的要從這個角度去理解，不然當代新儒學，他有一些我們會覺得這還用說嘛！

王英銘：我贊同你剛剛講的，它是在被迫害之下產生的抵擋跟反應，但如果我們覺得當代的問題是連迫害我們的那個西方文化本身都有問題，我們已經被打敗，有問題了。而他們也有問題了，如果這些都有問題的時候你怎麼辦？我的意思是不能面對當代的問題，是在這裡，你要解決這個當代問題的時候，你不能用被迫害，因被迫害而去防衛那個東西，而是必須整個打開，然後，去創造出一個新的東西，這才是問題，不是嗎？

林安梧：這個地方分兩層，一定要先有這一層，之後，才會有你講的那一層。

新儒學大概就是要爭取到你必須公平待我，之後，才有所謂的一起協心奮鬥，攜手奮鬥，所以，它那個「中國文化宣言」是告訴你，理解我們的文化應該怎麼理解，最重要的它不是告訴西方人，而是告訴廣大的知識份子說，胡適之那樣子理解它是錯的，誰那樣子理解是錯的，是要這樣子理解，這樣子理解，我們才有一點價值，這是我說的筷子跟叉子，這是筷子，你要理解一下，我是筷子，

當然筷子有筷子的限制，但是你不要筷子拿起來當叉子來用，這相當糟糕，我想新儒學的用意上有這個理論效果，但是新儒學後來愈講愈理論化，愈學術的理論化走，對這些理論效用，反而，忽略掉了，這個是要檢討的。

你後面談的問題，我很有興趣，當整個西方在現代化之後，面臨各種問題，而新儒學作為文化發展過程中的一個學派，它是否應該參與到這樣的論述裡面，我覺得是，它有沒有參與，我覺得正在參與中，因為這個問題是一個長遠發展的過程，我一直覺得新儒學不應該舊話重提，不應該一直在牟先生的理論系統裡面打轉。

王英銘：不只牟宗三先生。

林安梧：當然，或唐先生或者其他。

王英銘：或者熊十力、梁漱溟，是嗎！

林安梧：我的意思是說，在牟先生系統打轉的特別多，其實應該從那個地方再往前走出來，然後你去看，譬如我去理解熊先生，我覺得他的新唯識學，其實充滿另外一種可能性，因為他是在批評唯識學，我覺得就好像開啟了一個從胡塞爾到海德格式的那樣子一套存有學。很有趣的，他擺脫了那個主體主義進入到整個生活場域，生活世界方面的重視。

我是覺得這個他構成一個理論，我們愛惜它、理解它，但並不是在裡面轉。就好像我們重新去讀黑格爾的時候，不是在黑格爾體系裡面轉一樣，西方也一直要「回到黑格爾」「回到康德」，其實所謂回到就是繼續往前發展，不是回去。

我是覺得當代新儒學，應該從牟先生回到熊先生，再回到王夫之，我這個想法，是談擺脫主體主義及形式主義的牽絆（牟先生他一

定不接受我這個說法），擺脫了以後，你回到一個非常廣大生生不息的生活世界，王夫之的理論效用裡就是強調歷史社會總體的重視。

他講那個道器，器的重視，對於器物世界，客觀的實存性，客觀的物質性、理解的重視，我覺得這個是一個可發展的地方，其他的，在梁漱溟，以及徐復觀、唐君毅有什麼樣的理論的發展性，在我的「存有意識與實踐」最後感言裡，我寫過，往前發展有什麼發展，但是做為新儒學的一份子，我覺得比較可惜的是說：新儒學目前來講，第一個，以台灣來講陣營太小，人也不夠多，創造力也比較不夠，其他的學問的接觸也不夠豐富，所以，我覺得大概就比較侷限在原來老先生建構系統裡面轉，這是我所謂的護教新儒學，我覺得現在應開始一個批判的新儒學。

王英銘：批判的新儒學多嗎，護教的是不是比較多。

林安梧：護教是比較多。

王英銘：那些是護教的？楊祖漢、李明輝。

林安梧：李明輝大概是最重要的代表！

王英銘：蔡仁厚，王邦雄他們呢？

林安梧：蔡先生基本上是在轉述牟先生的學問，基本上那一代人，他是很好的教師，把那個東西傳導出來。王先生基本上比較不是理論型的人，他基本上是對牟先生，唐先生的學問，以及他自己對先秦儒道法三家思想的一種體悟、了解，他做了社會講學對社會與人性的關連，極具洞察力，這方面他貢獻很大。他的重心比較不是專門去護教。護教心態比較強的是楊先生跟李先生。當然李明輝的護教力量是比較強，因為他受德國學術的訓練比較多，但是，比較可惜的是，他侷限在自己的思維裡面。當然，以後學問也會慢慢

變化，但是我覺得目前來講，他就是代表護教的傳統。我代表的比較是另外一個傳統。這個傳統在我自己來講，就是因為我的碩士論文是寫王夫之，而牟先生就是不能正視王夫之的重要性，他當然也提到王夫之，他也尊敬王夫之，但是尊敬王夫之的精神，不是王夫之的學問。王夫之的學問，我覺得非常好，而且可以成一個系統，而那個系統，是有別於宋明程、朱、陸、王之外的一個系統。在鵝湖師友中，曾昭旭先生於船山學格外有心得，他將船山學「兩端而一致」的思維運用在他對「愛情學」的建構上。曾先生是思想家型的，他能看到時代的大問題。王夫之哲學是大的系統，而這個龐大的系統，充滿發展可能性，他有一個很重要的地方就是他重視到歷史社會總體，而這個東西是當代新儒學所忽略的。我是覺得那個部份可以接黑格爾、馬克思，這是一個路可走。

王英銘：接司馬遷不是更好？

林安梧：司馬遷基本上你可以談他是非常偉大的思想家，但是他整個學問的成就上比較定義是在一個史學上。

王英銘：你剛剛不是講重視歷史的社會總體，那不是史學嗎？

林安梧：但是歷史社會總體的重視，是就哲學角度來講的重視。

王英銘：你那個哲學是限制概念。

林安梧：有一點這個意義，因為我們現在談的是就以哲學的發展上來講，那當然，是要讀像資治通鑑、史記我覺得這是非常重要的，但另外，我覺得當代新儒學就到唐牟以後有一個嚴重的問題就是忽略了經學，只注重宋明以來的心性之學，變成是以子學替代經學，當然孔孟不只是子，也提到經的地步，但是我覺得他畢竟是子

不是經，經學那個傳統，我覺得熊先生還有，但是到了牟先生，唐先生幾乎快不見了。後起者幾乎都沒有學。中國學問經學是一個很重要的傳統，不要放棄，不能以宋明的心性之學去替代一切，另外，就是經學太豐富了，我覺得當代新儒學是應該大展包容量的，自己更擴大更拓深，接納更多。這不是一個人做的，必須要一個非常龐大的隊伍。我想方向上，要有這個氣量。

王英銘：這個我們很同意。

七、牟宗三哲學理論的完結與開拓

王英銘：新儒學在我們感覺，它有它講的心性之學，把整個中國文化給限制住。它那個心性之學，對龐大的中國文化本身，不管是你講的經學也好，或王夫之的歷史社會總體，或者司馬遷的史學也好，或者其他的像祖沖之的數學也好，那些都是中國文化的重要部份，可是牟宗三、唐君毅他們講的心性之學，把整個中國文化一下子窄成一個東西，你要把它放開，或開更大心量，這很好。因爲，我們還有西方文化那麼大的文化，也要吸納，如不如此，你就會一直縮，縮到你那個心性之學裡，西方文化夠大，中國文化夠大，但是你就是把中國文化縮到那麼小的地方去講，那不是很無聊嗎？

林安梧：這個問題非常重要的地方，就是他們那個年代會這麼做，有它的一些特殊的因緣，因爲他們要通過一種理論性的探索能力，窮本究源的去克服他們那個年代意義的危機。所以，他們找尋到，通過宋明以來的這樣的方式，但是他也不是用修行的方式，如

果說是修行，是用理論的修行方式，不是實踐的修行，理論的修行方式窮本究源的去凸顯出宇宙跟人實存的最後的眞實，用這個方式來說明我這個存在是不能被動搖的，我的文化傳統在這個是要繼續發展的，但是我覺得這個地方很重要，就像陽明說的良知是個定盤針，這講的很好是個定盤針，但是，不要忘了，它只是個定盤針。

你不能說我只要良知一念警惻就沒有問題了，不是嗎？它其實不得了，有太多東西了。

王英銘：新儒學裡像你這樣觀念的多嗎？

林安梧：我想有一些，總體來講不多。

王英銘：就是像你這樣觀念的比較少。

林安梧：比較少。但是好好跟他們談，他們是不反對這種說法。

因爲新儒學後來的問題就是跟外面的互動不夠多，這是個很大的問題。還有……

王英銘：我是覺得它用它理解的「哲學」把中國文化本身已經限制得夠窄的，之所以會這樣的因素，我可以理解，但是你不能停在那個地方，你停在那個地方，就……

林安梧：它不能停在那裡，它基本上就是我認爲牟先生的過世，代表著他那個時代理論的完結，樹立了一個里程碑，這個意思就是必須再往前走。我覺得他的過世的最重要意義在這裡。

我在他過世的時候寫了一篇文章「從境界的形而上的保存到實踐的開啓」，就是你不能老是做追溯的意義的探索，你必須走的是往下的進入到社會中的一種實踐的開啓，不能只做形而上的保存，要做實踐的開啓。以前他們一直做的只是形而上的保存。形而上的

保存我覺得已經完成使命了，你如果要做的話，應該去釐清，以前做這個是幹什麼，有很多人不清楚，但是這個意思是那我們要做什麼？問題感不一樣。但是我覺得現在很糟糕的是說，有很多當代新儒學的後起者，問題感還停留在以前。

你停留在以前你當然不可能有新的答案，你一定是舊的答案，重轉一遍。只是理論把它做得更細緻一點，有什麼用？

我覺得要做為一個真正的思考者，就是面對一個真實問題往前發展。

譬如我跟李明輝先生說你做這個是很不錯，是很難能但不可貴，你搞那麼多德文的，但是其實你還是在原來牟先生的方向感裡面處理，有一點可惜，真的。

這個地方以我個人來講，我是蠻幸運的，我在台大讀過很多西方哲學的東西，我的問題感是原來新儒學就有一個問題在我腦袋轉，就是你面對人類文明發展過程，你華人能提出什麼貢獻，你華人是不是永遠只是吃現成的而已，你華人貢獻在那裡，廿一世紀很重要，我覺得很重要的是你要把經典的意義更多可能的釋放出來，加入到目前既有的言說論述裡面，讓它產生一種互動跟辯證，而不是先預期我以後怎麼樣，我是怎麼樣，因為那個階段已經過去了，我們應該克服受迫害意識而真正面對人類廿一世紀未來可能發展，重新想，我們的理論能夠有什麼效用。

索 引

國家圖書館出版品預行編目資料

儒學革命論：後新儒家哲學的問題向度
／林安梧著. --初版, --臺北市：
臺灣學生，1998[民87]
　　面：　公分

　　ISBN 957-15-0912-4（精裝）
　　ISBN 957-15-0913-2（平裝）

　　1.哲學 - 中國 - 現代（1900 - 　）

128　　　　　　　　　　　　　　　　　87013484

儒學革命論：
後新儒家哲學的問題向度

著　作　者：林　　　安　　　梧
出　版　者：臺　灣　學　生　書　局
發　行　人：孫　　　善　　　治
發　行　所：臺　灣　學　生　書　局
　　　　　　臺北市和平東路一段一九八號
　　　　　　郵政劃撥帳號〇〇〇二四六六八號
　　　　　　電　話：二三六三四一五六
　　　　　　傳　真：二三六三六三三四
本書局登
記證字號：行政院新聞局局版北市業字第玖捌壹號
印　刷　所：宏　輝　彩　色　印　刷　公　司
　　　　　　地址：中和市永和路三六三巷四二號
　　　　　　電　話：二　二　二　六　八　八　五　三
定價　精裝新臺幣三八〇元
　　　平裝新臺幣三一〇元

西元一九九八年十一月初版

12805　　　有著作權·侵害必究
　　　ISBN　957-15-0912-4（精裝）
　　　ISBN　957-15-0913-2（平裝）